修験道小事典

宮家 準・著

法蔵館

はじめに

修験道は、日本古来の山岳信仰が、外来の仏教・道教・シャマニズム、神社神道などと習合して、鎌倉時代初期に成立した。そして、修験者・山伏の霊山などでの修行と、それによって得た験力に基づく宗教活動を中核としている。なお、特に仏教者の多くが霊山で修行し加持祈禱に携わったことから、主として仏教の影響のもとに修行・加持祈禱、その意味づけの思想が整えられ、室町後期に確立した。その際に修験者・山伏が、七世紀末に葛城山で修行して呪験力に秀でた役小角を、行者の理想として「役行者」、また半僧・半俗の宗教者として「役優婆塞」と呼んで始祖と崇めたことに見られるように、修験道は特定宗派というより、山岳修行とそれによる験力の獲得をめざす「道」ともいえる性格を持っている。

そこで、この『修験道小事典』では、在俗の人々に修験道とはどんなものかを知っていただくとともに、霊山の登拝や修行に参加したり、採（柴）灯護摩などの行事や祭り・活動に接したり、その美術・遺跡・遺物、文学などにふれていただくことを通して、修験の道にいざなうことを目的として編集した。また現に修験者・山伏として活動している方が、自己の宗教活動を再確認するとともに、信者の方々にそれを説明する手引きとなることも考えた。

まず「修験道とは」では、修験道について全体的に知っていただくために、その歴史・儀礼・思想・組織を概説した。「便覧編／修験道の基本」では、前半で、修験道を志す人のために、修験道の宗旨、始祖と中興、崇拝対象、依経、勤行、衣体・法具、峰入、加持祈禱・採（柴）灯護摩の基本を紹介した。そして後半で、見学や学習のよすがとして修験の祭り・芸能、美術・工芸、遺跡・遺物、文学を取りあげた。中核をなす小事典の項では、主として「修験道とは」と「修験道の基本」の記述の中で取りあげた術語を中心に、重要な術語約五〇〇を選んで解説した。

巻末に付録として、「修験霊山と社寺の地図」「修験道史年表」「修験道関係主要教団・由緒寺社・機関一覧」「参考文献」「索引」をつけた。

なお著者は、昭和六一年（一九八六）に、多くの研究者のご協力をいただいて、『修験道辞典』（東京堂出版）を編集し、刊行した。今般はそれを参考にしながらも、その後の研究を踏まえて新たに項目を選定し、すべての項目を書き下ろした。最後に、編集にあたって下さった法藏館の秋月俊也氏、光成三生氏、原稿の整理・入力を担当された元國学院大学宮家研究室の村瀬友洋氏に紙面を借りてお礼申し上げたい。

平成二六年十一月

宮家　準

修験道小事典【目次】

修験道とは

修験道の歴史

修験道の淵源は、飛鳥時代（五九三〜七一〇）の山林修行者に求められる。その一人、葛城山で修行した役小角は、七世紀末に妖惑《ようわく》の罪で伊豆の島に配流されている。奈良時代（七一〇〜九四）には私度僧や仙人などの山林修行者が活動した。平安時代（七九四〜一一八五）初期には、聖宝（八三二〜九〇九）が吉野の金峰山で修行して、醍醐寺の開基となっている。東大寺や興福寺では、堂衆が夏と冬に奈良の奥山に登って樒《しきみ》をとり、閼伽水《あかみず》を汲んで堂に供える当行と呼ばれる修行を行なった。中期には金峰山に登拝する御嶽詣がなされ、山上に経塚が作られている。道賢（九〇五〜八五）が金峰山の他界に赴いてもいる。寛治四年（一〇九〇）には白河上皇が熊野へ御幸し、先達を務めた園城寺の増誉（一〇三二〜一一一六）を熊野三山検校、熊野別当長快を法橋に叙し、爾来、歴代上皇の熊野詣が盛行した。なかでも三四度も熊野御幸した後白河法皇は、京都東山に新熊野社を創祀し、その後、同社の検校は熊野三山検校が兼任した。法皇は養和元年（一一八一）に同社の灯明料として全国二八カ所の荘園を寄進したが、その中には、立山、彦山が含まれている。平安後期には、聖や密教の験者のうち山岳で修行した者が山伏と呼ばれた。彼らは修行して験を修めたことから修験者とも称された。

鎌倉時代（一一八五〜一三三三）初期には、山伏は大峰山系を熊野から吉野へと抖擻し、この間に一二〇余の宿《しゅく》が設けられた。また大峰山系を金剛界・胎蔵界の曼荼羅に比定して、峰々に金剛界・胎蔵界の諸仏が配された。一方、葛城山系の霊地には法華経二十八品のそれぞれを納めた二八の経塚が作られて、これを巡る修行が行なわれた。この他、生駒山・笠置山でも修験者が活動した。そして山上ヶ岳での役行者の金剛蔵王権現感得譚、大峰山中の深仙《じんぜん》での役行者の活動譚、役行者を始祖とする系譜などが作られ、修験道が成立した。また羽黒山・富士山・白山・立山・彦山などの地方の修験霊山も成立した。鎌倉後期には興福寺の東金堂衆の修験が大和の同寺末の修験者を掌握し、峰入の作法を定めている。熊野では熊野三山や新熊野の検校が在地の熊野先達に荘園の管理を委ねている。彼らは熊野に赴き、さらに大峰山に峰入している。金峰山にも峰入の修験者が集まり、金剛蔵王権現などの供養法が作られている。

南北朝期（一三三三〜九二）に南朝が皇居を設けた吉野では、一山の歴史・寺社・峰入などについて記した『金峰山創草記』、金剛蔵王権現の縁由、熊野・子守・勝手の本地・供養法などを記した『金峰山秘密伝』が編まれている。また『太平記』には、当時の修験者の活動が記されている。熊野では一四世紀後半以降はそれまでの別当を中心に荘園に支えられた運営に代わって、各地から先達に導かれて熊野詣に来る檀那の宿坊、祈禱、参詣の案内を務めた御師が運営の中心となっていった。また那智の本願に属した山伏や比丘尼も各地を遊行して絵巻や霊山曼荼羅を用いて唱導や勧進にあたった。

大峰山では、一五世紀になると、熊野から吉野への順峰や、吉野から熊野への逆峰の峰入が始まった。

この峰入では、山上ヶ岳、小笹、深仙などで、断食、閼伽《あか》、小木、採灯護摩、柱源《はしらもと》護摩などの儀礼がなされ、その次第を記した切紙が作られた。一五世紀末頃には、これらの切紙と彦山伝来の切紙をまとめた『修験三十三通記』が成立した。そして日光出身で、大峰山で修行後、彦山で活動した即伝が、『修験修要秘決集』を始めとする諸書を著した。なお室町末頃に成立した『役行者本記』には、諸国の霊地、霊山での役行者修行譚が記されている。また熊野と吉野の霊地や神格を解説した『両峰問答秘鈔』、熊野修験の記録の『山伏帳』、その教えをまとめた『修験指南鈔』などが編まれて、修験道の儀礼や教義が確立した。

　室町後期には、熊野三山奉行を重代職とした若王子《にゃくおうじ》や住心院、積善院《しゃくぜんいん》が全国に多くの熊野先達を擁していた。一五世紀後半、聖護院門跡道興（一四三〇〜一五〇一）は、各地を巡錫して熊野先達に年行事の職を与えて掌握した。戦国期から安土桃山期（一四六七〜一六〇三）には、聖護院門跡は若王子・住心院・積善院を中核として、関東・東北の有力な熊野先達を年行事に任じて所定の地域を霞として与え、そこでの宗教活動を安堵する形で統轄して、後に本山派と呼ばれた組織を形成した。また近畿地方では、興福寺末の内山永久寺を中心に四〇近くの寺院に依拠した修験が、聖宝を中興の祖と崇めて当山正大先達衆と呼ばれる座的な結社を形成した。彼らは各地を遊行して勧進活動を行なった。そして一六世紀後期には、上醍醐の聖宝の御影堂の再建の勧進などを契機として、醍醐三宝院と結びついた。また羽黒山や彦山の修験一山も、戦国武将の外護を得て確立した。

　江戸時代（一六〇三〜一八六七）に入ると幕府は、慶長一八年（一六一三）に、「修験道法度」を定めて、聖護院の本山派の他に、醍醐三宝院に当山正大先達衆を掌握させて当山派として、両者を共存させた。これに応じて本山派では、熊野三山検校の聖護院を本寺、若王子・住心院・積善院・播磨の伽耶院の四寺を院家とし、その下に、各地の有力な修験を先達、またはそれに次ぐ年行事に任じ、一定地域を霞として与えて、その地の修験を支配させた。また備前の児島五流、北九州の宝満山、求菩提山《くぼてさん》を包摂した。なお元禄年間（一六八八～一七〇四）には、江戸の氷川大乗院を触頭に任じて幕府の寺社奉行との窓口にしている。当山派の醍醐三宝院は、当時は一二院に減少していた当山正大先達の臈次《ろうじ》に基づく大宿《おおしゅく》・二宿《にのしゅく》・三宿《さんのしゅく》を中心として、それぞれが地方ごとに袈裟頭と帳本《ちょうもと》を置いて同行《どうぎょう》を支配する袈裟筋支配を容認した。けれども元禄一三年（一七〇〇）、三宝院門跡高賢（?～一七〇一）は、聖宝の廟がある吉野の鳥栖鳳閣寺の名跡を、江戸の三宝院直末の戒定院に移して、江戸鳳閣寺とし、同寺住職を諸国総袈裟頭、江戸触頭に任じて、当山派の地方修験の直接支配を試みた。なお江戸後期の当山派には、伊勢方・熊野方・地客方の三派が含まれていた。

吉野の金峯山寺は東叡山に属し、天台の寺僧と真言の満堂（社僧含む）から成っていた。けれども寺僧方の喜蔵院などは本山派、満堂方の桜本坊は当山派に属していた。なお元禄年間の山上蔵王堂（現・大峯山寺）の再建にあたっては、山内の修験寺院の働きかけに応じて、大坂や堺の在俗の講社が協力した。爾来、八嶋役講と通称される主要な講社が山上蔵王堂の運営に関わった。また近畿やその周辺でも山上ヶ岳登拝の講社が現れた。熊野三山は江戸期には神社化したが、羽黒山は東叡山末の修験一山として栄え、当初聖護院に属した彦山も元禄九年には別本山として独立した。

明治政府の神仏分離令により、吉野では金峯山寺は廃された。山下蔵王堂は金峰神社の口の宮、山上蔵王堂は奥の宮とされ、一山の修験は復飾神勤した。その後、蔵王堂は明治一九年（一八八六）に仏堂に復したが、山上ヶ岳の地籍が天川村洞川《どろかわ》となったことから、山上蔵王堂は吉野山と洞川の共属となり、山上本堂（昭和一七年以後は大峯山寺）と改称し、洞川の龍泉寺と、吉野山の東南院・喜蔵院・桜本坊・竹林院が護持院となった。羽黒山は神社が主体となったが、修験寺院の荒沢寺らは天台宗として存続した。一方、彦山は神社となった。明治五年に修験宗は廃止され、本山派は天台宗、当山派は真言宗に所属した。けれども太平洋戦争終了後、宗教法人令の公布により、旧本山派は修験宗（現・本山修験宗）、旧当山派は真言宗醍醐派として独立し、吉野では金峯山寺を本山とする金峯山修験本宗、羽黒山では荒沢寺を本山とする羽黒山修験本宗が成立した。この他、児島五流は宗教法人「修験道」として天台宗から独立し、石鎚山では神社系の石鎚本教、旧石鉄《いしづち》山別当前神寺の真言宗石鉄派などが成立した。

修験道の儀礼

修験道の勤行では、まず懺悔、滅罪したうえで、般若心経、観音経、阿弥陀経を読誦し、真言をあげて祈念すると共に、自己の仏性を開悟し成仏をはかっている。不動明王を崇める『不動経』、役行者と聖宝の講式や和讃も定められている。修行の眼目をなす峰入は、近世期の教派修験では春と秋になされ、峰中では、地獄・餓鬼・畜生・修羅・人・天・声聞・縁覚・菩薩・仏の十界のそれぞれに充当した、業《ごう》秤《びょう》・穀断・水断・相撲・懺悔・延年・四諦《したい》・十二因縁・六波羅蜜・正灌頂の十界修行が行なわれていた。現在の山上ヶ岳の峰入は、五月三日の戸開式から九月二三日の戸閉式の間になされている。ただし女人禁制である。なお聖護院・三宝院・金峯山寺・吉野山の護持院などでは、山上ヶ岳から弥山を経て前鬼に至り、バスで熊野に出る奥駈修行を行なっている。葛城山では春に聖護院が和泉葛城に峰入し、七月七日に醍醐三宝院が大和葛城で蓮華入峰をしている。峰入と結びついた灌頂としては、聖護院がほぼ二〇年おきに大峰山中の前鬼で深仙灌頂、和泉葛城の中津川で葛城灌頂を開壇している。また醍醐三宝院では、聖宝が吉野山の鳥栖鳳閣寺で開壇したとされる結縁・滅罪・覚悟・伝法の四灌頂からなる恵印灌頂を行なっている。

羽黒山荒沢寺では、八月二五日から九月一日にかけて近世以来の秋の峰がなされている。この峰入では一の宿、二の宿、三の宿の三期の間に、荒沢寺で、煙で燻される南蛮いぶし（地獄）・断食（餓鬼）・水断（畜生）・相撲（修羅）・懺悔（人）・謡（天）・聞法（声聞）・山中抖擻（縁覚）・施餓鬼（菩薩）・秘印伝授（正灌頂）の十界修行がなされ、最後に修行成満の柴灯護摩が施行されている。そして入峰・峰中・出峰の際の秘儀を、受胎・胎児の成長・出生と結びつけて説明している。また出羽三山神社では、二人の松聖《まつひじり》が九月二四日から自坊や神社の斎館《さいかん》に籠ったうえで、出峰の大晦日の松例祭で験競《げんくら》べをするという形で、かつての冬の峰を再現している。この他、日光・石鎚山などの修験霊山でも峰入がなされている。

修験寺院では、祈禱には密教に準じた息災護摩、祭典には修験独自の採（柴）灯護摩がなされている。この採（柴）灯護摩の際には、護摩に先立って、山伏問答、弓矢・剣・斧で降魔をはかる法弓・法剣・斧の作法がある。また採（柴）灯護摩のあと、火渡りがなされることもある。なお聖護院の独自の修法に柱源《はしらもと》護摩《ごま》がある。この修法の前半の柱源の部分では、護摩壇の前に置かれた壇板上の水輪に立てられた陰・陽を示す二本の乳木を、合掌した掌にはさんで呪文を唱え、宇宙軸を示す中央の閼伽札（修法者の名を記す）を生み育むことを修して、修法者が宇宙軸になったことを示している。後半は、ほぼ息災護摩に準じた修法がなされる。修行で得た験力を誇示するものに験競べがある。火渡りも、修法者が、火を背負った不動明王の力を体得したことを示すものと考えられる。羽黒山の松例祭の烏や兎の使役、吉野山蔵王堂の蓮華会の蛙とびは、動物霊を使役する力を得たことを示すものである。

修験者は、平素は信者の除災招福の依頼に応えて救済儀礼を行なっている。その際にはまず、卜占・巫術・憑祈禱《よりぎとう》によって災因を知る。その災因は、依頼者が方位の禁忌を侵したり、日・月・星の運行を無視した咎、祖霊・荒神・稲荷などの祭祀を怠った祟り、生死霊、動物霊が憑依したことによるとされている。災因がわかるとそれに応じた儀礼がなされている。最も一般的な方法は息災護摩、不動明王などの諸尊への祈願、日待・月待・星祭り、稲荷・荒神などの小祀の祭りである。けれども修験者はこうした祈願や祭祀よりも、不動明王と同化したうえで降魔をはかる加持、主尊の眷属・童子や地主神を使役して邪神・邪霊の障碍をやめさせる九字や金縛りなどによる調伏、憑きものおとしなどを、符や呪具を用いて行なっている。また牛王宝印などの独自の護符を授けている。

修験道の思想

修験道の思想は霊山での修行の体験とそれによって得た験力の宗教的意味づけの形をとっている。その際、修験道が仏教と密接な関係を持って展開したので、その影響を受けている。日本では古来、霊山は祖霊・神霊の居所、魔物がすむ他界とされていた。そこで修験道では、山岳を他界とし、山中に浄土や地獄を設けている。そして霊山を阿弥陀の極楽浄土、弥勒の兜率天、法華経の霊山浄土、観音の補陀落浄土、高天原などとしている。また仏教の須弥山思想に基づく弥山、妙高山の山名もある。そして山岳を宇宙軸、宇宙山と捉えて、大峰山を、宇宙を神格化した大日如来の金剛界・胎蔵界の曼荼羅としている。崇拝対象には、この宇宙観に基づく大日如来、他界観と関わる阿弥陀如来・弥勒菩薩・地蔵菩薩、現世救済の十一面・千手・如意輪などの観世音菩薩、降魔の不動明王を始めとする五大明王や孔雀明王・愛染明王・倶利迦羅不動（龍王）、毘沙門天、弁才天、荼枳尼天（稲荷）や神道の諸神がある。

もっとも修験道独自の神格は権現である。この権現は、役行者が山上ヶ岳で岩から金剛蔵王権現を涌《よう》出《しゅつ》させたり、猟師の千与定《ちよさだ》が熊野本宮で一位《いちい》の木に熊野三所権現を観じたとの話に見られるように、本来姿を見せない岩や木などに鎮まる山の神を修験者が顕現させたものと考えられる。そして羽黒権現・彦山権現・白山権現というように修験霊山の山名に付して崇められ、やがて本地の仏が定められた。なお金剛蔵王権現は八大金剛童子、熊野三所権現は五所王子・四所宮・熊野参詣道の九十九王子というように、数多くの眷属を擁している。また修験者を神格化した天狗（秋葉山三尺坊など）、稲荷の化身とされる飯綱《いづな》権現なども崇められている。そして除災儀礼や験術では、修験者は不動明王と同化した上で童子や護法を使役している。なお修験道の始祖役小角は、役行者・神変大菩薩、当山派の祖聖宝は、理源大師として崇められている。

修験道では、人間は誰でも仏性を持っている。それゆえ、このことを悟り、峰入して成仏の過程である六道四聖に充当された十界修行をし、峰入道に設《しつら》えられた発心・修行・等覚・妙覚の四門を経て成仏し得るとしている。さらに峰中の秘儀を、受胎、胎児の成長、再生を象徴する所作であると説明することによって、身体感覚を通して、再生したことをよりリアルに感じさせている。なお教義書では、成仏には、修験者が本来仏性を有することを悟る「即身成仏」（始覚）、修験者の三業と仏の三密が一致する「即身即仏」（本覚）、生仏不二の境地である「即身即身」（始本不二）の三種があるとし、至高のものである即身即身の境地は、何ごとにもとらわれない自性清浄心であるとしている。

修験道の祭りや芸能は、修験者が神霊を祭場に招いて憑りましに憑依させて、託宣を得たり演じさせることによって、聖なる秩序とその根源を示す形をとっている。その際に法具として錫杖・弓・剣・棒・縄などを用いている。また除災儀礼でも、独鈷・剣・錫杖・縄が用いられている。これを見ると、共に棒状のものと索を用いている。この棒と索は、修験道の主尊の大日如来の教令輪身とされる不動明王の持物の剣と索になぞらえたものである。この剣と索を神格化した倶利迦羅不動もある。修験者は、この不動明王と同化したと観じたうえで修法を行なっている。また柱源護摩では、修験者自身が宇宙軸に変身したと観じている。峰入の衣体では、腰に金剛界・胎蔵界を示す螺緒《かいのお》を巻いている。修法に用いる独鈷は、それから不動明王・役行者・修験者自身が生じた宇宙の根源的なもの、錫杖は須弥山を示すとしている。このように、修験者が峰入修行によって得る験力は、不動明王、修験者の衣体、その法具の持つ宇宙の根源をなすものに基づくとしているのである。

この修験道の除災儀礼を支える思想は、現実の世界を支配する超自然的な霊界における大日如来・不動明王・観世音菩薩などの普遍的神格と、それに属する眷属・護法などの従属的神格、および災厄のもとになる邪神・邪霊・動物霊という三種の神格の存在を前提としている。そして成仏を完成し、自性清浄心の境地に達し、さらに普遍的神格の不動明王などと同化体験をした修験者が、それに従属する神格を使役することによって、邪神・邪霊を制御することが可能であるとしているのである。

修験道の組織

修験道の組織には、修験霊山の組織、修験者も含む中央の権門寺院の組織、教派修験の組織、在地の修験組織がある。以下、このそれぞれ、及び相互の関係について歴史を考慮して説明する。

羽黒山などの修験霊山では、峰入に関しては全体を取り仕切る正大先達・小木・閼伽・宿などの役割に応じた組織を形成していた。その代表の正大先達は、峰入の回数や臈次に基づいて決められていた。また一山の運営は、相互の話し合いで決めた別当や、年ごとに交代する年行事によって取り仕切られた。

平安後期から鎌倉・室町期の権門寺院の組織は、学問や法要に携わる学侶、堂舎の維持にあたる堂衆、勧進の聖、客僧からなり、全体を取り仕切る座主や検校は貴種の出自の者がなり、学侶は僧綱《そうごうせい》制に準じた位階を与えられていた。なお貴族の御嶽詣や院の熊野御幸の先達を、比叡山・園城寺・興福寺などの権門寺院の学侶が務めたことから、熊野や金峰の修験霊山では、一山を代表する検校は、熊野は園城寺、金峰山は興福寺の門跡が務めて、その下で、世襲の別当（熊野）・執行《しつこう》（金峰山）が一山を取り仕切った。また両山などでも、権門寺院に準じて学侶・堂衆・聖《ひじり》・客僧が形成され、修験は堂衆・聖・客僧に属していた。このうち聖は各地を遊行して勧進などにあたり、客僧は自己の出自の地に帰って先達となってその土地の檀那を本所の御師のところに導いた。なお近世以降になると、修験霊山では御師《おし》が廻檀して直接先達を掌握した。

中世期の在地修験の組織を代表するものには、東大寺や興福寺などの大和の諸大寺の修験が相互に交流して、当山正大先達衆と呼ばれる座《ざ》的な結衆を形成したものがある。中世後期における同様の在地修験の組織には、関八州の年行事のネットワーク、近江の伊吹山麓の修験の結社、阿波の吉野川流域の念行者（修験）の組織がある。

教派修験の組織は、近世の本山派・当山派の組織である。本山派は熊野三山検校の聖護院、当山派は醍醐三宝院という貴種が門跡を務めた権門寺院を本寺とし、前者は熊野先達や地方霊山の修験を統轄し、後者は当山正大先達を包摂した。そして本山派は院家・先達・年行事に一定地域を霞として与えて、その地域の同行を統率させる霞支配により配下を掌握した。そして貴種の門跡が先達、年行事の推挙に基づいてそれぞれの配下に位階を許認可した。当山派の本寺の三宝院では、当初は、遊行を旨として全国に配下を擁した正大先達が、それぞれで各地に置いた袈裟頭と帳本の推挙をもとに、合議のうえで位階を許認可する袈裟筋支配を容認した。けれども元禄期（一六八八～一七〇四）以降は、三宝院門跡が江戸鳳閣寺を諸国総袈裟頭に任じて直接位階を許認可する形をとっている。なお本山派は、役行者に始まり歴代熊野三山検校が名を連ねた血脈譜、当山派は大日如来・龍樹・役行者、聖宝以下は真言宗小野流に基づく血脈譜による門跡を、支配の正当性の根拠とした。ただし地方の彦山や児島五流は、宮家の血統に基づく支配を試みている。

近世後期以降の在地の修験組織には、遊行の聖や霊能者が地域に定住した里修験の組織と、主として御師の働きかけで成立した在俗修験の登拝講がある。いずれも活動の便もあって、地縁・血縁・職縁の既存の組織と結びついている。各地の修験霊山では御師の働きかけもあって数多くの登拝講が成立した。特に都市の講は、大峰山の八嶋役講《やしまやっこう》のように、財力もあって修験霊山の社寺を経済的に支えている。さらに富士山や木曽御嶽では数多くの講が組織され、近代には講社が連合して扶桑教、実行教、木曽御嶽教などの教派神道を結成した。

明治政府の神仏分離政策に際して、近世期に教派修験に属していた里修験は、地域住民との宗教的な結びつきを保持するために神社の神主となっている。一方、本山派・当山派の教派修験は、明治五年の修験宗廃止の結果、聖護院・三宝院統轄のまま天台・真言両宗に所属した。その際、聖護院・三宝院の両寺では、残った末寺とあわせて、近畿地方の在俗の山上講にその組織基盤を求めている。このように修験道は、権門寺院の権威によりつつも、基本的には霊山登拝や、修験者がそれによって得た験力に基づく宗教活動によって地域住民との間に作り上げた組織によって支えられているのである。

修験道小事典

凡例

【収録した語】

「修験道とは」「修験道の基本」に登場する語を中心に、特に重要な修験道の山、社寺、人物、書物、神仏、思想、法具、儀礼、祭り・芸能、組織、歴史、地名、美術・工芸、遺跡・遺物、文学に関する重要な語・項目など、総計約五〇〇語を収録し、解説した。

なお、比叡山など一般的なもの、四諦など一般仏教用語に関しては、修験道に関する事実・解説を挙げた。また、衣体、主な経・偈については「修験道の基本」の項で説明した。

【見出し】

全項目を五十音順に配列した。【　】内に漢字で示し、その下に読み方を示し、読み方が複数の場合は（　）内に示した。同時に、人名については生没年を、山については標高を、寺については場所を示した。また書物については巻数、収録叢書名・収録巻の番号を挙げた。ただし『修験道章疏』（→102ページ）については「修疏」と略記した。

【表記】

原則として現代仮名づかいにより、書物からの引用も、現代仮名づかいに改めた。

あ

【愛染明王】あいぜんみょうおう

男女間の愛着から起こる一切の葛藤を解き、絶対の愛を悟らせる仏で、煩悩即菩提を示すとされている。像容は、日輪を背にし、全身は赤色で愛欲を示し、三眼六臂で金剛杵、鈴、弓矢、蓮華などを持つ。

【青笹秘要録】あおざさひようろく

一巻（修疏Ⅱ）

「青笹秘録」とも。一四世紀初頭頃に大峰山中の小笹で伝えられた。当山正大先達衆の峰中修行の一通の切紙。その内容は、前半は嘉暦三年（一三二八）に尭海《ぎょうかい》が書写した役行者略伝、閼伽・小木納め、閼伽桶、採灯小先達。後半（成立年不詳）は、断食、長日飯食、峰中の日数、巌石、禅鬼に関する切紙からなる。寛正六年（一四六五）、乗円がこの両者を小笹の宿で書写して本書を作成した。類書に、乗円が同年に内山永久寺の先達の許可を得て書写した『小笹秘要録』（修疏Ⅱ）がある。これには大峰灌頂、熊野参詣、大峰・葛城の童子の三通の切紙が収められている。

【閼伽】あか

一般には仏を供養する水をいう。「水」は色・声・香・味・触の五塵を大日如来の五智の徳で洗い清める徳を持つとされている。

【閼伽桶】あかおけ

閼伽水を納める桶。かつて峰中修行では、新客は毎日、閼伽水を満たした三荷の閼伽桶を担木《たんぼく》でかついで閼伽の先達に納めた。桶には「五智徳顕現」と記されている。これを受けた閼伽先達は、その桶の閼伽水を散杖で新客に洒水《しゃすい》し、「以鑁《ばん》字浄水、洗浴煩悩身、五智徳顕現、心諸仏円満」との閼伽の文を唱えて、閼伽札を授けた。閼伽札は長さ一寸八分（約5センチ）、周囲三寸六分（11センチ弱）の将棋の駒形の木の札で、五智の種子、山号、春・秋の峰入の区別、先達の判形《はんぎょう》、新客の実名、金剛界または胎蔵界大日の種子が記されていた。これにより新客が五智如来の法水を注がれ、大日如来となることを示すとされた。

【秋葉山】 あきばさん　866メートル

静岡県浜松市。近世の縁起では、行基（六六八～七四九）が、聖観音・十一面観音・勝軍地蔵を祀って秋葉寺を開いたことに始まるとする。その後、越後の蔵王堂にいた修験者三尺坊が白狐に乗って飛来して、三尺坊権現（本地観音）として祀られて、秋葉寺の守護神となった。三尺坊権現は火難よけの神として広く崇められた。秋葉山の北の龍頭山には、不動明王を祀る奥の院の戒光院があって、秋葉山の修験者がここまで抖擻していた。中世末には秋葉山の修験叶坊《かのうぼう》が火祭りを始めている。近世初期に秋葉山は袋井の曹洞宗可睡斎の末寺となった。近世期には秋葉山三尺坊は火防《ひぶ》せの神として崇められ、東海から関東にかけて秋葉山登拝をする秋葉講が多数つくられた。明治の神仏分離の際、秋葉山は秋葉神社となり、可睡斎が三尺坊を祀って秋葉総本殿と称したが、明治一三年（一八八〇）には秋葉寺も復活した。

秋葉山三尺坊

【阿字】 あじ

阿はサンスクリット語の最初の文字。密教では阿に有・空・不生の三義があるとして、一切諸法の根源として重視している。修験道では、阿字こそ一切諸法の根源で、それを人格的に表現したものが大日如来、その機能を図示したものが金剛界・胎蔵界の両界曼荼羅としている。なお修験道では密教でいう阿字の三義のうち「不生」を展開して、「阿字本不生」を説く。そして一切諸法の根源は生成されたものではあり得ず、不生でなければならないとして、阿字にことよせて、一切諸法は本不生であるとしている。このように一切の諸法を阿字に帰して、その阿字を我々の息風《そくふう》に見立て、その根源を悟ることによって即身成仏が達せられるとしている。

【阿蘇山】 あそさん

熊本県阿蘇郡。高岳（1592メートル）・中岳（1506メートル）・杵島岳（1321メートル）・烏帽子岳（1337メートル）・根子岳（1408メートル）の阿蘇五岳を指す。阿蘇国造《くにのみやつこ》の阿蘇氏が、火山神（健磐龍命《たけいわたつのみこと》）を遥拝する式内社の阿蘇神社を創建した。そして、神亀三年（七二六）に同社の本地の十一面観音を本尊とした西巌殿寺《せいがんでんじ》が開基された。中世期の西巌殿寺には、座主のもとに衆徒と修験がいた。修験は中岳の火口の麓の中宮《ちゅうぐう》権現堂を拠点にして、山中の現在、古坊中と呼ばれるところに住して修行したので、久《く》住《じゅう》と呼ばれた。久住は中世後期には当山正大先達衆に属し、春・夏・秋に阿蘇山で峰入修行をした他、大峰にも入峰していた。近世初頭、加藤清正は、山中の阿蘇修験を里の黒川（坊中）に移住させた。彼らは三宝院に属し、七年に一度、阿蘇山塊を巡る秋の峰入を行なった。また不動明王を本尊とし、乙護《おとご》を使役する修法をした。明治政府の修験宗廃止の際、西巌殿寺は天台宗に、阿蘇の修験は真言宗に所属した。

【愛宕山】 あたごさん 924メートル

京都市右京区。丹波の式内社で雷神を祀る愛宕神社がある。平安遷都の際、都の西北（神門）を守る鎮山とされた。その後、空也（九〇三～七二）が籠山したこともあって、死霊を祖霊化する霊山とされ、地蔵が祀られた。中世期には大天狗太郎坊の居所とされ、さらに天狗と地蔵が結びついた勝軍地蔵が祀られ、修験の霊山となった。愛宕修験は役行者が愛宕の大杉の上に白馬に乗った勝軍地蔵を感得して、雲遍上人（泰澄）と共に祀ったとした。なお近世の江戸では、勝軍地蔵を信仰した徳川家康が芝桜田町に勧請した愛宕権現が、火防せの神として広く崇められた。

【安倍晴明】 あべのせいめい 九二一～一〇〇五

著名な陰陽師で、陰陽道宗家安倍氏の祖。天文道を学び、貴紳の陰陽道祭や占いに従事して高い名声を得た。そして験競《げんくら》べの際に式神《しきがみ》を使ったなどの神秘的な霊験譚が数多く伝わっている。また道教の泰山府君を陰陽道の主神とした。鎌倉初期には那智の滝で千日の籠山をしたとか、その前身が大峰山の行人だったとの伝承もみられる。江戸時代に里修験が重視した『簠簋《ほき》内伝』の著者ともされている。

【天野長床衆】あまのながとこしゅう

高野山の鎮守丹生都比売《にうつひめ》神社（通称天野社）の長床に依拠した修験。一四世紀初期に天野社で千日行をした修験が、高野山の執行代の支援を受けて、信者と共に法華経を一〇〇部書写して、天野社と葛城山中の霊地に納めたことを記した五輪高卒塔婆が境内にある。嘉暦元年（一三二六）に、高野山の修験檀親《だんしん》が、天野長床衆を含む高野山の修験が大峰の逆峰の後に葛城修行をしていたのを二分して、高野山行人方を大峰先達（東の先達）、天野長床衆を葛城先達（西の先達）とし、天野長床衆を葛城入峰に専念させた。その後、高野山行人方は当山正大先達衆に属したが、天野長床衆は近世期を通じて独自に葛城の峰入を行なった。その峰入は天野社の御神体を笈に収めて、五月三日まで天野社近くの脇の宿に籠ったうえで、友ヶ島の序品窟から始まる葛城二十八経塚を巡拝して、六月一八日に天野社に帰って御神体を返し、護法祈りなどからなる蓮華会を行なうというものだった。

【阿弥陀如来】あみだにょらい

無量寿如来とも。無上の悟りを得ようと発心した法蔵菩薩が衆生救済のために四八の本願を起こして修行した結果、成った如来で、現在も西方極楽浄土で説法しているとされている。修験道では、古来の山中他界観に基づいて修験霊山の山頂を阿弥陀の浄土とすることが多かった。熊野本宮では主神の家津《けつ》美子《みこ》神《しん》の本地を阿弥陀如来とし、その救済の力が証誠であるので証誠殿と呼ぶなど、阿弥陀信仰が認められる。また修験霊山では登拝の際に掛念仏を唱えている。山上ヶ岳では西の覗きの行のあと、「弥陀の浄土に入るぞうれしき」と唱えている。日常の勤行でも阿弥陀経や弥陀讃が唱えられている。

【阿弥陀来迎図】あみだらいごうず

「来迎」は、臨終の時に仏がその者を極楽浄土に往生させるために迎えに来ることで、迎接《げいせつ》ともいう。阿弥陀来迎図は阿弥陀如来が天上から瑞雲に乗って臨終の者のところに現れる有様を描いたもので、臨終の不安と動揺を断ち、安らかに死を迎えさせるためのものである。阿弥陀一尊を描いたものの他に、観音と勢至を従えた三尊像、阿弥陀如来が二十五菩薩を左側と後方に従えて来迎する聖衆来迎図がある。最も数が多いのは聖衆来迎図だが、修験道との関わりで注目されるのは、「山越阿弥陀図」である。これは山並の後ろから、ちょうど太陽が昇るように大きく阿弥陀如来が峰の間に上半身を現した場景を描いたもので、鎌倉時代に多く作製された。主なものには「山越阿弥陀図」(京都市・禅林寺蔵、国宝、一三世紀)、熊野本宮の証誠殿本地の阿弥陀の来迎を描いた「熊野権現影向《ようごう》図」(京都市・檀王法林寺《だんのうほうりんじ》蔵、重文、鎌倉)、同(神奈川県・正念寺蔵、室町)などがある。修験道では、石鎚山の山頂で太陽の光の輪に包まれた、遥拝者の影ができるブロッケン現象を、阿弥陀と一体になったと観ずる信仰がある。

【蟻の門渡り】ありのとわたり

修験道の行場の名称。山の細い尾根の両側が切り立つ崖となった狭い道を、蟻が行列して進むように歩いて修行することから名づけられた。大峰山山上ヶ岳裏行場、七十五靡《なびき》の水呑宿近くや、戸隠山を始め、修験霊山の岩場に見られる。馬の背、剣の刃渡りともいう。

い

【生駒山】いこまさん　642メートル

大阪府東大阪市・奈良県生駒市。生駒山系には、信貴山から男山八幡に至る北峰の抖擻《とそう》路に、いずれも役行者伝承を持つ髪切山慈光寺、竹林寺、鬼取寺がある。またこの他に、中世末に当山正大先達だった千光寺(元山上ともいう)があった。延宝六年(一六七八)に、湛海が、東側中腹の修験行場に不動明王と聖天を祀って宝山寺を創建し、爾来、生駒の聖天様として関西各地から数多くの信者を集めている。なお現在生駒山中にはいくつかの滝行場があり、龍神信仰を中心として数多くの修験寺院が活動している。

【石子詰め】いしこづめ

峰中修行などの際に、快復不能の病になった山伏を穴に入れ、同行者が石を投げ入れて埋め殺す作法。刑罰としても行なわれた。本来は古代・中世の私刑で、これを修験者が取り入れた。能の「谷行《たにこう》」は、葛城修行中に病になった稚児の山伏が、谷底で石子詰めにされるが、師の嘆きを見た同行の山伏が不動明王に祈って蘇らせる。これは、石子詰めが来世での再生を願っての刑であることを示す。

【石鎚山】いしづちさん

石鉄山　1982メートル《メートル》

愛媛県西条市。平安初期に寂仙《じゃくせん》、上仙《じょうせん》が入山したとされ、空海も修行した。平安後期の「熊野権現御垂迹縁起」では、中国から飛来した権現が彦山、石鎚山を経て熊野に鎮座したとある。中世の石鎚山では、北麓の別当前神寺《まえかみじ》が、山頂の弥山宝殿に祀る蔵王権現の信仰を四国から山陽地方に伝播させた。近世期には前神寺は、西条藩の外護のもとで先達の組織化をはかったが、小松藩の横峰寺も石鎚山に関わった。両寺は共に四国遍路の札所である。明治政府の神仏分離により、石鎚山蔵王権現は石鎚神社とされ、前神寺は東遥拝所、横峰寺は西遥拝所となったが、やがて両寺とも復活した。現在石鎚山では、石鎚神社（祭神・石土毘古命《いしづちひこのみこと》、通称・石鎚大神）と同社を母体とする石鎚本教、前神寺と同寺を本山とする真言宗石鉄派、極楽寺が本山の石鎚山真言宗、真言宗御室派の横峰寺が共存している。なおこれらの社寺の唱導もあって、数多くの信者が、七月一日〜一〇日のお山市（お山開き大祭、一日のみ女人禁制）を中心に、夏期に、中腹の常住社から三つの大鎖を登る鎖禅定をして弥山の石鎚社に詣でている。

【伊豆山、箱根山】いずさん、はこねさん

伊豆山は、熱海市伊豆山の走湯《はしりゆ》山東明寺（現・

伊豆山神社）と、その奥院の、末代開基とされた日《ひ》金山《かねさん》（通称十国峠）の日金山東光寺（日金のお地蔵さん）からなっている。箱根には、芦ノ湖畔に万巻（七二〇～八一八）が祀った箱根三所権現（現・箱根神社）があり、その背後の駒ヶ岳（1327メートル）には駒形権現（現・箱根神社奥社）がある。中世期には伊豆山と箱根を参詣する二所詣が盛んになり、両社の祭神を異母姉妹とその夫とする縁起が作られた。なお伊豆の修験は箱根から富士にと抖擻した。

【一山組織】いっさんそしき

金峰山・熊野・彦山・羽黒山など、権現を主祭神とする修験霊山における、全宗教者を包摂した組織。当初は山林修行者のうち、験力を持ち、権力を有した者が選ばれて別当を勤めるか、主要な者が交代で一山の運営にあたっていた。平安後期には、金峰山では御嶽詣、熊野では熊野御幸がなされ、中央の興福寺、園城寺などの権門寺院の高僧が先達を務めたことから、中央の権門寺院の支配が始まった。そして金峯山寺は興福寺、熊野山は園城寺というように、権門寺院の門跡が検校を勤め、そのもとで世襲の執《しっ》行《こう》（金峰山）、別当（熊野山）が一山を統治した。中世期の一山は、専ら学問や法要に従事した学僧と、堂社の維持運営に携わる堂衆（山内の鎮守を預かる社僧を含む）、勧進などにあたった聖《ひじり》、地方から修行に訪れて、一時的に滞在した客僧からなっていた。当初霊山で修行し、一山の維持に努めた修験者は、堂衆・社僧・聖などの形で周辺的な存在となっていった。中世後期には山内の堂衆などは、地方から先達に導かれて登拝する檀那に宿を提供し、祈禱、山内の案内などをする御師となった。近世期にはこの御師が、各地から檀那を導く先達や在俗者の講を掌握して、一山の維持に重要な役割をはたした。

【飯綱権現】いづなごんげん

イヅナは、東北から北海道にかけて生息する、イタチの中で最も小さなコエゾイタチである。体長約二〇センチ。中部以北ではこのイヅナを使って吉凶を判断したり、呪法を行なって幸をもたらすイヅナ使いが活躍した。一方長野県の飯縄山や高尾山の修験者はこのイヅナを、狐を使霊とする稲荷（荼枳尼天）信仰と習合させて飯綱権現として祀った。飯綱権現は白狐の上に立った双翼を持つ迦楼羅（天狗）として描かれたが、火焔を背にし、剣と索を持つ点では不動明王と類似する。そしてイヅナを使役する飯綱の法によって異常な能力や利益を得るとされた。

【一遍】いっぺん　一二三九～八九

時宗の開祖。遊行上人。伊予の河野通広の子、浄土宗西山派の聖達の弟子。伊予の窪寺、岩屋寺などで修行し、念仏による成仏を確信し、熊野本宮証誠殿に一〇〇日参籠して、山伏姿の熊野権現から「南無阿弥陀仏決定往生六十万人」と記した算《ふだ》を配る賦《ふ》算《さん》の神勅を得て、各地を遊行して賦算した。そして善光寺に詣でた際に信者と踊り念仏を始めた。遊行を旨とし、道場や財を持たず、神祇を崇めた。兵庫県和田岬の観音堂で秘蔵の経を焼き、偈文を残して亡くなった。勅諡号《ちょくしごう》は証誠大師、その法語は『一遍上人語録』に収められている。

【稲荷】いなり　荼枳尼天　だきにてん

稲荷には、稲魂《いなだま》を神格化した宇《う》加《か》之《の》御《み》魂《たま》大神《おおかみ》を祭神として狐を使霊とする神道系の伏見稲荷に代表されるものと、インドの夜叉神に淵源を持つ荼枳尼天を祀った仏教系の、愛知県豊川稲荷や岡山県の最《さい》上《じょう》稲荷などがある。伏見稲荷では米俵と蛇、白・黒の狐と宝珠を描いた護符を出している。修験の伝承では、円珍が熊野詣の際、本宮の入口の岩田川の手前の祓所の稲葉根王子のところで稲荷大明神に会ったとしている。また院政期の熊野詣では、熊野精進のうえで、伏見稲荷に奉幣して護法を授かり、その守護のもとで参詣を終えると、還御の折に同社に護法を返す儀礼を行なっている。伏見稲荷の稲荷山では、浄蔵（八九一～九六四）、壱演（八〇三～六七）などが修行した。そして近世期には、修験者は伏見稲荷の本願所の愛染寺からその分霊を授かって在所の屋敷神などの小祠に祀っている。また竹筒に入れた狐を授かって、それを使役して憑きものおとしなどの修法を行なった。伯耆大山では、智明権現

（本地地蔵菩薩）の眷属として下山明神（御霊神）を祀っているが、その使霊は狐とされた。

仏教の荼枳尼天の図像の基本形は、女神の弁才天が剣と宝珠を持って白狐に乗る形のものである。なお豊川稲荷と最上稲荷は、どちらも豊穣神と同時に、護法神の性格を持っていた。その絵符では、稲束を担った弁才天を思わせる女神が、前者は宝珠、後者は鎌を持って狐に乗っている。また熊野の玉置山では、天狐・地狐・人狐の三狐が祀られ、憑きものおとしがなされている。なお戸隠や高尾山で祀られている飯綱権現も、稲荷信仰に連なるものである。

【伊吹山】

いぶきやま　1377メートル

膽吹山

滋賀県米原市・岐阜県揖斐川町。平安初期には、荒ぶる蛇神を祀った式内社の伊夫伎神社（伊吹社）と三宮女一権現があって、護国寺（本尊観音）が別当を務めていた。九世紀後半に、三修（八二九〜九九）がさらに薬師を祀って護国寺を定額寺とした。平安末にはこの護国寺が、弥高《やたかじ》寺・大平寺・長尾寺・観音寺の四カ寺に分かれ、共同で両社を祭祀した。四カ寺の衆徒は延暦寺に属したが、その修験は伊吹山の峰入、熊野先達、周辺地域の祭祀に携わっていた。そして中世後期には、熊野三山検校の聖護院門跡と結びついていった。

【新熊野検校】

いまくまのけんぎょう

永暦元年（一一六〇）、後白河上皇が、京都東山の御所法住寺殿に那智権現を勧請して、新熊野社とし、承安三年（一一七三）、四代熊野三山検校の覚讃（一〇九五〜一一八〇）を初代の新熊野検校に補任した。その三代後の第四代同検校に第五代熊野三山検校実慶が補されて以来、熊野三山検校の兼職とされたが、明治元年（一八六八）熊野三山検校雄仁《ゆうにん》の還俗に伴い、この職も廃された。なお後白河法皇、後鳥羽上皇が新熊野社を外護したことから、中世期には同検校職も重視され、熊野修験と関わりを持っていた。

【岩木山】

いわきさん　1625メートル

青森県弘前市。お山、津軽富士。山頂は中央の岩木山・西の鳥海山・北の巌鬼山の三峰からなり、この三峰を岩木山三所権現（本地阿弥陀・十一面観音・薬師）として祀った。近世初頭に、東南の登拝口の百沢《ひゃくさわ》に、三所権現の下居宮と真言宗百沢寺が設けられた。近世期には岩木山三所権現は津軽藩の総鎮守、百沢寺は津軽藩の祈禱所とされた。中世後期から熊野系の岩木修験が発達し、峰入がなされ、近世後期には民間の旧七月二九日と八月一日の豊穣祈願のお山参りへと展開した。現在は東南麓に岩木山神社があり、北麓の赤沢には鬼神を祀る巌鬼山神社があって、山伏や民間行者の行場になっている。

【院家】　いんげ

門跡に次ぐ格式と由緒を持つ寺院。門跡の後見として門跡を補佐して、本山および教派の運営に携わった。その院主は、近世期は清僧で、多くは公家の出自の者に限られていた。本山派では聖護院門跡が熊野三山検校を重代職としたことから、中世後期に数多くの熊野先達を統轄していた若王子、住心院（勝仙院の後身）、積善院と播磨の伽耶院が院家として門跡を補佐した。

【院室】　いんしつ

本山派修験の寺格。近世後期に院家に次ぐ格式として設けられ、聖護院直属とされた。近世末期の記録では、児島五流宿老、諸先達と、園城寺の子院が院室とされている。

う

【羽州羽黒山中興覚書】　うしゅうはぐろさんちゅうこうおぼえがき　一巻（神道大系六七）

羽黒山の近世初頭の別当、宥源・宥俊・天宥の事績を記した記録。著者は荒沢寺経堂院に住した天宥の弟子精海（?～一七二四）。特に天宥の天台帰入、霞場の確保、峰中記の編集、湯殿山との争い、伊豆の新島配流などの重要な事件について編年で記す。最後に、尊重院が別当となった際、日光山から授かった掟書や一五〇〇石の知行の配当などが記されている。近世初期の羽黒山の歴史、組織の状況を記した貴重な史料である。

【後山】うしろやま　1345メートル

岡山県美作市・兵庫県宍粟市。別称、行者山。山名は、吉野の山上ヶ岳を前山上、この山を後山上と呼んだことによる。建長年間（一二四九～五六）、徹雲法師が役行者堂とその守護寺の道仙寺を開いたことに始まる。一六世紀末以来、備前の児島五流の太法院が支配し、一八世紀中頃から大峰登拝の仮峰とされ、大峰に準じた行場を設け、山上講を組織した。一九世紀に入ると当山派の修験が登拝するようになり、道仙寺も醍醐三宝院に所属した。現在は四月一八日の戸開式から九月七日・八日の戸閉式までの期間のみ山が開かれる。ただし女人禁制である。

【有相・無相】うぞう・むぞう

相は特徴、属性で、その有無によって有相と無相を分ける。そして「無相」を、仏教の正しいあり方で、空、無我の立場を示すとしている。密教や修験道には有相と無相には浅略と深秘の意があり、浅略では有相は凡夫に知られる色心諸法、無相は諸法の体性、深秘では、有相は一切の法がそれぞれの相分明に住すること、無相は一相中に一切相を具えたあり方をいう。もっとも修験道では、有相三密、無相三密の両者をたて、前者を密教、後者を修験道としている。

【内山永久寺】うちやまえいきゅうじ

中世後期から近世期に当山正大先達衆の重鎮として活躍した大和国山辺郡（現・天理市杣之内）の寺院。現在は廃絶。興福寺大乗院二代門跡頼実が永久年間（一一一三～一八）に隠居寺として創建した。同寺では鎌倉後期に成立した上乗院が、山内のみならず大和の多くの寺院の修験を掌握した。ちなみに「上乗院門跡伝」では、その始祖を東大寺長老（東寺長老か）で備前児島五流を確立した道乗（一二一五～七三）としている。近世期の内山永久寺は、院家の上乗院と中院を中心に学僧三院、行人方二六院、下僧六院、無知行一五の院坊からなっていた。そして行人方の龍蔵院、世尊院、普門院、唯心院が廻職で当山正大先達衆を勤めていた。その配下は、近江飯道寺、世義寺、桜本坊に次ぎ、主に近畿・中国・四国に分布していた。けれども明治元年（一八六八）の神仏分離の際に、僧侶が還俗して廃寺となった。

【腕比・小打木】《うでころ・こうちぎ》

共に峰中の修法に用いる。腕比（肘比《ひじころ》とも）は長さ一尺二寸（約36センチ）、周囲八寸（約24センチ）の小丸太。小打木は長さ五寸（約15センチ）、周囲一尺（約30センチ）の小丸太。峰中の床堅《とこがため》の際に、先達が新客の頭上で、腕比で小打木を打って驚覚させることによって、仏性を持つことを悟らせた。現在でも羽黒山秋の峰では、勤行に先立って、小木の先達と駈《かり》の先達が、度衆《どしゅう》・新客の頭上で腕比を小打木で打つ小打木の作法を行なっている。

え

【恵印灌頂】《えいんかんじょう》

醍醐三宝院でなされる結縁・滅罪・覚悟・伝法の四灌頂からなる当山派恵印法流の灌頂。昌泰三年（九〇〇）に聖宝が吉野鳥栖鳳閣寺で開壇したとし、金胎両部をあわせ理智不二の境地に導くものとされている。結縁灌頂は大日如来を本尊とし、俗人を弥勒菩薩の兜率天に導くもの、滅罪灌頂は受者の業報を滅するもの、覚悟灌頂は受者を無上正等の覚台に登らせるもの、伝法灌頂は秘印を伝授するものである。このうち結縁灌頂は一般に開かれているが、後の三者は専門修験者のみに授けられるもので、この三灌頂を授かることによって、三《さん》阿《あ》僧祇《そうぎ》劫《こう》（無数の長時間を三分したもの）を経て成仏するとしている。

【恵印部】《えいんぶ》

明治五年（一八七二）の修験宗廃止令により真言宗醍醐派に包摂された当山派修験の、明治中期から大正期頃の包括名称。明治二七年に醍醐派の一九一三カ寺が真言宗智山派、翌年一四五五カ寺が同宗豊山派に転派し、醍醐派の末寺は一六〇カ寺となった。一方、当時、近士と呼ばれていた醍醐三宝院所属の修験者は約三〇〇〇人いた。そこで三宝院ではこの三〇〇〇人の近士を修験と再称し、修験部を設置してその統轄をはかった。そして明治三六年には、修験部を、当山派の派祖聖宝が修験の恵印法流を創始したとの伝承に基づいて恵印部と改称した。なお明治四三年の真言宗醍醐派の教勢は、真言部が寺院一六二、教師一七五人に対し、恵印部は寺院八四〇、教師一四五六人だった。その後、大正八年（一九一九）、恵印部寺院は真言寺院に編入され、恵印部は廃された。そして新たに修験宗務庁が設けられ、修験道教会・講・教師・信徒を掌握する形態がとられて現在に至っている。

【恵印曼荼羅】《えいんまんだら》

当山派で恵印灌頂に用いる種子曼荼羅で、「修験道章疏Ｉ」には、胎蔵界曼荼羅の形をとった「修験恵印総曼荼羅」と、金剛界曼荼羅と類似した「六壇曼荼羅」が挙げられている。内容は、総曼荼羅は中院から順に二、三、四院から成り、その中に諸尊・宿曜・二十天などを配している。その際、特に中院には、金胎両部理智不二の世界が示されている。なお本曼荼羅は聖宝に仮託されているが、作者は不詳である。六壇曼荼羅は右上から龍樹・不動・愛染、左上から金剛童子・深沙・弁才天を中心として諸尊の種子を挙げたものだが、作者は不詳である。

【絵解き】《えとき》

仏画、社寺参詣曼荼羅、社寺縁起絵巻などを指し示しながら説明する芸能。初出は承平元年（九三一）、重明親王の『李部《りほう》王記』中の、親王が貞観寺で「釈迦八相図」を寺僧から絵解きされたとの記事である。平安期には、高僧が貴紳に壁画、障壁画を用いて行なった。鎌倉期に入ると社寺に属する専従の絵解き法師が現れた。室町末から江戸初期には、熊野比丘尼や山伏が「那智参詣曼荼羅」や「観心十界曼荼羅」を用いて絵解きをして勧進にあたった。その他の修験霊山でも、勧進聖・比丘尼・山伏が霊山曼荼羅を用いた絵解きを行なって、勧進や唱導にあたった。

【延恵】《えんえ》 生没年不詳

一五世紀中期の東大寺法華堂衆。東密小野流の流

れを汲み、三聚浄戒を修めた。大峰に一三度峰入して大峰大先達法印の位を与えられ、当山方山伏の一臈として、法華堂衆の頭目を務めて、南都や近江の当山方の修験の大峰峰入の先達として活躍した。

【円空《えんくう》】 一六三二～九五

今釈迦、窟《いわや》上人とも。美濃国中島郡上中島竹の鼻（現・岐阜県羽島市）に生まれる。寛文三年（一六六三）、伊吹山で得た啓示に従って北海道に行き、有珠山麓の善光寺を拠点に活動し、その後出羽三山、日光を経て美濃に帰った。次いで大峰山の山上ヶ岳、笙岩屋、弥山で修行した。延宝七年（一六七九）には園城寺円満院尊栄から金剛宝戒を授かった。その後、関東の筑波山、加波山、赤城山、榛名山、日光に赴いている。このほか彼が修行した霊山は、富士、戸隠、浅間、稲荷山、比叡山など全国に及んでいる。そして美濃、飛騨を中心に、全国にわたって五〇〇〇体に及ぶ、円空仏といわれる素朴な木彫仏を残している。その多くには「一心」の花押が付されている。なおその歌は『円空歌集』にまとめられている。

【役君形生記《えんくんけいせいき》】 二巻（修疏Ⅲ）

相模国高座郡真善寺の秀高が、天和四年（一六八四）に記した役行者伝。元禄五年（一六九二）、京都の中野六右衛門から刊行された修験五書の一つ。内容は、上巻では、役行者はインドでは法喜菩薩、中国では好積仙人として現れ、日本では舒明天皇六年（六三四）元旦に、葛城上郡茅原に生まれた。そして生駒山の二鬼を導き、箕面の滝穴で龍樹から教えを授かったとする。下巻には大峰・金峰・葛城での修行、岩橋架橋伝説、伊豆配流、父母のための千塔塔婆供養、当麻寺への土地の寄進、入唐し新羅で道昭に逢う話などを挙げている。記述はまず本文を挙げ、注を付す形をとっている。古来の役行者伝承を要領よくまとめている。その根底には法華経の影響が認められる。

【円珍《えんちん》】 八一四～九一

智証大師。五世天台座主、園城寺一世、天台宗寺門派始祖。讃岐国那珂郡生まれ。和気氏、空海の甥。

師僧は初代天台座主義真。仁寿三年（八五三）、入唐して、青龍寺の法全から密教を学び、帰国して台密を創始した。大友氏が創建した園城寺を再興して延暦寺別院とし、鎮守として新羅明神《しんらみょうじん》を祀った。『法華論記』一〇巻ほか、多数の事相や曼荼羅に関する撰述がある。一七世紀末の『寺門伝記補録』では、円珍は葛城・大峰で修行し、八咫烏《やたがらす》の導きで熊野本宮に至り、証誠殿で法華経八巻を講じ、那智の滝本で一千日苦行して三井修験を創始したとしている。

【役小角】えんのおづぬ

生没年不詳

七、八世紀頃、大和の葛城山で修行した呪術宗教者。後に修験道の開祖に仮託され、役行者、役優婆塞、行者さんと崇められた。寛政一一年（一七九九）に神変大菩薩と勅諡《ちょくし》された。賀茂役氏《かもえんのうじ》の出自とされる。『続日本紀』の文武天皇三年（六九九）の項に、韓国連広足《からくにのむらじひろたり》の讒言で妖惑《ようわく》の罪で伊豆に配流された、世間では鬼神に採薪、汲水させ、命に従わないと呪縛したと噂された宗教者としている。平安初期には、鬼神に葛城山から金峰山まで岩橋を架けさせようとして、この命に従わずに呪縛された葛城山の一言主神の讒言によって伊豆に配流された。赦免後、仙人になって渡唐し、道昭の法華経の講席に現れたとの話が作られている。鎌倉初期には、大峰山での金剛蔵王権現感得譚、七度生まれ変わって修行した話、大峰山中に千基の塔婆を立てて父母の供養をした話などが作られた。室町後期には修験道の始祖とされ、本縁は大日如来で、母が独鈷を呑んだ夢を見て受胎し、成人後は箕面の滝穴で龍樹菩薩から秘法を伝授されたなどの神話、前鬼・後鬼の二鬼を随従させたとの話を加え、さらに全国各地の霊

役行者と前鬼・後鬼

山での修行譚や、その後を継承した五代弟子のことなどについて記した『役行者本記』などの本格的な伝記が作られた。江戸時代には一般向けの伝記や、講式、和讃、追善の作法が作られ、御遠忌が行なわれた。諡号《しごう》は神変大菩薩。

【役行者本記】 えんのぎょうじゃほんき 一巻（修疏Ⅲ）

『宗祖本記』とも。室町末に相模の修験者が記したと思われる役行者伝。ただ奥書には、役行者没後二二四年にあたる神亀元年（七二四）に五代弟子の二代目義元が記したとしている。役行者の一生の事跡を中心としながらも、その系譜、開基した寺院、経歴した諸山、役行者語録の形をとった教義の説明、十界灌頂や菩薩灌頂などの儀礼が記されている。特に役行者が深仙で龍樹から大日経と金剛頂経を授かり、それを埋蔵した場所から湧き出た水が深仙灌頂に用いる香精水《こうじょうすい》であるとするなど、密教的色彩が強い。また役行者が巡錫した地方霊山や各地の寺院を挙げることによって、修験道の組織化をはかっていることが注目される。

【笈渡】 おいわたし

「笈伝《おいわたし》」とも。峰入修行の際には、一山の代表が、峰入する山伏に本尊や護法を収めた笈を託する「笈渡」、出峰の時には、峰入を無事に終えた修験者がこれを一山の代表に返す「笈渡」の儀礼が行なわれた。熊野ではすでに一二世紀初期に大峰入りに際して笈渡がなされていた。また吉野では、近世初期の『峰中作法次第』に、山上ヶ岳での入峰の入成り作法で「笈伝」、出峰の出成り作法で「笈伝」がなされている。現在近江の飯道寺では、一一月一五日に、古義に基づく笈渡の儀がなされている。なお笈渡の次第には「積柴灯《つみさいとう》笈渡《おいわたし》護法《ごほう》之《の》表白《ひょうひゃく》并《ならびに》祝章《しゅくしょう》」（修疏Ⅰ）がある。

【大峰縁起】 おおみねえんぎ 二通（真福寺善本叢刊10）

中世後期の修験道では、本書は古来、熊野本宮証誠殿に安置されていた秘書で、院政期に上皇たちが熊野御幸の際に拝したものとしている。そして近世末の『深仙灌頂系譜』では、五代弟子以来、歴代の熊野三山検校が本書を相伝したとしている。現在この『大峰縁起』と比定されているものは、明徳元年（一三九〇）に有智書写と奥書がある天理大学所蔵本（本書の書写は安永三年〈一七七四〉）である。この天理本『大峰縁起』の内容は、大峰山の本縁、熊野権現や金剛蔵王権現の本縁・示現・神格、役行者の伝承やその三生などを記したものである。ちなみに『諸山縁起』の冒頭に、「大峯縁起、葛木縁起、一代峯縁起」とあることから、第一項の大峰山中の霊地を胎蔵界・金剛界の曼荼羅中の諸尊の在所とし、このそれぞれに仏像・経・仏具などを納めた僧侶、依頼した貴紳、奉納物を挙げた「大菩提山仏生土要の事」の項を『大峰縁起』とする考え方もある。

【大峰山】 おおみねさん

広義には奈良県の吉野山から和歌山県の熊野三山に至る大峰山系を指す。中世末に一二〇余の宿、近世末には七五の宿（通称・七十五靡《なびき》）が設けられて、吉野側半分は金剛界、熊野側半分は胎蔵界の曼荼羅に比定された。主な宿には、小笹・笙岩屋・弥山・深仙・釈迦ヶ岳などがある。狭義には、現在多くの修験者が登拝している吉野郡天川村の大峯山寺があり、表・裏の行場を擁する山上ヶ岳（１７１９メートル）を指している。ところで大峰の山名は全国、特に東日本に多く、大峰（嶽・峯）、大峰岳、大峰森、大峰台を含めると四六を数え、１０００メートル以下の低いものも多いが、その地域では大きな山と認められているものの、すべてに修験者が関わっているわけではない。それゆえ大峰山の名称は本来相対的に大きな山容に基づく命名とも考えられないでもない。

【大峯山寺】 おおみねさんじ　奈良県吉野郡天川村

山上ヶ岳の山頂にある寺院。金剛蔵王権現を本尊とし、他に秘密の役行者像などを祀っている。平安時代初期に山上ヶ岳に設けられた小堂に淵源を持つ。平安中期以来、役行者が感得したとされる金剛蔵王権現が祀られた。中世・近世を通して吉野山の蔵王堂に対して山上蔵王堂と呼ばれ、大峰山の峰入修行の拠点として栄えた。明治政府の神仏分離令により、吉野一山は金峰神社に統轄され、吉野山蔵王堂は同社口の宮、山上蔵王堂は奥宮とされた。明治一九年（一八八六）、奥宮は仏寺に復帰したが、その所在地が地籍の改正によって天川村洞川となっていたことから、その運営に洞川も関与することになり、堂名が山上本堂と改称された。ただ昭和一五年（一九四〇）の、仏堂を寺院とし、特定宗派に所属することを定めた宗教団体法の施行により、大峯山寺と改称され、天台・真言共属となった。現在大峯山寺は、護持院の、洞川の龍泉寺と、吉野山の東南院・喜蔵院・桜本坊・竹林院のうち一院（二年交代）が共同で住職となり、吉野山と洞川各三人の地元信徒総代、八嶋役講の代表八人（各講一人）によって運営されている。そして五月三日に戸開式、九月二三日に戸閉式を行ない、この間、住職の代僧（吉野山、洞川各一人）が同寺の運営にあたっている。またこの間、護持院が山上の宿坊を運営している。ただし山上詣は女人禁制である。

【大峰修行灌頂式】《おおみねしゅぎょうかんじょうしき》 一巻（修疏Ⅱ）

大峰山中の深仙で常住院良瑜《りょうゆ》が開壇した深仙灌頂を、弟子の良縁僧正（?～一四二一）が記したもの。その内容は三昧耶戒によって悟りを求める心を起こさせ、遮難のうえで、円頓菩薩戒（殺、盗、婬、妄語などの禁止）と三聚浄戒（戒律の遵守、善行、教化）を授ける。また、先達同行・断食・斎食・宿日数・禅鬼・霊鳥（八《や》咫《た》烏《がらす》）・嶮難・灌頂の峰中制誡を挙げる。この灌頂は、八葉の中台とされる深仙で、煩悩を断じて即身成仏の覚位に到達することを目的とする。なお、最後に大峰山を霊鷲山が飛来したものとする記事を挙げる。

【大峰当山本寺興福寺東金堂先達記録】《おおみねとうざんほんじこうふくじとうこんどうせんだつきろく》 一巻（修疏Ⅲ）

一四世紀中頃成立。興福寺東金堂が、大峰山の当山方修験の本寺であることを主張した記録。内容はまず、役行者の大峰入峰後、東金堂第一司龍澄、第二司環海《けいかい》が峰入し、その後、聖宝が東金堂の宮毘羅《くびら》大将から宝剣と鉄の足駄を授かって大蛇を退治して峰入を再興したとする。次いで東金堂堂衆の先達補任の手続き、峰入の作法、延文四年（一三五九）の入峰記録、役行者、璟海から五〇代禅実に至る先達の血脈を挙げる。なお東金堂衆とあわせて、西金堂衆も当山方の棟梁を務めている。

【大峰七十五靡】おおみねななじゅうごなびき

大峰山系中の七五の霊地。七五は聖数で、逆峰の日数。もっとも鎌倉初期には、大峰山中の霊所は一二〇で、近世初期には四二宿を挙げる。なお「大峰七十五靡」の語の初出は、一五世紀中頃に成立した『修験指南鈔』の「峰中七十五靡所々金剛童子守護神也」の記述である。ただ七十五靡の行所が全体的に挙げられたのは一九世紀初期の『大峰細見記』の「七十五靡行所記」である。そしてこれ以降、一番の熊野本宮証誠殿を始めとして、玉置山、前鬼、深仙、釈迦ヶ岳、弥山、小笹、山上ヶ岳などをへて、七五番の吉野川の柳の宿に至る七五の行所が定められた。

【大元神楽】おおもとかぐら

島根県石見地方で、一三年ごとに行われる神楽。藪や森の神木にいる大元神（祖霊神）とされる藁蛇を舞殿に安置し、天井中央に大天蓋と九つの小天蓋を掛ける。神楽には神職が行なう祭儀と、氏子が演じる神能が適宜に配されている。その中心をなすのは、大天蓋を上下させる天蓋引き、それに続いて、神職が御崎綱と呼ばれる藁蛇の頭に御崎幣を立てて、笛・太鼓にあわせて激しく舞う「綱貫《つなぬき》」がある。この際に、神職に大元神の託宣がある。なおこの御崎綱は神楽が終わった夜明けに大元神を祀る神木に巻きつけられる。

【大山祇神】おおやまつみのかみ

大山津見神、大山積神とも記す。山の神霊を統轄する神を意味する。『古事記』では、伊弉諾《いざなぎ》尊、伊《い》邪冉《ざなみ》尊の両神が生んだ男女の神の子とする。娘の木《この》花佐久夜毘売《はなさくやひめ》神は天孫の瓊々杵《ににぎ》尊の妻となった。大山祇神を祀った代表的な神社には愛媛県大三島の大山祇神社、静岡県三島市の三島神社などがある。ちなみに木花佐久夜毘売神は富士宮市の富士山本宮浅間大社の祭神とされる。

【奥駈】 おくがけ

大峰山の山上ヶ岳から南の熊野三山までの大峰山系の抖擻を指す。ただ近世期には小笹から熊野までの抖擻を奥通り、奥駈と呼んだ。現在、聖護院門跡、三宝院門跡、金峯山寺と吉野山の大峯山寺護持院の東南院・喜蔵院・桜本坊・竹林院などでは、夏期に前鬼まで抖擻した後に、そこからバスで熊野三山に詣でる奥駈を行なっている。なお園城寺は熊野本宮~玉置山、玉置山~前鬼、前鬼~吉野の三区間に分け、三年間で全区間を抖擻する奥駈の形をとっている。

【御座】 おざ

木曽御嶽信仰の講や教会で行われる憑祈禱《よりぎとう》。教会の祭壇や講祖を祀った霊神碑を背にして、御幣を持った中座に前座が神霊を憑依させて託宣を得る。より完全なものでは座の四方に四天(脇座)が配される。木曽御嶽山の王滝口登拝道を開いた江戸の修験者普寛《ふかん》によって、修験道の憑祈禱をもとにして始められたと考えられる。

【小笹】 おざさ

大峰山中の宿。天川村大字洞川小笹。山上ヶ岳から熊笹が茂る尾根道を五キロほど進んだ、丘陵の水に恵まれた台地。鎌倉期には笹の宿といわれ、剣光童子が祀られ、近世は当山正大先達衆の拠点とされていた。現在は小笹本堂(本尊理源大師)で、三宝院が六月八日の花供入峰の際にここで柴灯護摩を施行している。

【御師】 おし (おんし:伊勢での呼称)

御祈禱師の略。特定の社寺に所属し、参詣者をその社寺に案内し、祈禱、宿泊などの世話をする者をいう。平安中期にまず寺院で用いられ、神社でも祈禱をする下級神職を御師と呼んだ。特に熊野では全国各地の先達が檀那を熊野に導いて、御師に祈禱、宿泊、山内の世話を依頼した。その際、御師は先達や檀那に住所、氏名を記した願文を提出させて師檀関係を結んだ。こうしたことから、御師にとって先達・檀那は財産とみなされ、相続、売買の対象となり、このことを示す御師文書が多く伝わっている。中世後期には御師は伊勢でも発達し、「おんし」と呼んだ。伊勢の御師は各地を廻檀して、配札、参宮の勧誘にあたり、講を結成させて、自主的に参宮するように勧めていった。近世期にはこの伊勢の御師の活動形態が、羽黒山・湯殿山・相模大山・武州御嶽山・富士山・白山・立山・石鎚山・彦山など、全国の修験霊山に及んでいった。

【恐山】 おそれざん　879メートル

青森県むつ市。宇曽利《うそり》山とも。旧火口の宇曽利湖畔の釜臥山を望む極楽浜と、硫黄を噴出する賽の河原などの地獄からなり、北側の剣山の麓には地蔵堂がある。近世期にはこの堂に本山派の修験が関わったが、近世後期には田名部の曹洞宗円通寺に所属した。近世後期以来、七月二二日から二四日の大祭(地蔵の縁日)には、イタコが死霊の口寄せを行なっている。

【鬼】 おに

鬼は本来は、自然の猛威と結びついた地主神的性格を持つ龍神、蛇の信仰とつながりを持った怪物を指している。また死霊、祖霊と結びついて、地獄の獄卒を鬼と呼んでもいる。その像容は、角を生やし牙をむく半人半獣の姿で、洞窟や古塚に住むとされている。修験道では、『続日本紀』の文武天皇三年(六九九)の条に役小角が鬼神を使役して、採薪、汲水させたとあり、鎌倉初期には、役行者が地主神的性格を持つ我国の鬼神のみでなく、仏教の鬼神も使役したとしている。室町後期には、役行者が前鬼(鉞《まさかり》と斧を持ち笈を背負う男性)、後鬼(水瓶を持つ女性)の二鬼を使役したとして、眷属に祀っている。また生駒山では、役行者が、悪事を働いた二鬼を改悛させたうえで弟子にしたとの伝承が作られている。大峰山には深仙の灌頂道場を支えた五家からなる上北山村の前鬼集落(現在は転出)、山上ヶ岳を支えている後鬼の子孫と称する天川村洞川の集落がある。また葛城山の中津川にも前鬼の子孫と称する五家がある。なお修験道が関わった国東の鬼会、吉野の金峯山寺や熊野の九鬼集落の節分会では、鬼を招いて祝福している。また奥三河の花祭などの芸能でも、鬼は人々の祝福を受けている。このように当初は暴虐の限りをつくした鬼が、修験者により善鬼となり、祝福されているのである。

【鬼会】おにえ

大分県国東半島の六郷満山の天台寺院に伝わる修正会の行事。現在は成仏寺（旧一月五日・六日）、岩戸寺・天念寺（旧一月七日・八日）で行なわれる。行事は水垢離・盃の儀・タイアゲ（大松明の火入れ）・講堂での芸能の順序で、芸能の中心は温和な面をつけた男女の鎮魂の舞、それに続く荒鬼《あらおに》（災《さい》払《ばらい》鬼）と鎮鬼《しずめおに》の二鬼の舞である。最後には鬼《き》後呪《ごじゅ》という鬼を鎮める作法がなされる。これらの鬼は参拝者を祝福し、さらに村内の各家を廻って家内安全の祈禱を行なっている。

【園城寺】おんじょうじ　滋賀県大津市

別称、三井寺。天台寺門宗総本山。貞観元年（八五九）、円珍が、もと大友氏の氏寺に唐院を建てて天台宗延暦寺別院とし、同一七年に鎮守として新羅《しんら》明神《みょうじん》を祀った。正暦四年（九九三）、円珍門下が円仁門徒の攻撃を避けて園城寺を拠点とした。寛治四年（一〇九〇）、園城寺長吏増誉が、白河上皇の熊野詣の先達を務めて熊野三山検校に補された。爾来、修験に秀でた同寺の隆明（一〇二〇～一一〇四）、行尊が活躍したこともあって、園城寺では、顕密とあわせて修験を重視した。そして一七世紀末の『寺門伝記補録』では、「役優婆塞」の項で役行者や修験の紹介をし、「三井修験始」の項で、円珍が葛城、大峰で修行し、熊野本宮で法華経八巻を講讃したとしている。なお近年役行者の画像が、園城寺の鎮守新羅明神を原型としているとの説もたてられている。これらは、園城寺末の聖護院門跡が熊野三山検校を重代職とし、熊野先達を組織化して本山派を形成したことを反映していると考えられる。

【御嶽教】 おんたけきょう

木曽御嶽信仰の講社を結集した、奈良市大渕町に大本部（里の本部）を置く教団。教派神道十三派の一つ。明治六年（一八七三）、御嶽行者下山応助《しもやまおうすけ》（生没年不詳）が御嶽教会を設立し、同一三年、平《ひら》山省斎《やましょうさい》（一八一五～九〇）の大成教会に加わったが、大成教会が大成教となった直後に、東京神田に大本庁を置いて、御嶽教として独立した。けれども下山は同教の公認直後に出奔し、平山省斎が初代管長となった。昭和一二年（一九三七）に八代管長となった渡辺銀次郎（一八七一～一九四九）が御嶽講のさらなる組織化をはかり、教団を確立した。昭和二三年、長野県木曽福島町に大教殿（山の本部）を設立し、同三四年には奈良市に大本部を創設した。祭神は御嶽大神で、毎年八月七日・八日に木曽御嶽で大神火祭を行なう。なお講社や教会では、前座が中座に霊神（講祖の霊）などを憑依させて託宣を得る御座の儀礼を行なっている。公称信者は七万三〇〇〇人。なお木曽郡木曽町には、県社御嶽神社を母体として御嶽講を結集した木曽御嶽本教がある。

か

【戒】 かい

身心の過ちを防ぎ止めること。修験道では得度式の際に三帰戒と五戒を授けている。三帰戒は仏・法・僧に帰依を表明する帰依仏・帰依法・帰依僧、五戒は不殺生戒・不偸盗戒・不邪淫戒・不妄語戒・不邪見戒のことである。

【廻国雑記】 かいこくざっき 一巻（群書類従一八）

第二二代熊野三山検校、聖護院門跡の道興が、文明一八年（一四八六）から翌年にかけての一〇カ月間、北陸を経て関東を廻り、陸奥から帰京した旅の、歌を交えた紀行。白山・立山・石動山・富士・箱根・日光山・相模大山・甲斐の岩殿山などの修験霊山とあわせて、関東の熊野先達を訪れて、その掌握に努めたことがわかる。また鎌倉五山・浅草寺・藤沢遊行寺・鶴岡八幡宮・三島大社や、歌枕の地を訪ね、守護や大名にも接している。

【開山像《かいさんぞう》】

修験霊山の開山の画像・影像。修験道の始祖とされる役行者、大峰修行を再開した聖宝、羽黒山、彦山、箱根山などのものが中世以降に作られた。多くは開山堂、御影堂に祀られている。画像では、役行者のものは、聖護院蔵の前鬼・後鬼を従え、背後の大峰山に大峰八大金剛童子を描いた役行者像（南北朝）、聖宝には愛知県林昌院蔵の理源大師像（南北朝）がある。霊山の開山像には、出羽三山神社蔵の蜂子皇子《はちこのみこ》像（江戸）、英彦山神宮蔵の「英彦山善正上人・忍辱上人画像」（江戸）がある。彫刻では、役行者像には、大峯山寺の室町期の秘密の役行者像などがある。その他には羽黒山荒沢寺の能除《のうじょ》太子像、白山の林西寺蔵の泰澄像、箱根神社蔵の万巻上人像（平安）がある。なお開山像は吉野曼荼羅、白山曼荼羅などの霊山曼荼羅にも描かれている。

【回峰行《かいほうぎょう》】

比叡山の山内の祠堂を始め、峰や谷の霊木・霊石・霊水などの聖跡を七年間にわたって一千日かけて巡拝する修行。延暦寺の相応が始めたとされる。『法華経』「常不軽菩薩品《じょうふけいぼさつぼん》」第二〇に記された、常不軽菩薩が万人に仏の姿を観じて礼拝して歩いたとの信仰に基づいている。現在の回峰行は近世初期に定まったもので、一年目から三年目までは、三塔を中心に山内の霊所を毎年一〇〇日巡拝する。四年目と五年目は同様の巡拝を二〇〇日間行なう。そしてその最後に、回峰行の本堂の無動寺明王堂に籠って九日間断食・不眠で横臥せずに、不動明王の真言を一〇万遍唱える堂入りがある。これを終えると阿闍梨と呼ばれ、以後は化他の回峰行に入る。そして六年目は赤山苦行といわれ、従来の巡礼に加えて、西坂本の赤山禅院に赴く巡拝を一〇〇日間行なう。七年目はこれに加えて京都の神社仏閣の巡拝を二〇〇日間する。そしてこれを終えると大先達、大行満、大阿闍梨と呼ばれ、御所に土足参内して玉体加持を行なった。この修行は天台宗の止観行の常行三昧の修行に加えて、生きながら即身成仏して不動明王になるという密教の要素、修験道の抖擻行を含むもので、大峰山の南山修験の修行に対して、相応を始祖とする北嶺修験の至極の修行である。

【覚仁】 かくにん 一一九八～一二六六

後鳥羽上皇の皇子、桜井宮法親王。建保五年（一二一七）、二〇歳の時に園城寺五七世覚朝から灌頂を受けて、園城寺円満院に住し、仁治三年（一二四二）に園城寺長吏、宝治二年（一二四八）に八代熊野三山検校、新熊野山検校となり、後嵯峨上皇の熊野詣の先達を務めた。荘園経営に秀でて、紀伊阿弖《あて》川荘《がわのしょう》（有田郡有田川町）内に高野山からの熊野参詣道の小辺路の拠点を設け、上湯川の日光院を外護するなどした。さらに四国随一の熊野修験道場の伊予国古美《こみ》新宮を支配した。また承久の乱で備前国児島に配流された兄弟の頼仁親王の子で熊野本宮児島荘を預かり、東寺長者となった道乗（一二一五～七三）を助け、児島五流を中興した。

【覚明】 かくめい 一七一八～八六

木曽御嶽の中興開山。尾張国春日井郡に生まれる。俗名仁右衛門。寛保元年（一七四一）木曽の弘法堂の住職となり、修行のかたわら密教による祈禱を行なう。その後、諸国行脚したうえで、それまで一〇〇日間の重い潔斎のうえでのみ許されていた御嶽登拝を、水行のみの軽《けい》精進をした八〇名の信者を先達して行なった。爾来、在俗信者の御嶽山の登拝が盛んになり、各地に御嶽講が結成された。天明六年（一七八六）に御嶽山二の池の畔で死亡し、九合目の覚明堂に覚明霊神として祀られている。

【懸仏】 かけぼとけ

御正体。鏡面に仏菩薩像や神像などを半肉彫してつけたり、線刻したりして、懸け吊るすための装置をつけたもの。多くは奉納品として社頭や長押に掛けられた。平安後期から江戸時代まで作られたが、鎌倉室町期のものが多い。形は円形で銅板製が多いが、鋳鉄製、木製のものもある。直径一五《チ》《セン》前後が多いが、一《メー》《トル》くらいのものも見られる。初期は線刻や半肉彫、鎌倉後期には丸彫となった。金峰山や熊野など修験霊山から多く出土している。主なものに平安後期の半肉彫の本地の仏像を鋲でとめて定着させた蔵王権現懸仏（法王寺蔵、重文）、鏡面外縁に覆輪をつけた熊野十二所権現本地仏懸仏（個人蔵、重文）などがある。

【加持祈禱】かじきとう

一般には信者の繁昌・出世・安産・治病・災厄除去など、現世利益の希求に応えて僧侶などが行なった修法を指す。基本的な作法は、崇拝対象に向かって誦経し、印契《いんげい》を結び真言を唱えるものである。護摩、諸尊法など多様なものがある。ただし加持と祈禱はその概念を異にする。すなわち加持の「加」は仏からの衆生への働きかけ、「持」は修法者がこの働きかけを受けとめて接することで、これによって仏の超自然的な力が現実の世界に加えられ、不思議な効果が得られることを指している。なお修験者が行なう加持には、帯加持、武具加持など対象物に超自然的な力を付与するものと、病者加持など除魔をはかるものがある。これに対して祈禱は、自己を浄化したうえで、もっぱら崇拝対象の持つ超自然力に頼ることによって利益を得ることに力点が置かれている。

【霞】かすみ

修験道において、近世期に、その範囲内での配札、檀那の祈禱、霊山の先達、配下の支配を認められた地域。本山派では院家や特に有力な先達は国ごとに、年行事は郡ごとに地域を割り与えられた。そして聖護院は院家、先達、年行事に霞状を発給して、その地域内の配下の本山への位階の仲介などによる支配、配札、登拝の先達の権限を公認した。なお在地の有力先達が配下の年行事や准年行事に自己の霞を細分してそこでの権限を委ねることもあった。当山派は当山正大先達衆が各地の主要配下を袈裟頭に任じて、その地の同行を支配させる袈裟筋支配を行なった。羽黒派では山内の衆徒のみが一定地域を霞として与えられて、その地の末派修験の補任の仲介、配札、道者の宿泊などの便をはかったが、在地の末派修験にはその権限が与えられなかった。そこで幕府では、貞享元年（一六八四）に、羽黒派には霞の名を檀那場と改称させた。

【刀】　かたな

修験者は採（柴）灯護摩の際に、護摩壇に投じる乳木《にゅうぼく》を清めるために清浄智を象徴する法剣と呼ばれる刀を用いている。小刀の柄を三鈷杵に象った三鈷柄剣（聖護院蔵）などもある。なお峰入の際に、通路の妨げになる藤蔓や蔦を切るために小刀を用いることから「柴打《しばうち》」とも呼んだ。その際柴薙《しばなぎ》と呼ばれる大刀が用いられることもあった。この折に入峰斧も用いられた。そして採（柴）灯護摩の前作法にも、刀で除魔する作法がある。日光輪王寺には鎌倉期の、聖護院には江戸期の入峰斧が伝わっている。なお備前長船《おさふね》などの刀工が打った刀には、不動明王、倶利迦羅不動（龍王）、摩利支天の種子が刻されている。中世後期には備前長船の刀工は熊野先達に導かれて度々熊野詣をしており、その影響があったと思われる。また出羽三山には、月山刀と呼ばれる綾杉肌の南北朝期の利剣がある。二荒山神社には神宝の大太刀が保存されている。

【葛川明王院】　かつらがわみょうおういん　滋賀県大津市

正式名は息障明王院、通称は葛川寺。比良山西麓の葛川にある延暦寺無動寺の奥の院。回峰行の始祖とされる相応が、貞観元年（八五九）に明王滝（葛川滝）で修行中に、桂の流木に観じた不動明王を刻んで祀って開基したとされる。建武元年（一三三四）、息障明王院の寺号が定められた。本尊は不動明王・毘沙門天・千手観音で、比叡山の回峰行者の参籠道場とされ、中世期の五〇一枚の参籠札を伝える。現在も回峰行者が七月一六日から二〇日の蓮華会の際に本院に参籠している。

【葛城灌頂】　かつらぎかんじょう

法喜菩薩の常在説法の霊場とされる葛城山でなされる灌頂。一五世紀初期に鎮栄が記録した『葛城修行灌頂式』が伝わる。内容は『大峰修行灌頂式』に酷似しているが、三昧耶戒、円頓菩薩戒の後にすぐ峰中制戒がなされ、三聚浄戒は見られない。また峰中制戒では葛城山の起こり、葛城二十八宿が挙げられている。なお葛城灌頂は現在、聖護院門跡によって、和泉葛城の中津川行者堂で二〇年に一度ぐらい法華灌頂として開壇されている。その内容はまず閼伽・小木納めを拝観し、次いで白門道場の不動明王の像の前で懺悔し、灌頂道場の敷曼荼羅に投華して、自己の守護仏を得る。そして最後に灌頂壇に導かれ、大阿闍梨（門跡）から秘印を授かる。そして全員が灌頂を終えると、法楽の採灯護摩が施行される。

【葛城山《かつらぎさん》】

役小角が修行した霊山。平安初期には、地主神の一言主神が、役小角にこの山から金峰山までの岩橋を架けるようにと命令されたが、従わなかったので呪縛され、それを恨んで讒言《ざんげん》したので、小角が伊豆に配流されたという話が作られた。鎌倉初期には和歌山市加太の阿布利寺《あぶりじ》から和泉と紀伊の国境の山並（南葛城山、921メートル）、さらに北に向かって、大和と河内の境の峰（大和葛城山、960メートル）を二上山北の亀ヶ瀬まで抖擻する峰入がなされ、この間の霊地に法華経二十八品のそれぞれを納めた経塚がつくられた。

その中心は一言主神と雄略天皇を祀る葛木坐《かつらぎにいます》神社と、神宮寺の転法輪寺（本尊・法喜菩薩）がある葛城山（別称・金剛山、高天山。御所市　1125メートル）である。なお葛城山の東麓には、高天彦神社とその別当寺の高天寺《たかまでら》があって、中世末には転法輪寺と共に当山正大先達衆となっている。また、近くの役行者誕生の地とされる御所市茅原には、当山正大先達寺の吉祥草寺（茅原寺とも）がある。さらに北の二上山（二子山。葛城市當麻　517メートル）には窟寺の遺跡があり、中世後期には当山方の修験が大峰・葛城の峰入後にここで念仏会を行なっていた。また東麓の當麻寺は役行者から土地を譲られて建立されたという。和泉の葛城山（貝塚市、岸和田市857メートル）の北麓には役行者開基、天台の恵亮（八一二〜六〇）中興の牛滝山大威徳寺（岸和田市）、西麓に犬鳴山七宝滝寺（元山上ともいう）がある。

【葛嶺雑記《かつれいざっき》】

一巻（和泉葛城修験関係資料第一集）

和泉葛城の犬鳴山七宝滝寺の智航《ちこう》が、嘉永三年

（一八五〇）に著した峰中記。葛城山での役行者伝承、加太沖の友ヶ島と二上山の先の亀尾宿に至る間にある法華経二十八品のそれぞれを納めた経塚などの五四の霊所の旧記や伝承がまとめられている。

【鐘懸】かねかけ

役行者が釣鐘を背負って登ったとの伝承を持つ絶壁を、鎖をたよりによじ登る山上ヶ岳表行場の行場。行場の本尊は阿弥陀如来とされている。現在は登り終えると、上の役行者像の前で、「鐘懸と問うてたずねて来て見れば、九穴《くけつ》の蔵《ぞう》（蔵王）を下にこそ見れ、南無神変大菩薩、オン、アビラウンケン、ソワカ」との唱えごとがある。

【伽耶院】がやいん　兵庫県三木市

聖護院の院家。寺伝では、前身を七世紀後期法道仙人開基の大谿寺としている。本尊毘沙門天。室町期には、同寺内に聖護院末の伽耶坊があった。近世初頭に大谿寺の多聞坊隆秀が、本山派・当山派の争いで活躍したことから、天和元年（一六八一）に聖護院門跡から伽耶院の称号を与えられ、院家に取り立てられた。同五年徳川綱吉から五二石の知行を与えられた。近世期には本拠の播磨の他に、土佐を霞としていた。

【灌頂】かんじょう

一般には頭頂に水を灌ぐ儀礼を指している。具体的には、阿闍梨が受者の頂きに、大日如来の五智を象徴する灌頂水に浸した散杖を当てたうえで授法する形でなされている。主なものには、受者を目隠しして入壇させて投華得仏させる結縁灌頂や、秘印を授ける伝法灌頂がある。修験道では中世後期から近世には峰中で、入宿・業秤・穀断幷正灌頂・出生の四度灌頂がなされていた。現在聖護院では中世末以来の深仙灌頂と葛城灌頂、醍醐三宝院では近世以来の恵印灌頂を行なっている。

【観心十界曼荼羅図】かんじんじっかいまんだらず

那智の本願に属した熊野比丘尼や山伏が絵解きに用いた曼荼羅。「熊野の絵」ともいう。多くは紙本着色で、折り目があり、懸け具が付されている。構図は、上部三分の一に、日・月の下に誕生から死に至る人生の階梯を右から左に描き、最後の死の下に閻魔大王の裁きの場景、下三分の一に種々の地獄、その上方に餓鬼、畜生、修羅、人、天、声聞、縁覚、菩薩、仏の十界が描かれ、中央の「心」の字からそれぞれに線が引かれている。なお画中に、目連《もくれん》が地獄におちた母を救うために釈迦の教えで盆を始めたとの目連救母譚、子供と遊んだり、地獄におちた人を救済する地蔵菩薩が描かれている。本曼荼羅は、中世末から近世期にかけて作られ、現在八〇点近くが発見されているが、多くは那智参詣曼荼羅と共に所蔵されている。

【勧進帳】 かんじんちょう

歌舞伎の演目。加賀の安宅の関で関守の富樫に留められた義経一行の危機を、弁慶が、東大寺勧進の山伏と称して白紙の勧進帳をよみ、切り抜ける。富樫の問いに答えて山伏の教義、衣体の意味を説明し、延年の舞を披露し、反閇《へんばい》を思わせる飛び六方で花道から引っ込む。能の「安宅」などをもとに、三世並木五瓶作、四世杵屋六三郎作曲で天保一一年（一八四〇）三月、江戸河原崎座で初演された。爾来、市川團十郎家の御家芸歌舞伎十八番の中心的な演目となっている。

【観世音菩薩】 かんぜおんぼさつ

人々の願いをよく聞きわけ、種々に身体を変じて衆生を救済する慈悲深い菩薩。『法華経』「観世音菩薩普門品」（通称「観音経」第二五）によると、一心に観世音菩薩の名を唱えると「三十三」に身を変えて救済するとしている。そしてこの信仰に基づく三十三観音巡礼が盛行した。修験道では、特にその利益を具体的に説いた「観音経」の偈の部分が呪文のように唱えられている。観音の浄土は補陀落とされ、那智の浜や日光の中禅寺湖は、この浄土とされている。

観音には多くの種類があるが、修験道では特に聖観音、十一面観音、千手観音が崇められた。聖観音は諸観音の本身で、その像容は左手に半開きの蓮華を持って、右手は大悲施無畏《せむい》の印を結んでいる。その印形は外縛をもとにした二頭指（人差指）を蓮形にして、理智不二と衆生が心蓮を開くことを示す。真言は「オン、アロリキヤ、ソワカ」である。十一面観音は一つの頭上に十一面をつけた変化観音で、十一荒神に淵源があるとされ、山林修行者に広く信じられ、多くの修験霊山で祀られている。真言は「オン、ロケイジンバラキリク」である。千手観音は千の慈眼、千の慈手を持って衆生を済度する仏とされ、那智、日光など補陀落とされる霊地で祀られている。その修法は観音が補陀落山で神通の光明を放って、自己の功徳を諸菩薩に説いたという。千手陀羅尼を唱えて、補陀落の印を結び、真言「オン、バサラダルマ、キリク、ソワカ」を唱えている。

【神倉】かんのくら

「クラ」は岩を意味する語。地名の神倉は熊野新宮速玉大社の背後に聳える権現山南端の岩山で、山頂にゴトビキ岩（蝦蟇を意味する）を御神体とする神倉神社がある。近世期には山頂のゴトビキ岩に懸《かけ》造《づくり》の本堂（十一面観音と愛染明王を祀る）、近くに曼荼羅堂、中腹に地蔵堂と子安堂、山麓に新宮本願の比丘尼寺妙心寺と山伏寺があった。現在、神倉では、二月六日に山頂のゴトビキ岩の下で作った聖火を一〇〇〇人近い男性の上り子が松明につけて山を駈け下りるお灯祭《とうまつり》がなされている。

き

【義演】ぎえん　一五五八〜一六二六

関白二条晴良の子。永禄一二年（一五六九）、上醍醐に入り、天正四年（一五七六）、三宝院門跡・醍醐寺座主となる。豊臣秀吉の信任を得て、醍醐寺、東寺、高野山の復興に努めると共に、醍醐寺の聖教を整理した。その後、金地院崇伝（一五六九〜一六三三）を介して江戸幕府と密接な関係を作り、本山派による真言系山伏への種々の圧力を、幕府に訴えて排除した。そして慶長一八年（一六一三）の「修験道法度」により、幕府から、醍醐三宝院を本寺として当山正大先達衆を包摂した当山派を、聖護院の本山派と共存する教派とする公認を得た。著書に

『義演准后日記』『醍醐寺新要録』などがある。

【擬死再生】ぎしさいせい

峰入や祭りなどの際に、象徴的に死んだ後に母胎で成長し、仏として再生するとした信仰と儀礼。修験道の峰入は、象徴的に死んだ後に母胎になぞらえた霊山の洞窟などに籠って修行し、悟りを開いて仏として再生する修行と捉えられている。例えば、羽黒山の秋の峰では葬儀を意味する笈からがきの後、性交を暗示する梵天倒しによって受胎し、胎内に準えられた荒沢寺で成長し、出峰の時は、盆の精霊迎えの火を、産声をあげて飛び越えることによって、仏としての出生をリアルに体得させる形でなされている。その他、修験者の衣体や峰中の胎内くぐりなどの行場には、この擬死再生の信仰が認められる。また山伏神楽の権現舞の胎内くぐり、花祭の白山《しらやま》入りなどにも擬死再生の信仰が認められる。

【喜蔵院】きぞういん　奈良県吉野郡吉野町

山号護法山、寺号金剛寺。大峯山寺の吉野側護持院の一つ。本尊神変大菩薩、不動明王、蔵王権現。高野山の行人派喜蔵院の永尊が、元和年間（一六一五〜二四）に吉野山に来て、熊野先達を配下にしていた華厳院を再興して喜蔵院とした。元和年間、吉野山の新熊野院から児島五流、伽耶院の宿坊権を取得して本山派修験となった。元禄五年（一六九二）、山上詣の俗人に院号、権大僧都までの位階を与えることを聖護院から認可された。翌年には尾張国を霞として与えられている。山上ヶ岳に宿坊を有し、元禄の山上蔵王堂再建に尽力した。現在は本山修験宗別格本山である。

【木曽御嶽山】きそおんたけさん　3067メートル

長野県木曽郡と岐阜県益田郡との境。古来、王嶽として崇められ、東側登拝口の黒沢（長野県木曽町）には山頂の山の神（王嶽蔵王権現）を祀る里宮が設けられ、一四世紀初頭以後、武居家が奉仕した。一方南麓の長野県王滝村には一五世紀末、開発地主滝家が岩戸権現を勧請した。中世後期から近世初期は木曽山伏が滝行などの厳しい精進潔斎のうえで王嶽蔵王権現が鎮座する山頂に登拝した。一八世紀後半、尾張の覚明と江戸の本山派修験普寛《ふかん》が軽《けい》精進で登拝して以来、中部から関東にかけて御座や霊神碑の信仰を中核とした数多くの木曽御嶽講が結成された。木曽御嶽講では、御嶽登拝と、前座が中座に神霊を憑依させて託宣を得る御座による活動を中心としている。なお先達は死後、御嶽山などに弟子たちが建立した霊神碑に祀られた。御座ではこの霊神が中座に憑依することが多かった。

【吉祥草寺《きっしょうそうじ》】 奈良県御所市

別称、金剛寿院。山号は茅原山。寺伝では役行者の生家を寺としたのに始まるとしている。本尊は五大明王。開山堂に役行者とその母を祀る。南北朝期の戦乱で焼失したが、応永三年（一三九六）に再建された。中世後期には三輪山平等寺に属し、当山正大先達として活動した。近世から近代は高野山に属したが、太平洋戦争後は本山修験宗に所属した。毎年一月一四日には火祭りの「とんど」がある。

【客僧《きゃくそう》】

諸国を遊行し、修行などのために一時的に霊山の寺社に寄寓する僧。中世期に各地から熊野三山を訪れて本殿前の長床（礼殿）に寄居した客僧は長床衆とも呼ばれた。彼らは各地の熊野神領に赴いて荘園の管理やその地の信者の先達を務めもした。後には熊野に限らず、修験霊山の寺院にはこうした遊行の客僧が多かったことから、修験者の別称ともされた。

【逆峰《ぎゃくぶ》】

大峰山系を吉野から熊野に向かって抖擻する峰入をいう。中世期には東大寺や興福寺の堂衆、大和を中心とした当山正大先達衆が行なった。中世後期には峰入期間は七五日で、小笹に二七日、普賢岳近くの霊山浄土とされた脇宿で一七日、深仙で一七日滞在した。秋に行なったことから秋の峰、教義のうえでは金剛界の峰、従果向因の峰、下化衆生の峰としている。なお近世の峰入はほとんどが逆峰だった。

【喼急如律令《きゅうきゅうにょりつりょう》】

本来は中国の漢代の公文書で、本文の後に、「この主旨を心得て、急々に律令の如く行なえ」と記した言葉。後に道教の呪文として「悪魔はすぐに立ち去れ」という意味で用いられた。これが修験道に取り入れられて、護符や呪符に記された。『修験檀問愚答集』では、一切の悪魔が良くないことをする時に、これを教誡し、正しい道に帰すように促す呪文としている。総じて護符に記されている喼急如律令の文字は、邪霊を防ぐことを意味し、呪符のそれは邪霊の降伏をはかるものと考えられる。

【行者祭《ぎょうじゃまつり》】

役行者の弟子の後鬼の子孫とされる奈良県吉野郡天川村洞川で、八月二日・三日に、洞川住民の檀那寺でもある大峯山寺護持院の龍泉寺を中心として行なう祭り。伊豆に配流された行者が赦免されて大峰山に帰ったことを寿ぐ。昭和二八年（一九五三）に、洞川観光協会が洞川の行者講、鬼おどりをもとに案出した。二日夕方には、洞川の老人が陀羅尼助屋の花谷神変堂に集まって役行者の軸の前で般若心経などをあげる。翌三日には大峯山寺で護摩供を行ない、その御神火を役行者になぞらえて、洞川西端の鬼の宿（陀羅尼助屋の西浦清六宅）に迎えて、夕方、役行者像の前で法要がある。終了後、神輿にのせた御神火を先頭に、役行者に扮した区長、住職を中心に、青年や子供たちが鬼おどりを舞いながら、龍泉寺護摩道場に到着する。そして正面の不動明王像に献じたうえで、護摩壇に点じて採灯護摩を施行する。

【鏡像《きょうぞう》】

神道で御神体とされる鏡面に、本地垂迹思想に基づいて本地仏と思われる仏像や神像を線刻したもの。形態は円形が最も多いが、六稜形、八稜形があり、台座に差しこむ柄をつけたものもある。鏡には唐鏡と和鏡がある。なお類似のものに、吊り懸ける装置をつけた懸仏がある。修験道関係では金峰山の蔵王権現鏡像（西新井大師総持寺蔵、長保三年〈一〇〇一〉、国宝）を始めとする蔵王権現像や、吉野一山の神格を示すもの、熊野新宮神倉、阿須賀社のものなどがある。特殊なものに、羽黒山の鏡ヶ池、赤城山、榛名山などで池中納経されたものがある。特に羽黒山の鏡ヶ池からは平安末から江戸中期に至る六〇〇面余りが発見されている。

【行尊】ぎょうそん　一〇五四～一一三五

源基平の子。一二歳で園城寺に入った。その後、大峰・葛城・熊野・高野などで修行した他、観音三十三所巡礼を始めた。白河法皇、鳥羽上皇などの熊野御幸の先達を務めた。永久四年（一一一六）、増誉の後を受けて園城寺長吏、二代熊野三山検校となった。また園城寺北院内に修験道場常在寺を創建した。なお一四世紀初期になる『元亨釈書』には護法を使役したり、少女を憑りましにして憑祈禱をしたりしたとしている。

【行智】ぎょうち　一七七八～一八四一

字は慧日。阿光房と号し、俗姓を松沼といった。安永七年（一七七八）、江戸浅草福井町に生まれた。父行弁について、仏典のみならず諸学を学んだ。ことに悉曇《しったん》と修験の教学に秀でた。後に父の後を継いで、当山派修験の江戸浅草銀杏八幡別当覚吽院《かくうんいん》の住職となる。また江戸円明院住職を兼務した。三宝院門跡から当山派総学頭に任じられ、法印大僧都に補された。天保一二年（一八四一）、覚吽院で没する。著書の『木葉衣』『踏雲録事《とううんろくじ》』は考証も的確で、近世修験教学の白眉である。

【経塚】きょうづか

経典を地下に埋納して、その上に築いた塚。経典は紙本経の他、銅板経、瓦経、礫石経《れきせききょう》、滑石経などで、紙本経の多くは青銅、金銅で作られた筒形の経筒に納め、さらに陶磁器などの外容器に入れて納められた。地中には石組みが作られ、この経筒、外容器の他に合子《ごうす》、刀子《とうす》、鏡、銭貨なども一緒に埋めてある。最古のものは寛弘四年（一〇〇七）の藤原道長の金峰山経塚で、当時のものは末法思想に基づく弥勒下生を期待してのものだった。その後、鎌倉・室町期には、極楽往生、証菩提、追善のために経塚がつくられた。主な埋納経は法華経である。特に葛城山中では法華経二十八品のそれぞれを納めた二八の経塚が作られ、それを巡る峰入がなされていた。この他、熊野那智の金経門・本宮備崎《そなえざき》、新宮権現山、羽黒、彦山などの修験霊山でもつくられている。

【教派修験】きょうはしゅげん

教派は伝統的な権威に忠実で、当の社会によって公認されている教祖（またはそれに類する始祖）・教義・儀礼・組織を持つ宗教集団を指す。修験道では近世期に幕府によって公認された本山派、当山派、彦山派と、形式的には東叡山に属しながら半ば独立した羽黒派がある。教派修験では、それぞれ独自の始祖（中興の祖）を持ち、権門寺院を総本山とし、地方にも中本山ともいえる機構（本山派は先達・年行事、当山派は袈裟頭、彦山派は末山）を配して、末端の地方修験を支配させる形態をとっている。なお総本山には、その教派を運営する機関が置かれている。

【切紙】きりがみ

峰中の秘儀・符呪などの次第を、奉書紙を横に二つに折って半分に切ったものに墨書して、弟子に授けたもの。この切紙伝授は天台本覚論の口伝法門の考えに基づくもので、修験道では広く行なわれた。その際すべてを切紙に記さず、特に重要な事項は口伝とし「口イ」と略記したものもある。中世後期にはこの切紙を集成した『修験三十三通記』などの教義書が編まれた。また近世期の符呪を集めた『当山修験深秘行法符呪集』を『修験伝授切紙類蔵鈔』と呼ぶように、里修験の間でも、師僧が弟子に符呪を切紙に記して伝授する形がとられていた。

【近畿連合会】きんきれんごうかい

大阪を中心とする近畿地方の大峰山上講の連合体。聖護院系と醍醐三宝院系の両者がある。聖護院系のものは、昭和九年（一九三四）に聖護院が発足させた神変講社の拡大強化をめざして、昭和二九年に主として大阪地方を中心とする三〇余の講社を結集して発足させたものである。その分布は、大阪を中心に兵庫・奈良・和歌山・滋賀に及ぶ。醍醐三宝院系の近畿連合会は、大阪府東住吉区田辺本町の不動寺を事務所とし、三宝院門跡を総裁とし、真言宗醍醐派近畿連合会と称している。これまた近畿地方一円の講社を包摂している。いずれの近畿連合会も聖護院、三宝院の峰入や諸行事には重要な役割をはたしている。

【金峰山】《きんぶせん》

奈良県吉野郡吉野町

金の御嶽とも。金峰山は奈良県吉野郡の吉野山から山上ヶ岳（1719メートル）までの約二四キロの間の山《さん》塊《かい》を指す。平安初期、山上ヶ岳には小堂があって、修法がなされていた。平安中期には中腹の青根ヶ峰の安禅に石蔵寺などが作られ、貴族たちが御嶽詣を行なった。平安後期には山上ヶ岳と吉野山に蔵王権現が祀られ、さらに役行者の山上ヶ岳での蔵王権現感得譚が作られ、金峰山は修験道発生の地とされた。そして鎌倉末には縁起や儀軌が作られた。南北朝から室町期にかけては、山上、安禅、吉野山に蔵王堂が設けられ、執行《しっこう》の吉水《きっすい》院や新熊野院を中心に吉野修験が活動し、峰入の作法が整えられた。江戸時代の金峰一山は天台宗の寺僧と真言宗の満堂や社僧などから成り、東叡山に所属した。しかし本山派の喜蔵院、当山派の桜本坊などの修験もあり、両派の峰入拠点として全国の修験者を集めていた。近代になると山上蔵王堂は山上本堂（一九四二年以降は大峯山寺）と改称されて、吉野山と天川村洞川の共同管理となり、講社による民衆登拝の霊山となっている。

【金峯山検校】《きんぶせんけんぎょう》

金峰山一山を統轄する職。昌泰三年（九〇〇）に宇多法皇が大法師助憲を検校に補任したのに始まる。その後、藤原道長が金昭を検校に任じて僧綱に列させている。このように金峯山検校は一山の常住僧が補任されていたが、永承四年（一〇四九）に興福寺僧円縁が検校に補された。爾来、金峯山の衆徒が抵抗したこともあったが、興福寺僧が検校職を継承した。そして鎌倉初期は大乗院門跡、後期以降は一乗院門跡が氏長者宣を受けて、金峯山検校に補されている。そしてその下で金峰山在住の吉水院と新熊野院が執行として、一山の運営に携わった。ただし近世期には吉野一山が東叡山に属したことから廃され、比叡山の高僧が吉野山学頭を兼職した。

【金峯山寺】 きんぶせんじ（きんぷせんじ）　奈良県吉野郡吉野町

現・金峯山修験本宗の総本山。三体の巨大な蔵王権現像と役行者像を祀る蔵王堂を本堂とする。別にこの三体の本地の釈迦如来・千手観世音菩薩・弥勒菩薩を祀る本地堂がある。寺伝では開山役行者、中興聖宝とする。平安時代には吉野山から山上ヶ岳までの全体を金峰山と呼び、現在の吉野山蔵王堂の他、安禅と山上に蔵王堂があった。平安中期には弥勒の浄土とされ、高算など傑出した検校がいて、藤原道長など貴紳の御嶽詣が行なわれた。中世期は興福寺末だったが、南北朝期には南朝が実城寺を皇居とした。近世期には日光輪王寺に管轄され、天台の寺僧と真言の満堂、社僧などが一山を構成した。今一方で本山派・当山派を始め修験道の峰入拠点として栄えた。特に山上蔵王堂は山上講の講中によって支えられた。明治元年（一八六八）の神仏分離令により廃寺となったが、明治一九年（一八八六）仏寺に復帰し、天台宗に所属した。太平洋戦争終了後、同寺住職五條覚澄は、一山の東南院、桜本坊などと共に、金峯山修験本宗を創設し、同寺を総本山とした。本堂蔵王堂と仁王門は国宝。主要な行事には、二月三日の節分会、四月一〇日から一二日の花供懺法会、七月七日の蓮華会がある。

【金峰山創草記】 きんぶせんそうそうき　一巻（修疏Ⅲ）

金峰山の歴史・行事などを記した書物。室町初期成立と考えられるが作者は不明、金峯山寺蔵の室町期の写本がある。その内容は草創年代・諸神本地・顕密仏寺・諸社諸堂勤行・山上勤事・帝王・臣下・僧侶の帰依などからなっている。特に「山上勤事」の項では、晦日山伏出峰・花供峰入・御影供峰入・諸国山伏の峰入などの修験行事が挙げられている。なお天皇（帝王）、臣下、僧侶の帰敬の項は『金峰山雑記』（修疏Ⅰ）と重複する。本書の他に、金剛蔵王権現の本地・名号・尊号・種子・三昧耶形、供養法と金峰山や熊野の神格について記したものに、文観の著とされる『金峰山秘密伝』三巻（修疏Ⅰ）がある。

【金欄地結袈裟争い】《きんらんじゆいげさあらそい》

山伏の結袈裟は、左右二本、中央一本の細い掛布に六つの房（総《ふさ》）をつけたものである。この掛布に金欄地、桃地、綾地の三種があった。このうち、金欄地の袈裟は、聖護院門跡が中世末以来一貫して、院家・座主・先達に対して認可して多額の補任料を得ていた。ところが慶長七年（一六〇二）、三宝院門跡義演がこれを無視して、配下の佐渡大行院に金欄地の結袈裟を出した。そこで播州の本山派多聞坊が大行院に打ち入り、乱暴を働いた。三宝院がこれを詰問したのに対し、聖護院は、義演が慣例を無視して金欄地の結袈裟を認可したことにあると反論した。そこで三宝院が幕府に提訴し、家康が三宝院の主張を認めて、多聞院を成敗させた。この後も本山・当山の争いが相次ぎ、結局、慶長一八年に本山派・当山派それぞれに修験道法度が出された。この背景には、聖護院の勢力をそぐと共に、修験道界を本山・当山両派に二分させて競合させるという幕府の政策があったと考えられる。

く

【空海】《くうかい》 七七四〜八三五

弘法大師、遍照金剛。讃岐に生まれる。入唐して恵果から密教を学んだ。帰国後、東寺を本拠とし、高野山を修行道場として真言宗を開教した。もっとも入唐以前に一沙門から虚空蔵求聞持法を学び、これを契機に阿波の大滝岳、土佐の室戸岬、伊予の石鎚山、大和の金峰山などで修行し、この体験が高野山を道場とした山岳仏教の真言密教の樹立につながったと考えられる。近世以降は、里修験の間で、弘法大師信仰が四国遍路などの民間習俗と結びついて広く信じられた。

【孔雀明王】《くじゃくみょうおう》

毒蛇を食する孔雀を神格化した仏で、一切の諸毒を除く能力を持つ明王として崇められた。多くは一頭四臂で菩薩の姿をし、孔雀の上に乗っている。その呪「オン、マユラギランテイ、ソワカ」を唱えると、蛇の猛毒を始め、貪《とん》・瞋《じん》・痴《ち》を含めて害毒を消除し、息災延命、治癒、請雨、止雨をもたらすとされた。修験道では、役行者が孔雀明王の呪法を修したとする。大峰山の大蛇を退治して峰入を再開した聖宝は孔雀経法を用いて雨乞をしている。

【窟修行】くつしゅぎょう

山腹などの洞窟に籠って修行すること。その洞窟は鍾乳洞であることが多く、窟内には仏菩薩になぞらえた異様な岩石の隆起があったり、不動明王などの石仏が祀られていたりする。大峰山系では笙岩屋、前鬼の三重の滝近くの両界窟、洞川の蟷螂《とうろう》の岩屋などがある。その他には羽黒山の阿古屋、彦山の般若窟（玉屋窟）を始めとする四九窟などがある。修験者はこの洞窟内に坐して本尊になぞらえた聖なる岩を崇め、本尊との一体観を観じた。この境地は即身成仏の証しとされた。これらの洞窟は他界への入口、母胎ともされ、洞窟修行は象徴的に死んだ修験者が、母胎に抱かれて仏として再生する、擬死再生のモチーフで意味づけられている。なお中世期には、笙岩屋では、行尊などによって冬中籠る修行がなされている。

【求菩提山】くぼてさん　782メートル

福岡県豊前市。彦山六峰の一つ。別称、五窟岳。近世の縁起では、六世紀初期に猛覚魔卜仙《もうかくまぼくせん》が悪鬼を封じて開山し、その後、遊行聖の行善が護国寺を開基し、白山妙理権現を祀ったとしている。保延年間（一一三五～四一）、宇佐の頼厳が山王権現を祀り、一千日の大行、春秋の峰入を始めた。山の東面には五つの窟と経塚があり、頼厳が納めた銅板経などが発掘された。なお周囲の六峰には小白山《こはくさん》が祀られた。中世期には白山権現（本地十一面観音）と地主神の顕国霊神《けんこくれいじん》が祀られ、座主の教王院のもとに衆徒と修験がいて、峰入を行なっていた。中世後期には、彦山から離れて、聖護院に所属した。近世期には小倉藩主の小笠原家から入った道達以来、座主家は世襲制となり、上記の縁起が作られ、山頂の上宮、中腹の中宮（山王権現・鬼神社・講堂など）を拠点に、春と秋の峰入・千日行・松会・鬼会などがなされた。明治政府の神仏分離後は郷社国玉神社となっている。

【熊野権現御垂迹縁起】《くまのごんげんごすいじゃくえんぎ》

長寛元年（一一六三）になる「長寛勘文」（群書類従二六）所収の熊野権現の最古の縁起。本縁起によると、熊野権現は、唐の天台山の地主神の王子信が甲寅の年に鎮西彦山に飛来し、その後、石鎚、淡路の諭鶴羽《ゆずるは》山、新宮の神倉などを経て、本宮の大斎《おおゆの》原《はら》の一位の木に、三つの月の形をして天降った。それを、大猪を追ってこの地に来た猟師の千与定《ちよさだ》が発見して証誠菩薩、両所権現として祀ったのに始まるとしている。ちなみに室町後期になる『修験指南鈔』では、熊野権現の本縁を釈尊の末裔にあたる慈悲大顕王とその家族としている。

【熊野三山】《くまのさんざん》

和歌山県の、熊野の本宮（田辺市）、新宮（新宮市）、那智（那智勝浦町）からなる。本宮は熊野川と音無川の合流点の中州、新宮は熊野川河口の岸辺、那智は大滝近くに位置し、それぞれに熊野十二所権現が祀られた。院政期（一一世紀末～一二世紀初頭）には、貴紳の熊野詣が続いた。中世期の本宮には、本殿前の長床を拠点として熊野川を船で渡って備崎《そなえざき》から大峰山中に峰入した本宮長床衆、新宮には岩山の神倉で聖火を護持して修行した神倉聖、那智には大滝で修行した滝籠衆と呼ばれる修験がいた。また那智の浜からは補陀落渡海がなされていた。熊野修験は中世初期までは熊野別当に統轄され、その上に園城寺の門跡が重代職とした熊野三山検校が置かれていた。中世後期の熊野三山では、先達に導かれて全国各地から熊野詣をする信者（檀那）の宿泊・案内・祈禱などをする御師が発達した。こうして熊野詣が盛行し、各地で熊野先達が活躍し、熊野権現が勧請された。中世末には、熊野三山検校を重代職とした聖護院門跡が熊野先達を掌握して本山派を形成した。また熊野三山では、本願が山伏や比丘尼に勧進にあたらせた。近世期には、熊野三山では神社が主体となり、現在は本宮の本宮大社、新宮の速玉大社、那智の那智大社と青岸渡寺《せいがんとじ》が中心となっている。

【熊野三山検校】《くまのさんざんけんぎょう》

熊野別当の上位に設けられた熊野三山を統轄した職。寛治四年（一〇九〇）、白河上皇の熊野詣の先達を務めた園城寺の増誉が補されて以来、ほぼ園城寺門跡の重代職とされた。一五世紀中期以降は聖護院門跡が代々継承した。なお中世後期熊野で別当支配が崩壊したことから、熊野三山検校が熊野先達を直接掌握するようになり、中世末には聖護院門跡を本寺とする本山派が形成された。なお熊野三山検校職は、明治初頭に、第三四代雄仁《ゆうにん》の還俗に伴い、廃止された。

【熊野三山奉行】《くまのさんざんぶぎょう》

一四世紀初期、熊野三山検校道昭（在位一三〇一～三一）の頃、那智山の御師を検校の意のままに統轄する必要から設けられて、当初は理覚院がこれにあたった。その後、応永年間（一三九四～一四二八）に聖護院の院家、乗々院がこの職を襲った。その後、乗々院は永暦元年（一一六〇）に後白河上皇が京都東山に勧請し、足利尊氏も外護した若王子社（現・左京区若王子町）の別当となった。爾来、乗々院が熊野三山奉行を重代職とするようになり、中世後期以降、熊野三山奉行若王子乗々院が、本山派の院家筆頭として、熊野先達の包摂などに関して中心的な役割をはたしていった。

【熊野十二所権現】《くまのじゅうにしょごんげん》

和歌山県の熊野三山に祀られている、熊野三所権現・五所王子・四所宮の一二の神格。修験道では、その本縁を、釈迦の子孫の慈悲大顕王《じひだいけんおう》（妻は迦葉の子孫慈悲母女《ぼじょ》）一家とその家臣としている。すなわち、熊野三所権現の証誠殿（阿弥陀――本地、以下同様）は慈悲大顕王、結宮（千手観音）は娘、速玉《はやたま》（薬師）は息子、五所王子の若女命子《にゃくにょめいし》（十一面観音）・児宮（如意輪観音）・子守宮（聖観音）は結宮の子、禅師宮（地蔵）・聖宮（龍樹）は速玉の子、四所宮の一万眷属（普賢）と十万金剛童子（文殊）・勧請十五所（釈迦）・飛行夜叉（不動）・米持金剛（毘沙門天）は家臣とした。熊野十二所権現は本宮・新宮・那智のそれぞれに祀られたが、本宮は証誠殿、新宮は速玉神、那智は結宮を主神としている。そしてそれぞれの主神は、本宮は木の神の家津《けつ》御子《みこ》神、新宮は寄り神の速玉神、那智は熊野夫須美《ふすみ》神というように、神名が与えられた。なおこの他、三山の礼殿（長床）には、執金剛神、本宮には満山護法神（弥勒）、新宮には神倉権現（愛染明王）と阿須賀権現（大威徳明王）、那智には滝宮飛滝権現（千手観音）が祀られている。

【熊野九十九王子】《くまのつくもおうじ》

古代後期から熊野参詣道に設けられた九十九の王子を指す。京都から淀川を舟で下った摂津の窪津王子（大阪市東区上町）から紀伊半島を海岸沿いに田辺までと、そこから東に向かう中辺路の山中の道を経て熊野本宮、新宮から那智に向かう途中の市野王子に至る熊野詣の街道に祀られた小祠で、奉幣がなされていた。陽（九）の重数にあやかって九九設けられて、九十九王子と総称された。主なものには、藤白（海南市）・切目（印南町）・稲葉根（上富田町）・滝尻（中辺路町）・発心門（本宮町）の五体王子、籾井（泉南市）・田徳次（御坊市）・愛徳山（御坊市）・近露（中辺路町）・湯川（中辺路町）の准五体王子がある。なお平安末の「熊野縁起」には、発心門金剛童子というように、大峰山の抖擻路の大峰八大金剛童子のように童子の名がつけられている。

地形的には、王子は山の端・岬・浜・川の渡し・峠・尾根道などに設けられている。

【熊野長床衆】《くまのながとこしゅう》

平安後期から鎌倉期にかけて、熊野本宮長床（礼殿）を拠点にして大峰山で修行した修験者集団。伝承では、インドから飛来した熊野三所権現が本宮大斎原の一位の木に示現したのを発見して祀った猟師の是与《これよ》を祖としている。熊野詣の盛況に伴い、各地の修験者が客僧として熊野に寄寓し、本宮社殿前の長床（礼殿）に出仕したことから長床衆と呼ばれた。長床衆は執行（一人）・宿老（五人）を中心にまとまり、長床を道場として修行・衆議を行なった。なお中世末の『両峰問答秘鈔』には、熊野長床宿老五流として、尊瀧院・報恩院・太法院・建徳院・覚王院を挙げている。

【熊野比丘尼】くまのびくに

中世後期から近世にかけて、熊野三山の本願に属して山伏と共に、あるいは独立して、熊野牛王《ごおう》を配布し、「熊野曼荼羅」や「観心十界曼荼羅」を絵解きして唱導・勧進にあたった巫女。本宮では庵主坊、新宮では新宮庵主と神倉七カ寺の修験、那智では御前庵主・妙法山阿弥陀寺・補陀落山寺など七本願が、それぞれ熊野比丘尼を擁して、勧進・唱導にあたらせた。特に新宮庵主は当山正大先達の近江飯道寺梅本院が庵主を重代職としていた。なお近世期には、当山派には熊野方・伊勢方・地客方の三派があったが、この熊野方には熊野の山伏とあわせて、その妻でもあった熊野比丘尼が包摂されていたと考えられる。

【熊野別当】くまのべっとう

平安末から鎌倉期にかけて、熊野三山を実質的に支配していた在地の僧官。当初の別当は衆徒から選ばれていたが、寛治四年（一〇九〇）、白河上皇は、熊野御幸の先達を務めた園城寺の増誉を熊野三山検校に補任した際、一五代別当長快を法橋に任じた。爾来、この長快の子孫が熊野三山別当を世襲した。ただ承久の乱の時、別当一族の多くが後鳥羽上皇方についたことから勢力を失い、弘安一〇年（一二八四）、三二代別当正湛《しょうたん》が還俗して断絶した。

【熊野曼荼羅】くまのまんだら

中世期に作られた熊野の神格や風景を描いた曼荼羅。熊野十二所権現の本地と垂迹神を表し、主に礼拝に用いられた「本地曼荼羅」「垂迹神曼荼羅」「本迹（本地と垂迹神）曼荼羅」と、堂社や参詣風景を描き、主に絵解きに用いられた「宮曼荼羅」がある。本地曼荼羅は本宮の主尊阿弥陀を中心にその左に千手（結――垂迹神、以下同様）、右に薬師（速玉）

など胎蔵界の中台八葉院の形に配置した九尊、その外側右に不動（飛行夜叉）、左に毘沙門天（米持金剛）、上に普賢（一万）、下に文殊（十万）を配し、周囲に熊野の諸神、上部の大峰山に役行者、蔵王権現と八大金剛童子、下部に熊野参詣路の王子を配している（例、熊野本宮大社蔵、絹本着色、南北朝）。垂迹曼荼羅は中央に雛壇を設けて、上段に三所権現と那智の飛滝権現、中段に五所王子、下段に四所宮の垂迹神、上方に新宮・那智の摂社と大峰の諸尊、下方に熊野の諸王子を配したもの（例、静嘉堂文庫蔵、絹本着色、鎌倉）、本迹曼荼羅は垂迹曼荼羅とほぼ同じ構成の社殿に本地仏を描き、その脇に垂迹神を描いている（例、湯泉神社本、絹本着色、鎌倉）。宮曼荼羅では、那智一山の社殿とあわせて、参詣風景・伝承も描いた那智参詣曼荼羅が多く作られている（例、田辺市の闘鶏神社蔵、紙本着色、桃山）。特殊なものに、那智の大滝のみを描いた「那智滝図」（根津美術館蔵、絹本着色、鎌倉、国宝）がある。

【熊野詣】くまのもうで

本宮・新宮・那智の熊野三山への参詣。平安後期に、熊野本宮は阿弥陀の浄土、那智は観音の補陀落浄土とされた。そして白河上皇が寛治四年（一〇九〇）に御幸《ごこう》して以来、鳥羽・後白河・後鳥羽ら院政四代の一〇〇年間に一〇〇回近い熊野御幸がなされ、あわせて貴族たちの熊野詣が盛行した。熊野詣にあたってはそれに先立って先達の指導で熊野精進《そうじ》がなされ、道中の王子では奉幣が行なわれた。中世期には地方豪族の檀那が在所の先達に導かれて熊野に詣で、御師に願文を提出して師檀関係を結んだ。檀那はその後、熊野山伏や比丘尼の唱導もあって庶民の間にも広がり、蟻の熊野詣ともいわれる盛況を呈した。けれども近世期には、熊野三山が神社化したことに加えて、伊勢参宮や西国三十三観音巡礼の盛況もあって衰退した。

【供養法】くようほう

仏・菩薩・諸天や諸経に、香・華・灯明などを献じて、祀り祈願することを供養といい、その次第を供養法という。その作法は儀軌、聖教によって定められている。修法が成仏を求め、如法に壇を設けて有縁の本尊に供物を献じ、誦呪《しょうじゅ》、結印、観念を込めて法を修するのに対して、より一般的な形でなされている。供養法には、本尊供・祖師供・先住供・護法供・十二天供・明王供・神供・霊供・施餓鬼供など多様なものがある。

【倶利迦羅不動《くりからふどう》（龍王《(りゅうおう)》）】

不動明王の験力の根源とされる剣に、索に準《なぞら》えた龍がまといついた像容で、龍神信仰と不動信仰が習合したものと思われる。山上ケ岳の裏行場では、最後の絶壁に突き出た平等岩を回る行のあと、「平等岩廻りて見れば阿古滝の捨つる命は不動くりから」との唱えごとがある。これは修験者が捨身行後、倶利伽羅不動と化したことを示している。

倶利迦羅不動

け

【夏安居《げあんご》】

「夏行」「夏籠り」ともいう。仏教で、春から夏の三カ月の雨期の間、修行者が外出を避けて一カ所に集まって修行に専念することを指す。日本の仏寺では、陰暦四月一六日または五月一六日から三カ月間、読経・写経などをする。南都の東大寺、興福寺などでは、中世から近世期にかけて、この間、堂衆が奈良の奥山で、採花、汲水するなどの当行を行なった。また比叡山の回峰行、吉野山の蔵王堂と大峯山寺を往復する大峰回峰行も、この夏安居の期間になされている。なお高野山でも、山内で樒《しきみ》をとって金堂に供える夏安居がなされている。一般に、夏安居を行なう僧を夏衆と呼んでいる。

【血脈】けちみゃく

教義や秘伝が師から弟子に代々伝えられることを血のつながりに準えた語。特に密教で重視された。修験道では『三峰相承法則密記』の「峰中血脈相承事」の条に、峰中修行の血脈に事・理の血脈ありとし、事の血脈は峰中建立の碑伝、理の血脈は、以心伝心、仏祖不伝の血脈としている。実際の血脈には、いずれも近世期に作られた当山正大先達衆の「当山修験伝統血脈」、当山派の「当山師師相承血脈」、彦山の「彦山修験伝法血脈譜」、類似のものに「本山修験深仙灌頂系譜」がある（いずれも修疏Ⅲ）。

【験競べ】げんくらべ

修験者が峰入を終えて出峰した時などに、峰中修行で獲得した験力を競うこと。現在は、夏の峰入後の験競べと思われる金峯山寺の蛙とび、羽黒山の冬の峰結願の松例祭の烏とび・兎の神事・大松明引き・火の打替神事など、儀礼化したものとなっている。また火渡り、刃渡りなども山伏の験力を示すものである。

【眷属】けんぞく

本来は随順する者を意味する。一般的には三尊仏を除く仏菩薩の脇侍、従属する神格を指す。修験道の主尊不動明王は眷属を使役する神格とされ、「不動経」にはその眷属として慧光《えこう》・慧喜《えき》・阿耨達多《あのくだつた》・指徳《しとく》・烏倶婆誐《うくばぎゃ》・清浄・矜羯羅《こんがら》・制吒迦《せいたか》の八大童子と、三十六童子を挙げている。特に不動明王の脇侍とされた矜羯羅・制吒迦の両童子は、不動明王に使役されて、直接に降魔をはかるとされている。役行者の眷属ともいえる前鬼・後鬼もその使役に応えて山中で採薪、汲水にあたったとされた。

【剣舞】けんばい

岩手県や宮城県にみられる、鎮魂を目的とした念仏系の芸能。鬼剣舞、念仏剣舞、鎧剣舞、雛子《ひよこ》剣舞がある。芸態には、笠振り・太鼓の曲打ちがある大念仏系と、鬼や武者が勇壮に舞う阿修羅系のものがある。剣を持った念仏踊りは鎮魂を目的としたもので、反閇《へんばい》の足踏と、剣の手によって亡霊を踏み鎮めるものである。役行者が念仏を唱えながら踊ったのに始まるともいわれている。

こ

【高賢】 こうけん ?〜一七〇七

宝地院大僧正。三宝院門跡義演に師事し、三宝院門跡、醍醐寺座主となった。寛文八年（一六六八）に三宝院門跡として初めて大峰山の小笹に峰入した。そして当山正大先達衆とその配下を掌握するために、当山正大先達衆が小笹で配下に出していた補任状に、自己の花押をもじった印形を聖宝の印として押させた。また直接に諸国の先達に補任状を出す居官の補任を実施した。さらに聖宝の廟がある吉野の鳥栖鳳閣寺で恵印灌頂を創始した。また鳳閣寺の名跡を、三宝院直末の江戸戒定院に与え、同寺住職を鳥栖鳳閣寺の兼住にした。さらに江戸鳳閣寺を当山派諸国総袈裟頭として、三宝院による諸国の当山派修験の支配の代官として、三宝院門跡を法頭とする当山派を確立した。著書に『鳳閣寺縁起』がある。

【高算】 こうさん ?〜一〇九六

白河上皇が承保三年（一〇七六）に吉野山石蔵寺に建立した宝塔院の別当。寛治六年（一〇九二）の白河上皇の御嶽詣の勧賞として、法橋に叙せられ、その際、宝塔院に置かれた阿闍梨三口の一人に任じられた。近世期には、吉野山最大の祭りである花供懺法会は、「高算が白河上皇の病気を治癒させ、その報謝として大和国内の勧進を許され、その喜捨をもとに蔵王堂に桜花を供える祭りとして始めた」との伝承が作られた。そして山内に高算像を祀った高算堂が建てられた。

【講式】 こうしき

法会・講会の儀式作法を書いたもので、儀礼次第と仏菩薩・祖師の徳を讃える章句からなる。修験道に関しては、行者（役行者）講式・理源大師講式・蔵王権現講式・権現講式・神祇講式などがある。「行者講式」は総礼・立礼・登礼盤の後に、役行者一代の活動を讃嘆し、第一に行者の本地、第二に出現、第三に回向発願の功徳を述べる三段の講式である。「理源大師講式」は大師一代の活動を、第一に化現の内証、第二に峰入再興、第三にその功徳の順に述べる。「蔵王権現講式」は、蔵王権現を讃嘆した総序に続いて、第一に金峰山の相、第二に蔵王の本地、第三に現・当二世の利益をあげる。「権現講式」は熊野権現の縁起・神格・利益を述べる。「神祇講式」は貞慶撰とされるもので、まず序で、日本国中の大小の神祇、本地の諸仏菩薩を讃嘆する。次いで第一に諸神の本地を讃じ、第二に垂迹の利益を讃じ、第三に回向発願している。

【庚申】 こうしん

道教では、六十干支のうち庚申の日の夜中に、体内にいる三尸《さんし》の虫が抜け出て、寿命を司る天帝に当事者の罪過を告げ、天帝が早死させるとした。そこでこれを避けるために庚申待をして、庚申の神である青面金剛または猿田彦命が描かれた軸を掛けて、その真言「マイタリマイタリ、ソワカ」や般若心経を唱えて長寿を願ったあと、徹夜して雑談し、三尸の虫が体外に出るのを防いだ。またこの夜は男女の同衾や肉食が禁じられた。各地に庚申塔や庚申堂が作られた。この庚申信仰は中世末以来、修験者や陰陽師によって民間に広められたものである。

【荒神】 こうじん

一般には、荒神は荒ぶる神で、障碍をもたらすが、祈念すると福徳を与えてくれる神とされている。修験道では、「荒神祭文」によると、役行者が葛城山で東北を望見したら、紫雲がたなびいて一人の神が現れ、「自分は悪人を治罰する力を持つので麤乱《そらん》荒神といい、三宝を守護するので三宝荒神ともいう。そして胎内では衣那《えな》神、出胎の時は産土神、墓所では立増《たちまつ》神となって人々を守護する」と名乗ったとしている。また「荒神供次第」では、本地は観音、垂迹は麤乱神で、八大眷属、三世の九億の眷属を引具する。その像容は、八頭八臂、身色は赤で眷属が囲繞している。なお羽黒山の「峰中勤行式」では、般若心経に続いて三宝荒神の宝号と真言「オン、ケンバヤケンバヤ、ソワカ」を各三遍唱えている。

修験者は檀家を訪れて、各家の三宝荒神（竈神《かまどがみ》）で竈祓いを行なった。屋外に祀られた荒神では、正月・五月・九月の二八日の不動明王の縁日の日に、修験者を招いて祭りを行なった。この竈祓いや祭りによって修験者が、荒神を障碍神から福徳神に変えるとされた。

【荒神神楽】　こうじんかぐら

備中から備後の山間部の藪や森に祀られている荒神を、仮殿の神殿と呼ばれる舞殿に招いて行なう神楽。一三年、三三年の式年の一一月に行なわれる。祭事の部分は、明け方に藁の龍を祭場に入れて清めたうえで、荒神の舞に入り、周囲から囃された神柱（憑りましのこと）が、布を振るうちに神がかって託宣をした。そしてこの後、大蛇退治などの神楽が演じられた。なお近世期には、囃している神子が神がかったり、先祖の霊が憑いて、生者と対話するなどのことがあった。憑祈禱《よりぎとう》の性格を持つもので、備前の児島五流の影響があったとされている。

【荒沢寺】　こうたくじ　山形県鶴岡市

羽黒山修験本宗の総本山。里坊は手向《とうげ》の正善院。本尊は大日（湯殿）・阿弥陀（月山）・聖観音（羽黒）。山内に開山堂・不動堂・地蔵堂がある。一四世紀初期に、那智の修験勝尊が開いた。羽黒山の奥院で、中・近世には、常火堂を守る聖の院・北の院・経堂院の三院があって、行人の湯殿行（火注《ひし》連《め》）の修行道場とされていた。明治の神仏分離の際、荒沢寺は手向の山麓衆徒に支えられて、天台宗寺院として残り、修験の行法を伝えた。現在、正善院によって、古来の羽黒修験の秋の峰の修行が荒沢寺でなされている。

【強飯式】　ごうはんしき

日光責めとも。日光輪王寺の三仏堂で四月二日に行なわれる修験の儀式。日光三所権現から山伏を介して高盛りの御供を強制的に賜るもので、七難即滅・七福即生の利益があるとされている。その次第は、護摩の後、山伏姿の強飯僧が、頭に毘沙門天の金甲をつけて平服した頂戴人に、飯を高く盛った大椀を、その由来を口上して強い、さらに大煙管《きせる》やねじり棒をその前に投げ出して威圧する。その後、境内の参詣人に信徒の奉納品を撒く「縁起撒き」がなされる。

【業秤】ごうびょう

峰中の十界修行の地獄行に充当された新客の罪障の軽重をはかる修行。その作法は、新客を螺緒《かいのお》で縛ったうえで、一方に不動石を吊るした秤にかけて、不動石より下がったら罪障が重いとされた。終了後、正先達は「迷則煩悩迷縛の縄と為す也、悟則菩提按入の宝索と為す也」と唱えて、新客に、この螺緒を渡した。現在、山上ヶ岳の表行場の絶壁で、新客をロープで逆さ吊りにして懺悔させる西の覗きの行が業秤にあたるとされている。

【興福寺】こうふくじ　奈良市

興福寺の東金堂（本尊薬師三尊）、西金堂（本尊釈迦三尊）の堂衆は、中世期には奈良の奥山で樒《しきみ》採り、閼伽水汲み、深夜に登拝する当行を行なっていた。またこれとあわせて、末寺などの修験を率いて大峰で春の花供と秋の逆峰の峰入を行なった。この逆峰は、大峰と葛城を七五日かけて抖擻し、そのあと二上山の石窟寺で念仏会を行なうものだった。なお一一世紀中頃から一三世紀末まで、興福寺別当は金峰山検校を兼ねていた。また一四世紀後期には、興福寺東金堂衆は大峰検校と称して、大和の松尾寺・内山永久寺・菩提山・三輪山・霊山寺・高天寺などの末寺の修験を率いて峰入して当山方と呼ばれる組織を形成した。もっとも、中世末には、興福寺末の内山永久寺の上乗院がこの当山方の修験を掌握した。

【高野山】こうやさん　約900《メートル》

和歌山県伊都郡高野町。空海は金峰山で修行し、ここから南行一日、西行二日のところにある高野山を発見して、真言宗の道場として金剛峯寺を建立した。一二世紀には覚鑁《かくばん》（一〇九五〜一一四三）が浄土思想を密教的に裏づけて、密厳浄土や真言念仏を提唱し、晩年には根来寺を開基した。なお彼は、後に当山方修験となった南山城の小田原浄瑠璃寺から高野山に入った教懐（一〇〇一～九二）に始まる高野聖を組織化して、高野山への納骨を推進した。中世後期には、高野山行人方の修験は、当山派修験に属し、大峰で峰入修行した。なお根来寺にも修験がいて、中世後期には当山正大先達衆として活動した。

【御詠歌】《ごえいか》

短歌形式（五・七・五・七・七）で詠じられる和讃。札打ちともいわれるように、当初は西国三十三観音巡礼の一つ一つの札所で、札所ごとの御詠歌が詠じられた。その後、坂東三十三ヶ所、秩父三十四ヶ所、四国八十八ヶ所の札所でも御詠歌が作られた。民間では念仏講や葬式の無常講でも詠じられた。その詠唱法は古来の大和流に加えて、近代になって真言宗の舎利流、禅宗の梅花流などが成立した。

【牛王宝印】《ごおうほういん》

熊野三山・彦山・羽黒山・立山などの修験霊山で、

熊野速玉大社の牛王宝印

烏などを配して、「牛王宝印」の文字を描き、中央下に宝印を記した図を刷って符としたもので、厄除や守護の符とされた。牛王は、牛黄《ごおう》（牛の内臓）を病魔除去の妙薬としたことに因むが、生土《うぶすな》の「生」の下の「一」を「土」の上につけたもので、産土神を意味するなどの説もある。特に熊野牛王は、和紙に熊野の神使である烏の像形（烏文字）をもって牛王宝印と記し、中央に日本第一、その下に宝珠を配している。なお彦山や立山の牛王宝印では鷹が記されており、羽黒山のものは、両側に羽黒山宝、中央に牛王を飾字で記したものである。中世期には、牛王宝印は起請文の料紙として用いられた。また熊野では比丘尼がこれを頒布して勧進活動に従事した。

【小木】こぎ

峰中の諸宿において、新客が山中で集めて採灯の先達に納める木の小枝（小木）、並びにその作法をいう。この小木は採灯護摩と日用に用いられる。なお「峰中十種所役」の一つとされる小木の作法は、『三峰相承法則密記』によると、次の順序で行なわれる。新客は小木の先達に導かれて、山中に入って集めた白小木（皮をむいたもの）と黒小木（皮がついたもの）を、小木量（一尺八寸〈約54センチ〉）の物差し）の長さに揃えて、擔《にない》木《ぎ》の両端に吊るして宿に帰って、採灯先達の前に設けられた小木壇に小木量とあわせて納める。すると採灯先達が、その長さを確認したうえで「四大和合身、骨肉及手足、如薪尽火滅、皆供入仏道」の小木頌を授ける。この小木作法は、新客が、自分が犯した罪を焼尽して、利他に入ることを示すものとされている。なお白小木は骨、黒小木は皮や肉を示すとされている。

現在、採（柴）灯護摩の際に採灯師が護摩壇に投じる小木は乳木《にゅうぼく》と呼ばれている。これはその長さが、両乳の間にほぼあたることに因み、乳の奥が心臓ゆえ、乳木は心を示すとされている。

【虚空蔵菩薩】こくうぞうぼさつ

虚空のようにあらゆる智恵や功徳を蔵する菩薩。古代には、吉野山の比蘇寺などで虚空蔵菩薩を本尊として自然智を得る虚空蔵求聞持法が修された。地蔵菩薩の対偶仏とされている。山中他界とされる伊勢の朝熊山には、虚空蔵菩薩が祀られている。虚空蔵菩薩は追善供養の最後の三十三回忌に祀られる十三仏の最後の仏で、生まれかわりの仏とされている。また一三歳になった時に、虚空蔵菩薩を祀る山に詣る十三まいりの信仰も認められる。なお宵の明星（金星）は、虚空蔵菩薩の化身ともされている。密教では胎蔵界曼荼羅の虚空蔵院の中尊で、その像容は左手に蓮華、右手に剣を持っている。真言は「オン、バサラ、アラタナ、ウン」である。

【国峰】 こくぶ

各国の修験霊山のうち、大峰・葛城に準じた行場などがあって、在地の修験者が活動している山、及びそこで入峰修行することを指す。修験教団では、教団行事として適宜にこれらの修験霊山に団体で峰入している。特に本山修験宗では、出羽三山・富士山・木曽御嶽山・彦山・石鎚山など、二〇の修験霊山の峰入を国峰に指定して、教団行事として適宜に峰入している。また独自に峰入した場合は、着到所などの入峰証明書をもとに、大峰、葛城の教団入峰に準ずる昇進の基準としている。

【穀屋（坊）】 こくや（ぼう）

中世末から近世期にかけて、一山寺院において、勧進活動によって資金を得、それをもとに社堂の建立や修理を行なった機関。穀屋（坊）には、本願所（勧進所）が設けられ、山伏・十穀聖・勧進比丘尼などが所属した。彼らは穀屋方とも呼ばれ、学侶・堂衆の下僧として、寺院周辺の庵に居住した。穀屋（坊）は熊野那智・高野山・粉河寺・金峯山・紀三井寺・上醍醐・東寺などに置かれていた。

【御直院】 ごじきいん

直院とも。諸国にある聖護院門跡直支配の寺院。近世中期には富士村山・三峰山・八菅《はすげ》山・常州蓮上院があった。その後の天保四年（一八三三）の『本山近代先達次第』には、御直院として、山科の大蔵院・善光院、伊勢の威徳院・円学院、安房の正善院、近江の大宝院、備中の中之坊など八〇院と八菅修験二二院を挙げている。

【児島五流】 こじまごりゅう

備前児島の新熊野権現（岡山県倉敷市）を拠点として、中世・近世期に中国・四国地方で勢力を有した熊野系修験。平安末頃、児島に熊野神領があって、熊野権現が勧請され、熊野本宮長床衆の拠点となっていた。承久の乱の時、後鳥羽上皇の皇子頼仁親王がこの地に配流された。その子道乗（一二一五〜七三）は、やはり上皇の皇子だった熊野三山ならびに新熊野検校の覚仁の支援を得て、尊瀧院・太法院・建徳院・伝法院・報恩院を創建して、その子供を住職とした。この五家の子孫が児島の新熊野権現を中心として活躍して、児島五流といわれた。児島五流は、中世期には熊野三山に準えて児島に本宮・新宮・那智の三山を祀った。近世期は本山派修験に属し、新熊野山補陀落寺と称し、院家に次ぐ位置を与えられていた。現在は五流尊瀧院を総本山として宗教法人「修験道」を形成している。

【牛頭天王】 ごずてんのう

武塔天神《ぶとうてんじん》ともいう。インドの祇園精舎の守護神。熱病に効く栴檀の木が茂り、山容が牛の頭に似た牛頭山に鎮座したことから牛頭天王と名付けられ、疫病除去の神格として崇められた。京都の祇園社（現・八坂神社）に、妻の波利《はり》采女《さいじょ》、八人の王子（八王子）と共に祀られて、疫病のみでなく種々の現世利益に応じる神格として、愛知県津島の天王社を始め各地に勧請された。南北朝期になる吉野曼荼羅の諸神格の配置を見ると、牛頭天王と八王子は、天満天神と共に、降魔の働きを示す蔵王権現を支える双璧をなす外来神として、吉野一山のパンセオンの中で重要な位置を占めている。室町期には、祇園祭の山鉾に、役行者鉾、山伏峰入鉾、山伏鉾などが登場する。近世の修験の啓蒙書では、牛頭天王は、別称を武塔天神・天刑星・歳徳神、本体を素戔嗚命とし、本地は薬師如来、ひいては大日如来。妻の波利采女の本地は十一面観音、八王子は八将神とし、あらゆる現世利益に応える神格とされている。

【五先達】 ごせんだつ

峰入修行を司る峰《みね》・小木《こぎ》・採灯・宿《しゅく》・閼伽《あか》の五人の先達をいう。峰先達は峰入全体を統轄する。小木先達は小木の採取、採灯先達は採灯護摩、宿先達は宿内の諸事、閼伽の先達は閼伽水汲み・閼伽桶納めを取りあつかう。峰中道場の長床では正面の先達柱を背に峰先達、その左側に小木・採灯、右側に閼伽・宿の先達が座す。なお五先達の峰先達を駈《かり》先達として、山中の抖擻を担当させ、この五人の上に全体をとりしまる正大先達を置くこともある。現在の羽黒山秋の峰ではこの形がとられている。

【五代弟子】ごだいでし

修験道の始祖役行者の後を継承したとされる義学・義玄・義真・寿元・芳元の五代の弟子。近世中期の『聖門御累代記』、後期の『深仙灌頂系譜』に挙げられている。これらではいずれも大峰修行をし、『大峰縁起』を相伝して、自己の在所に熊野権現を勧請したとしている。その在所は、義学・義玄は葛城、義真は摂津の箕面寺、寿元は彦山、芳元は石撮（鎚カ）としている。このうち寿元と芳元は鎌倉初期の『諸山縁起』にも見られる。なお熊野修験系統の大峰山中の前鬼と児島五流は、この五代弟子を祖としている。

【五大明王】ごだいみょうおう

五大尊、五忿怒尊とも。大日如来の教令《きょうりょう》を受けて忿怒の姿を現した明王。東方に降三世《ごうさんぜ》明王（青帝大神龍王――垂迹身、以下同様）、南方に軍荼利《ぐんだり》明王（赤帝大神龍王）、西方に大威徳《だいいとく》明王（黒帝大神龍王）、北方に金剛夜叉《こんごうやしゃ》明王（白帝大神龍王）、中央に不動明王（黄帝大神龍王）が配置されている。平安時代には、この五大明王のそれぞれの壇を一堂に設けて、調伏、出産の祈禱をする五壇法が修された。修験道でも、祈禱や採（柴）灯護摩の法弓などで、その名が唱えられている。その像容はいずれも火焔を背にして、剣などの武具を手にして、忿怒の姿をしている。特に降三世明王は、不動明王が胎蔵界大日の教令輪身であるのに対して、金剛界大日の教令輪身とされ、その真言「オン、ニソンバ、バサラ、ウン、ハッタ」を唱えて、単独でも祀られる。

【五智】ごち

大日如来の知恵を五種に分けたもの。法界体性智

（一切諸法の真理）、大円鏡智（一切をあるがままに知る）、平等性智（諸法の平等を知る）、妙観察智（諸法の差別を正しく知る）、成所作智（意のままに自利、利他の働きをする）の五智である。金剛界曼荼羅成身会《じょうしんね》では、五智を、大日如来（中央――その位置、以下同様）、阿閦《あしゅく》如来（東）、宝生如来（南）、無量寿（阿弥陀）如来（西）、不空成就如来（北）の五智如来に充当し、それぞれを括弧内の位置に配している。なお金剛界大日如来の冠は、この五智を示すとして五智宝冠と名付けている。修験者が頭につける頭襟《ときん》はこの五智の宝冠を表すとされている。

【木葉衣】 このはごろも　二巻（修疏Ⅲ）

当山派総学頭の浅草覚吽院《かくうんいん》住職行智の主著。山伏本来の法衣とされる木葉衣になぞらえて、人々に修験を見聞させる意図で著した書物。上下二巻からなり、上巻では役小角伝、山伏名義《めいぎ》、峰入、下巻では衣体、大峰および金峰の縁起、役小角が神変大菩薩の諡号を授かった寛政の詔勅について記している。その記述では多数の文献を引用して考証すると共に、験競べを否定するなど、著者自身の判断も加えられている。行智の著書には、この他、天保七年（一八三六）に、三宝院門跡の下命に基づいて執筆した『踏雲録事《とううんろくじ》』一巻（修疏Ⅲ）と、『鈴懸衣《すずかけごろも》』一巻がある。『踏雲録事』では、修験の名義、役小角や聖宝を中心とした修験の歴史と有髪、妻帯、刀剣所持などに見られる山伏の独自性の説明がなされている。『鈴懸衣』の正編は『木葉衣』の草稿で、続編は本山・当山・羽黒の三派の組織、位階の免許状、三派の出入などからなっている。その際、特に奥羽地方の修験の記事、補任状の事例が多く挙げられている。

【護法】 ごぼう

広義には仏法を守護する神格。修験道では修験者に仕えて守護したり、使役されたりする神格を指している。具体的には役行者の前鬼・後鬼、泰澄の臥《ふせり》・浄定、性空の乙丸・若丸、大峰・葛城などの童子、諸天、善神、方位神、密教の外金剛部、全国の神社や産土の神などである。その形姿は、老人・童子・鬼・動物などである。その数は二人が多いが、

一、三、八、一二、三六というように一定していない。そして自己が所属する主尊や修験者の使者、案内者、小間使い、物知り、降魔の武士として、その命令に従って援助した。しかも、他者に気づかれることなく空中を飛翔したり、疾駆して迅速に行動した。特に修験道では、熊野詣・峰中の守護・調伏や憑きものおとしの修法、憑祈禱などで重要な役割をはたしている。

【護法祭】 ごぼうまつり

護法とび。岡山県久米郡の両山寺などで、八月一四日から一五日の盆になされる、「護法実《ざね》」に護法を憑依させる祭り。祭日の深夜、山頂近くの護法善神社からお堂に護法を勧請し、堂内の祭壇で修験者が修法し、法螺を吹き、両掌に榊葉を持った護法実の周囲で子供たちが般若心経の最後の呪（ギヤテイ）を何回となく唱えて囃したてる。そうこうしているうちに護法実の持つ榊葉が揺れ、護法が憑いた護法実が駆け出してお遊びとなる。この祭りは夏の峰から出峰した山伏の験競べと考えられる。なお、かつてはお遊びの間に託宣があったともいう。

【五流尊瀧院】 ごりゅうそんりゅういん　岡山県倉敷市

本尊神変大菩薩。寺伝では、役行者の伊豆配流の際に、難が及ぶのを避けて、紀伊の熊野から児島に移りすんで、当地に熊野権現を祀った役行者の五代弟子の筆頭、義学を始祖としている。一三世紀後期、承久の乱で児島に配流された後鳥羽上皇の皇子頼仁《よりひと》親王の子・道乗（一二一五〜七三）が、長男澄意に再興させた。中世末期には尊瀧院は熊本の河尻《かわじり》荘を神領とし、肥後、讃岐の塩飽《しわく》七島、備中などに霞を持って活動した。近世期には頼仁親王の庵室があったことから児島五流筆頭として本山派中でも重きをなしていた。太平洋戦争後、宗教法人「修験道」を設立して総本山となっている。

【御霊】 ごりょう

生前の遺恨を晴らせぬままに憤死したり、不慮の災難で非業の死をとげた人の怨霊を御霊と呼んだ。御霊はその死をもたらした者に祟って原因不明の死に追いやったり、疫病、天変地異を起こすとして恐れられた。そして御霊の怒りを鎮めるために祭りが行なわれたり、神社が創始された。これがさらにその霊威にあやかって守護を得ようとする信仰に展開した。その際、その祭りや創始に修験者が関わってもいる。例えば菅原道真の御霊を祀る北野天満宮の創始に関わったのは、近江の比良山の禰宜と、大峰山で道真の霊にあって、火災・疫病・乱逆の災因がその御霊の祟りと知らされた修験の道賢である。この他、崇徳上皇の御霊を鎮めるための讃岐の御墓近くの御影堂の建立、備前児島の後鳥羽上皇の御霊を鎮めるための供養塔の建立にも修験が関わっている。

【五輪】ごりん

輪はすべての徳を示す。密教では地・水・火・風・空を示し、身体の膝・臍・胸・面・頂、形の方・円・三角・半月・団形（宝珠）、色の黄・白・赤・黒・青、種子のア・バ・ラ・ハ・カを、その五輪に対応させている。なおこの五輪の形をもとにした五輪塔は墓として用いられている。修験道では、入峰者が峰入の初宿の夜に所定の座について行なう床堅《とこがため》で、自己の身体の五処にこの五輪を観じる五輪観が修され、修験者自身が五輪の塔婆になったことを観じさせている。

【権現】ごんげん

霊山の山の神が、山林修行者の祈願に応えて姿を現した神格。後に、霊山で修行した仏教者が、この神格を、仏菩薩が衆生を済度するために権《か》りに姿を現したものとして、権現と名付けた。熊野権現、羽黒権現、彦山権現などがこれである。さらにこの神格に菩薩号を付したり、本地の仏を定めて、あわせて崇拝するようになった。例えば金峰山の金剛蔵王権現は、役行者の祈念に応えて出現したとされ、当初は蔵王菩薩と呼ばれた。そしてその後は、釈迦、千手観音、弥勒の徳を包摂した神格として、この三尊を本地として崇めている。

【権現舞】ごんげんまい

東北の山伏神楽で権現様と呼ばれる、獅子頭を持って演じる二人立ちの獅子舞。権現様は、その神楽衆が祀る山の神（例、早池峰神楽）とされた。神楽衆は一一月から正月にかけて、近隣の村々を回って権現様を舞わして、悪魔ばらい、火防《ひぶ》せ、春祈禱を行なった。舞手は獅子頭を高く掲げて歯打ちをし、家人が御神酒や米を献じると柄杓をくわえて、竃や炉に水を掛けて火防せをした。権現様の歯で嚙んでもらうと病気が治るとされていた。また、獅子頭と獅子がかぶる幕の間をくぐることを胎内くぐりと呼んだ。このほか権現舞を、死者供養のために墓で行なうこともあった。

【金剛山内外両院代々古今記録】 こんごうさんないがいりょういんだいだいここんきろく

一巻（修疏Ⅲ）

金剛山（大和葛城山）の内院の高天寺《たかまでら》と、外院の転法輪寺に関する古今の記録を、明暦二年（一六五六）に、宝宥山明王院の聊朝房がまとめた書物。鑑真が大峰・熊野で修行後、金剛山で法喜菩薩の華厳経の説法に見《まみ》えた話、金剛山での役行者伝承、東大寺の行基、婆羅門僧正、聖宝、興福寺の仁宗、同寺喜多院の空晴・真喜など南都の僧の金剛山入山や霊験、奇瑞を編年体で挙げている。

【金神】 こんじん

金性《きんしょう》を持ち、気性が激しく祟りやすい方位神。毎年遊行し、その年の干支によって居所とする方位が違うとされた。そしてその年に金神がいる方位を侵して土木を起こしたり、家造をしたり、その方位へ旅立ちなどすると金神七殺（身内を七人殺す）の祟りを受けるとされた。修験者はこの金神の祟りを強調し、それを防ぐために「金神除法」などの修法を行なったり、呪符を授けたりした。

さ

【西国三十三観音巡礼】 さいごくさんじゅうさんかんのんじゅんれい

観音が三十三体の化身となって現れるという思想に基づいて、近畿地方の三三カ所の観音札所を巡る巡礼。伝承では、長谷寺開基の徳道（六五六〜？）が、他界に赴いて閻魔大王に「三三カ所の観音霊場を廻れば死後地獄におちない」と言われて始め、その後、花山法皇（九六八〜一〇〇八）が中興したとする。けれども実際は、熊野三山検校行尊が、長谷寺を一番として山城の御室戸寺を三三番とする三十三観音巡礼を始めた。その後、園城寺長吏の覚忠（一一一八〜七七）が、一番を那智の如意輪堂とし、三三番をやはり御室戸寺とする巡礼とした。室町中期以降、東国からの熊野詣や伊勢参宮が盛んになるにつれて、三三番を中山道の美濃の谷汲《たにくみ》華厳寺《けごんじ》とする現行の順路となり、「西国三十三観音巡礼」と、前に「西国」がつけられた。

【最澄】
さいちょう　七六七〜八二二

伝教大師。近江国の帰化人系の三津首百枝《みつのおびとももえ》の子。一二歳の時、近江国分寺の行表（七二四〜九七）を師として出家した。入唐して天台・禅・戒・密教を学んで帰国して、天台宗を開いた。比叡山上に戒壇を開き、授戒者に一二年間の籠山を課す『山家学《さんげがく》生式《しょうしき》』を定めた。また比叡山の鎮守として日吉山王を祀った。著書には『守護国界章《しゅごこっかいしょう》』三巻、『顕戒論』三巻などがある。

【在庁】
ざいちょう

本来は平安中期から鎌倉期にかけて、国衙《こくが》にあって国司の下で実務にあたった地方豪族が世襲で務めた役職。ただし羽黒修験では、在庁は、一山衆徒のうち別当から代々一定地域を檀那場として与えられて、その地域内の末派修験を支配し、その地域から登拝した道者を宿泊させる権利と、守札を発行して地域内に配札する権限を与えられた修験を指した。彼らは一山内の訴訟や裁判も司った。なお在庁に所属して、その檀那場に赴いて配札し、道者を羽黒山に導く山内の修験は、御師と呼ばれた。

【採（柴）灯護摩】
さいとうごま

屋外に護摩壇を組んで行なう修験道独自の護摩。護摩は、本来、バラモン教の火神を供養する祭りが密教に取り入れられ、日本に伝わったものである。なお採（柴）灯護摩は、日本の民間の小正月のサイトヤキ、サイトウバライ、サギチョウとも関わると思われる。本来は峰入の成満を祝して峰中でなされたが、現在は修験寺院で祈願の目的で広く行なわれている。なお本山派は、太陽の光を採って施行するゆえ、「採」の字を用い、当山派は山中の柴を集めて施行するゆえ、「柴」の字を用いるとしている。

【賽の河原《さいのかわら》】

山中や海上他界観に基づいて、旧噴火山などの硫黄が吹き出したり、異様な石が立ち並ぶ山中の河原や海岸は、子供が死後に行く地獄の賽の河原に準えられている。そしてこうした場所、あるいは峠などを、賽の河原と呼んで、小石をケルン状に積んでいる。これは子供の亡霊が父母のために石積みを課せられ、鬼に邪魔されながら積んだものとされ、子供を失った親が代わりに石を積めば、亡き子供が助かるとの信仰が生まれた。なおその根底には、境に石を積んで、サイの神（境の神、道祖神）に子供の成長を祈る信仰があったとも考えられている。

【祭文《さいもん》】

本来は祭りなどの際に神仏に捧げる言葉。中世後期に頭襟・鈴懸姿の山伏が、錫杖を振り、法螺貝を伴奏に用いる山伏祭文が成立した。その内容は、神や仏の本地や鎮座の由来、霊験を説くものである。なお中国地方の神楽では、地霊を鎮める「土公祭文」が唱えられた。また山の神と龍宮の乙姫の婚姻譚を語る「山の神祭文」は、山伏神楽に取り入れられている。近世期には霊験譚と唱導芸能としての説経が結びついた「説経祭文」が作られた。さらに門付け遊芸として布施をもらうために語られるようになり、山伏の手から離れて、ゴゼ（盲目の女芸人）など専門の芸能者に受け継がれたり、錫杖の代わりに三味線を用いた浄瑠璃や浪花節へと展開した。

【蔵王権現《ざおうごんげん》】

役行者が、大峰山の山上ヶ岳の涌出岩で修験道の守護神を求めて祈念した時、出現したとされる忿怒身の神格。吉野山のみならず、各地の修験霊山で祀られた。平安時代初期には蔵王菩薩と呼ばれたが、中期には蔵王権現とされ、後期には役行者の祈念に応えて、釈迦・千手観音・弥勒菩薩に次いで現れたとの伝承が生まれ、像容も定まり、懸仏なども作られた。現在、金峯山寺では、釈迦・千手観音・弥勒を蔵王権現の本地としている。像容は左図の通りである。この像容から、その前身は五大力菩薩、執金剛神と推定されている。もっとも中世後期の吉野山では、最初に弁才天が現れたが、退けられて天河弁財天となり、次に現れた地蔵は川上地蔵となり、最後に除災の神として蔵王権現が出現したとしている。ここでは金剛蔵王権現は、吉野一山の伝統的な信仰を、降魔の神格である金剛蔵王権現に止揚したものとしている。なお金剛蔵王権現の眷属は、大峰山中の主要な宿に祀られている検増童子（禅師の宿、在所――以下同様）・護世童子（多輪宿）・虚空童子（笙岩屋）・剣光童子（小笹）・悪除童子（玉置山）・香精童子（深仙）・慈悲童子（水飲宿）・除魔童子（吹越）の大峰八大金剛童子である。そして吉野曼荼羅には、山上ヶ岳で役行者が蔵王権現を涌出《ようしゅつ》した場景の背景に、大峰山と山中に祀られたこの八大金剛童子が描かれている。

蔵王権現

【蔵王堂】ざおうどう

修験道独自の主尊である蔵王権現を安置した堂。代表的なものに国宝の金峯山寺本堂がある。現在の堂は、天正一六年（一五八八）の再建になるもので、二重の巨大な建物で、三体の巨軀の蔵王権現木像を本尊とする。奥行八間で、奥の四間を連格子で仕切って内陣とし、表側四間を礼堂とする。内部には桃山時代の装飾が見られる。なお大峰山山上ヶ岳山頂の大峯山寺は、近世末までは山上蔵王堂と呼ばれていた。また金峰神社近くの安禅にも蔵王堂があり、安禅蔵王堂と呼ばれていたが、神仏分離の際に廃され、その本尊の蔵王権現は吉野山の蔵王堂に移されている。この他、鳥取県東伯郡三朝町にある三徳山三仏寺の奥院（投入堂、国宝）は、平安後期の現存最古の蔵王堂で、同時期の七体の木造蔵王権現像が祀られていた（重文。現在は山麓の宝物殿に安置）。

【相模大山】さがみおおやま

1252メートル《メートル》。雨降山《あぶりやま》。神奈川県中央の丹沢山系の主峰。山頂に式内社の大山阿夫利神社奥社（石尊《せきそん》大権現とも）、中腹に鉄造の不動明王を本尊とする雨降山大山寺、山麓に本社がある。中世期には山頂の石尊大権現と中腹の不動堂を、別当八大坊など一二坊と修験が支えていた。近世期には修験三六坊、御師一〇九坊が、関東甲信越に多数の檀那を有していた。現在は大山阿夫利神社と先導師（旧・御師）が信仰を支えている。

【桜本坊】さくらもとぼう

奈良県吉野郡吉野町

大峯山寺の吉野側護持院の一つ。本尊は役行者。近世の縁起では大海人皇子《おおあまのおうじ》の侍従の子、角仁を開祖としている。ただ史料上では、一六世紀初期の快乗、英遍の頃、当山正大先達衆に加わっている。近世期には吉野山では満堂に属し、一〇石の扶持を受けた。当山十二正大先達の重鎮だったことから、元禄六年（一六九三）に幕府から修験兼帯を認められ、三宝院の指示に従うことを命じられている。峰入拠点に位置したことから、山上ヶ岳で宿坊を営むと共に、信越を中心に多くの配下を擁していた。現在は金峯山修験本宗別格大本山である。

【里修験】さとしゅげん

里山伏とも。山岳修行よりも、祈禱、呪術、巫術により地域住民の現世利益の希求に応えて活動した、里に定着した修験。近世に多く見られた。里修験の中には、士分格のものと、村落で百姓（本百姓・水呑）を兼ねた者、町屋住みの者がいた。町屋住みの里修験の多くは専業だったが、定着性に乏しかった。里修験は、住民から法印様、別当様、山伏様と呼ばれた。その活動は、村レベルでは氏神の別当・ムラ日待・雨乞など、家レベルでは廻檀して家の神・屋敷神の祭祀や家族全員の息災祈願・配札、個人レベルでは加持祈禱・調伏・憑きものおとしなどを行なった。その際、巫女（妻など）に神霊を憑依させて災因を明らかにする憑祈禱をしたうえで修法をすることもあった。その他、山伏神楽、田楽などの芸能にも関わった。また士分格の里修験には寺子屋を開設した者もいた。

【三学】さんがく

修験者が必ず修めるべき戒・定・慧の三つの基本的な修行項目。戒は心身の調整、定は心の統一、慧は智恵を得る修行を指す。修験道では具体的には、戒には「峰中制戒」など、定には修験者の別称の客僧（始本不二の境地にあるため）の「客」の字、山伏の「伏」の字（無明法性不二、煩悩即菩提、凡聖不二の境地）を観ずる字輪観など、慧には恵印灌頂がある。『修験頓覚速証集』では、人間が本来持つ（自性本有）無作の三学を説いている。すなわち自性が本来清浄で無垢無染なのが「戒」、自性が寂静で動乱することがないのが「定」、自身が本来明了で疑心がないことを「慧」としている。

【懺悔文】さんげもん

懺悔して清らかな身と心になって仏事に臨むために、読経などの最初に唱える偈。『華厳経』の「普賢行願品」にある「略懺悔」に基づく。その主旨は、これまで犯してきたむさぼり（貪）・憎しみあい（瞋）・迷い（痴）の三毒を懺悔して、清らかな気持ちになることによって、お経を素直な気持ちで聞くことが出来るとするものである。なお峰入などでは、歩きながら「懺悔懺悔、六根清浄」と唱えている。これは、懺悔して眼・耳・鼻・舌・身・意の六根を清浄にすることによって、真実の世界を知ることを意味している。

【三業・三密】さんごう・さんみつ

衆生の一切の業（カルマ、行為）を、身（身体的行為）・口（言語表現）・意（心意作用）に分類したものを三業という。密教では、衆生の行ないは本質的には仏の働きと同一であるとの理念に基づいて仏の身・口・意の三業を三密と呼んでいる。そして両手の五指（身）で仏の印契《いんげい》を結び、口でその真言を唱え、心に仏の姿・種子・三昧耶《さんまや》形《ぎょう》を観ずることによって、衆生の三業が仏の三密と一つになる無二無別の境地に達するとし、これを即身成仏としている。

【三種成仏】さんしゅじょうぶつ

成仏は悟りを開いて仏となることをいう。修験道では、成仏には即身成仏・即身即仏・即身即身の三種があるとする。『修験三十三通記』では、この三種について次のように説明している。即身成仏は、行者の心の中に本来存在する仏性を信じて成仏しようと発心して修行することで、この身このままで仏を現じるという始覚の立場の成仏である。即身即仏は、行者はすでに成仏しているという基本的な立場に立つもので、この身がそのまま仏であると自覚する本覚の立場に立つ成仏である。ただしこの二つの成仏では、いずれも行者と仏は別の存在として論じている。これに対して即身即身は、行者と仏とは本来一如不二で、絶対的に融合しているという立場に立つ成仏論で、修験道ではこの即身即身を理想的な成仏としている。これは始覚、本覚を説きつつも、始本不二を理想とする修験道の思想に基づく。

【散杖】さんじょう

修法に際して洒水《しゃすい》に用いる、長さ一尺二寸（約36チセン）くらいの梅または桑の棒。一尺二寸は十二因縁を意味する。採（柴）灯護摩の時は、先が叉になっている約2メートル50チセンの棒の中ほどに、白い和紙を巻き、水引を掛けた長い散杖を用意する。これで護摩壇を加持して汚穢を除いている。

【山上講】さんじょうこう

大峰山の山上ヶ岳に登拝する講社。古来、山上ヶ岳には、蔵王権現と役行者を祀る山上蔵王堂と行場があって、修験道の道場として栄えていた。近世中期には、大和では成人式として登拝する他、盆山《やま》と称して盆に講で登拝することもなされていた。特に元禄四年（一六九一）、山上蔵王堂（山上本堂と通称）の再建にあたって、大坂や堺の山上講が寄進に重要な役割をはたして以来、近畿から中部（特に尾張）にかけて、数多くの山上講が組織された。近代以降は、代表的な山上講である大坂四、堺四の八嶋役講と通称される講社が、多数の枝講（所属講社）を擁していた。そして山上本堂の戸開け（五月三日）、戸閉め（九月二三日）に携わった。この間の登拝期間には、この他、数多くの講社が登拝した。また山上本堂（現・大峯山寺）の護持院の吉野の東南院・喜蔵院・桜本坊・竹林院、洞川の龍泉寺は、それぞれ傘下に山上講を擁し、聖護院、三宝院では山上講を組織化して、教団の組織基盤としている。

【三身】さんじん

仏の身体の三つのあり方。法身・報身・応身の三者を指す。法身は永遠不変の真理、報身は仏となるための行を積み、その報いとして完全な功徳を供えた仏身、応身はさまざまな衆生の救済のためにそれらに応じて現れる仏身を指す。『修験三十三通記』では、無作の三身（人為を加えることなく本来のおのずからの仏）を説き、一切の諸法が本来即仏であることを法身、法身の当体がそれぞれ本覚随照の徳を持つことを報身、色心の万法がそれぞれの働きを示すことを応身としている。また三身は各別のものではなく一体のものとして、三身即一を説いている。

【三身寿量無辺経】さんじんじゅりょうむへんきょう　一巻（修疏Ⅰ）

当山派修験独自の依経。役行者が大峰山で密観修法をした際に、文殊師利菩薩から授かった経とされる。『修験常用集』上巻に、三時勤行のうち朝の式に挙げる。当初、無心無念の本仏が説き、無始無終、一心一会の本仏、妙覚地に達した大毘盧遮那仏を経て、胎蔵界曼荼羅中台八葉院の文殊師利菩薩に伝わったもの。その内容は、不思議な体性から十界衆生の不思議性と無性の性が出生するというものである。日本で作られた偽経と思われる。

【三身山伏】さんじんやまぶし

山伏の長髪・摘髪・剃髪の三種の髪型に託して修験道の思想を説明したもの。すなわち長髪の山伏は十界互具の法身、髪を一寸八分（約5・4チセン）に摘んだ摘山伏は胎蔵界九尊・金剛界の九会（計一八）

を兼ね備えた報身、剃髪した剃山伏は三乗（声聞・縁覚・菩薩）同見、随類応現の応身を指し、この三種の髪型は、全体として、山伏が無作三身であることを示す。

【山頂遺跡】 さんちょういせき

修験霊山の山頂で発掘、発見された遺跡。奈良・平安初期から中世に至るまでのものがある。大峰山の山上ヶ岳からは、奈良から平安初期（八、九世紀）の三彩や緑釉の陶片が発掘され、昭和五八年（一九八三）から六一年の大峯山寺の修理にあわせた発掘では、九世紀末の岩裂の奉献物、護摩跡や、金の阿弥陀像・菩薩像、三鈷杵、経軸などが発掘された。また藤原道長のものを始めとする経塚遺跡がある。弥山でも、三鈷杵、須恵器片が発見されている。葛城山系では峰々に二八の経塚が作られている。日光では山上の岩裂の間の砂中から、奉賽品と思われる古銭・鏡・鉄鐸・鉄器類・剣・鉾・土器片などが発掘された。羽黒山では、山上の鏡ヶ池で池中納経がなされていた。立山では南岳から経筒、中岳の上宮社殿から御正体・銅製仏像、北岳の巨岩の下から金銅如来像が発掘されている。この他には、白山の一二世紀の経筒・独鈷杵、伯耆大山の中世の護摩跡がある。なお山頂遺跡の岩下や岩裂に奉納品の形で古銭などが納められているのは、古来の磐座《いわくら》信仰が根底にあると考えられる。

【三毒】 さんどく

衆生の善心を害する貪欲《どんよく》（むさぼり）・瞋恚《しんい》（怒り）・愚痴《ぐち》（無智）の三つの根本的な煩悩を毒にたとえたもので、略して貪瞋痴《とんじんち》という。

【三部】 さんぶ

如来・仏を中心とする仏部、観音を代表とする蓮華部、金剛手・金剛薩埵からなる金剛部の三つで、順に身密・口密・意密を表すとし、ア・サ・バの種子で表現する。また蓮華部を人間の清浄な理体、金剛部を煩悩を摧破した堅固な智、仏部を理智を具えた悟りとする見方もある。修験道ではこれに準じて、仏部は如来蔵の理体、金剛部は我々の心に本来有する智、蓮華部は我々の心中の浄菩提心の理とし、三部一体を説いている。

【三峰相承法則密記《さんぶそうしょうほうそくみっき》】二巻（修疏Ⅰ）

「秘密峰中法則」とも。彦山の峰中修行の大綱を、一六世紀初期に、即伝が一三六項目にわたって詳細に記した書。三峰は彦山（順峰・春峰、胎蔵界）、神山（順逆不二、夏峰・花供、胎金合行）、竈門山（逆峰・秋峰、金剛界）の峰入を指す。本書の内容は、上巻で、峰中修行の順序に従って、新客・先達が心得るべきこと、峰中の作法などを八五項目にわたって記し、下巻では食事・宿内掃除・番渡しなどの細則、十界修行、峰中の血脈について記している。彦山の峰入を中心としたものだが、即伝が諸国を遍歴して各地の修験に本書を授けたことから『修験修要秘決集』『修験頓覚速証集』と共に各地の修験者に読まれ、峰入修行の規範とされた。

【三昧耶《さんまや》】

密教では修行者と仏の平等、仏の誓願、悟りを妨げる障碍の除去、修行者を驚かして自覚させることを指す。これに基づく三昧耶戒、三昧耶曼荼羅がある。三昧耶戒は伝法灌頂に先立って、受者に信心・大悲心・勝義心・大菩提心を起こさせるものである。修験道では、大峰山の深仙灌頂や葛城灌頂では、まずこれを授けている。三昧耶曼荼羅は四種曼荼羅（大・三昧耶・法・羯磨）の一つで、仏菩薩の内証を示す器具などを、その象徴として描いたもので、修験道ではこれを広義に解して、大峰山の山川草木、国土などすべてを三昧耶曼荼羅と解している。

【山用名類集《さんようめいるいしゅう》】

一六世紀中頃、修験者の間で用いられていた山伏の種類・衣体・法具・峰中の作法に関する主要な語彙を挙げ、一部のものに読みと割注をつけた修験道の語彙集。主なものに「山用名類集、修験道類字云」（二七七語、『修験修要秘決集』所収）、「山用名類集」（二八一語、永禄元年〈一五五八〉に即伝が定珍に授与、『彦山修験秘決印信口決集』所収）、「修験道諸仏名語類字」（二七五語、『寺門伝記秘録』所収）がある。

【食行身禄】じきぎょうみろく　一六七一～一七三三

富士講中興の祖。三重県一志郡志水村の農家に生まれる。俗名伊藤伊兵衛。一三歳で上京、油売のかたわら富士を信じ、富士講五世月行劊仲《げつぎょうそうじゅう》の弟子となる。享保一五年（一七三〇）山上で富士の神に見《まみ》え、入定を決意して、職をなげうって熱心に布教し、乞食身禄、気違い身禄と呼ばれた。同一六年自宅前に弥勒（身禄）の世の到来を告げる高札を立てる。同一八年、富士山烏帽子岩で断食に入り、高弟の吉田御師田辺十郎右衛門父子に毎日口述した『三十一日の巻』を残して入定した。爾来、その教えは富士講の講員に広く信じられ、繁栄をもたらした。

【持経聖】じきょうひじり

法華経の経説を受け入れて、読経・暗誦・受持・解説・書写の五種の修行をする宗教者。法華持経者ともいう。特に初期の持経者は、山中で籠居、抖擻したり、各地の霊山、霊所を巡歴して法華経の滅罪信仰を唱導して、その読経、書写を勧めた。法華持経者を列記した『本朝法華験記』によると、彼らが修行した山には、熊野・金峰・大峰・葛城・比叡山・白山・立山などがあり、代表的な持経者には、書写山を開いた性空（九一七～一〇〇七）、浄蔵（八九一～九六四）、東大寺大勧進の重源などがいる。

【四種名義】ししゅめいぎ

「ヤマブシ」の四種の表現、山伏・山臥・修験・客僧の名義をもとに、修験道の思想を説明したもの。「山伏」は修生・従因至果・始覚、中世の用字の「山臥」は本有・従果向因・本覚、両者で始本相対。「修験」の「修」は山での修行で始覚、「験」は里での験力をもとにした活動で本覚、両者で始本双修。諸山を遍歴する客僧は、一所不住で、あらゆることに執着しないので始本不二を示すとしている。

【地蔵菩薩】じぞうぼさつ

万物を生み育む大地の徳を擬人化した菩薩。地獄を始め六道を巡って、閻魔など、さまざまに姿を変えて人々を救うことから、閻魔の本地で、延命・福徳を与えるなど、現・当二世の利益をもたらすとされている。民間では、地獄や現世において信者の苦を代わって受ける身代わり地蔵の信仰も見られる。子供の守護神でもある。なお六道のそれぞれで衆生を救済するための六つの分身を「六地蔵」として崇める信仰もある。像容は、左手に宝珠、右手に錫杖を持つ僧形である。毎月二四日が縁日とされている。真言は「オン、カカカビ、サマエイ、ソワカ」である。修験霊山の地獄谷や賽の河原には地蔵菩薩が祀られている。『太平記』には、役行者が山上ヶ岳で守護仏を求めて祈念した時に、地蔵菩薩が現れたが、退けられて伯耆大山の智明《ちみよう》権現になったとしている。なお吉野山の子守社、京都の愛宕権現の本地は、戦場での厄難を救う勝軍地蔵である。

【四諦】　したい

四諦は釈迦が最初に説いた苦諦・集諦・滅諦・道諦の四つの真理（諦）の教えを意味する。そしてこの四者の関係を、迷いの人生は「苦」であり、その原因は欲望（集）が尽きないことにある。それゆえ欲望を「滅」すれば理想の境地に達する。そのために八つの正しい修行の「道」（八正道）があるとする。この八正道は「1正見（正しい見解）／2正思（正しい思惟）／3正語（正しい言葉）／4正業（正しい行ない）／5正命（正しい生活）／6正精進（正しい努力）／7正念（正しい心の落ちつき）／8正定（正しい精神統一）」である。『修験頓覚速証集』では、「苦諦は父母所生の身は皆苦なりと観じてこれを捨てる。集諦はこの身の所作の業は皆煩悩によると観じて、これを断じる。滅諦は当今所生の煩悩はみな滅すべきだと観じてこれを断つ。道諦は心を開いて涅槃の道に至ること」としている。なお十界修行の第七の声聞行は、この四諦の教えを学ぶことであるとしている。

【地鎮祭】　じちんさい

土地を護る地の神に祈り、地を鎮めるように依頼する祭り。家屋・祠堂などの建築に先立って、修験者などが地中に宝物などを埋めて地の神を祀る儀礼。

修験の作法では建築予定の土地の周囲に注連をはり、修法者は北に向かって四方を清めたうえで、不動明王の化身の堅牢地神に、この土地を守り、家門繁栄をもたらすように祈って、散米のうえで、大日如来、不動明王、地神の呪や般若心経を唱えている。

【十界】じっかい

迷いから悟りに至る境域を一〇に分類したもの。地獄・餓鬼・畜生・修羅・人・天の六道と、声聞・縁覚・菩薩・仏の四聖《ししょう》からなる。六道は生死輪廻《りんね》する迷界で、六凡ともいわれ、四聖は執着を断って現実を超越した状況である。修験道では、十界を不二絶対とする「十界一如」や、十界はそれぞれが相互に他の諸界を具足するとする「十界互具」（地獄の衆生も仏となりうる）の思想が説かれている。なお熊野山伏や比丘尼は人生の階梯の下にこの十界を描き、中央の「心」の字から十界のそれぞれに線を引いた「観心十界曼荼羅」を用いて唱導、勧進にあたっていた。

【十界修行】じっかいしゅぎょう

十界修行は十界のそれぞれに充当された一〇種の修行で、『修験修要秘決集』によると次の通りである。地獄の修行は罪の重さをはかる「業秤」、餓鬼は「穀断」、畜生は「水断」、修羅は「相撲」、人は「懺悔」、天は「延年」、声聞は「四諦」、縁覚は「十二因縁」、菩薩は「六波羅蜜」の教えを学ぶこと、仏は本尊の秘印などを授かる「正灌頂」である。この十界修行は中世後期から近世までなされていたが、現在は羽黒修験の秋の峰を除いてはなされていない。けれども聖護院では、この十界修行を、地獄は炎熱風雨、餓鬼は飢えに耐えること、畜生は労苦を厭《いと》わないこと、修羅は奮発心、人は助けあい、天は山頂での存命延年の思い、声聞は先達の教えを聞く、縁覚は自然の声を聞いて煩悩を克服すること、菩薩は利他の奉仕、仏は本堂での勤行というように、倫理的な教えとしている。

【実行教】じっこうきょう

さいたま市北区盆栽町に本庁を置く富士信仰系の教団。教派神道十三派の一つ。佐賀県出身の柴田花守《はなもり》（一八〇九～九〇）が、明治一一年（一八七八）に実行社を組織し、同一五年、神道実行教となった。柴田は、近世期の富士講の隆盛をもたらした食行身禄の教えの実践道徳の面を継承して不二道を唱導した富士行者小谷三志《こたにさんし》（一七六五～一八四一）の弟子。本教では祭神を天祖参神《てんそさんじん》とし、その「分魂《わけみたま》」が鎮まる富士山の崇拝を教旨としている。また教規には「教導授産」と公益を掲げて実践道徳を強調している。公称信者二万一六〇〇人。

【七宝滝寺】しっぽうりゅうじ　大阪府泉佐野市

真言宗犬鳴《いぬなき》派総本山。葛城修験の道場、葛城二十八経塚の一つ灯明ヶ岳（鈴杵ヶ岳）の麓にあって、近くに七つの滝行場がある。一般には山号の犬鳴山で親しまれている。寺伝では役行者開基、正平一七年（一三六二）志一の中興としている。室町期には修験道場として栄えたが、天正年間（一五七三～九二）に兵火により焼失した。近世以来、倶利迦羅不動を本尊とする葛城修験の道場として知られ、現在も数多くの修験者を集めている。

【四度灌頂】しどかんじょう

峰中でなされる修験独自の四種の灌頂。『彦山峰中灌頂密蔵』に、本灌頂は常住坐臥法爾恒行《じょうじゅうざがほうにこうぎょう》の灌頂で、修験正道正業の要路としている。別称を不動灌頂ともいう。『修験修要秘決集』によると、入宿灌頂・業秤灌頂・穀断并正灌頂（柱源《はしらもと》）・出生灌頂の四つを指すとしている。そしてこの四種の灌頂のそれぞれは、初夜終了後、床堅《とこがため》を行なったうえで修するように定められている。

【地主神・地の神】じぬしがみ・じのかみ

一定の土地を守護する神格。平安時代の山岳寺院では、その山岳を領した神（地主神）が宗教者に山などの土地を提供して守護神となった。高野山の丹生都比売《にうつひめ》神社、葛川明王院の地主神社（祭神は志古《しこ》淵神《ぶち》）などがこれで、その祭祀に修験が関わった。これに対して屋敷神や耕作地を守護する神格はジノカミ、ジヌシガミと呼ばれた。この神格は、丘や村、屋敷地の祠、石塔、自然石、古木に祀られ、祖神、荒神、稲荷などの性格を持っていた。その祭祀には修験などの民間宗教者が関わったが、西国では地神《ちじん》盲僧があたっている。

【自然智宗】じねんちしゅう

何ものにもとらわれない本来自然の智恵を獲得することを求めて独自の修行をする集団。この修行は当初中国の揚子江下流でなされ、その地から飛鳥南部に渡来した檜前《ひのくま》氏が創立した吉野の山林寺院比蘇寺で行なわれていた。その後、唐から渡来した元興寺の神叡《しんえい》（?～七七七）が、比蘇寺でこの修行中に虚空蔵菩薩の霊感を得て自然智を求める虚空蔵求聞持法として完成した。そして大安寺の道璿《どうせん》（七〇二～六〇）、元興寺の護命《ごみょう》（七五〇～八三四）らの南都の僧がこれを修め、自然智宗という集団を形成した。最澄の師行表（七二四～九七）もこれを学んでいる。なお虚空蔵求聞持法はその後、空海が聞持聡明を求める法として修したとされ、以後密教の修法として行なわれている。

【自然法爾】じねんほうに

法爾自然とも。「自然」（じねん）は、そのものとして、おのずからそうなっていること、「法爾」は真理そのものを指している。それゆえ、自然法爾は真理そのものに則って、そのごとくあること、さらには、はからいを捨てて、あるがままに身をまかせることを意味している。修験道ではこの立場に立って、樹頭に吟ずる風の音、沙石を打つ波の音を法爾常恒の経として、自己の心の中に内なる自然《じねん》として受けとめさせている。このように修験道では外在する自然（しぜん）の動きを法として受けとめ、それを真理として内在化（自然化《じねん》）して、それに則して活動することを自然法爾と捉えているのである。

【注連祓い】しめばらい

修験者が修行のために籠ったり、祈禱や祭りを行なう場所を祓って浄化し、注連を張って結界すること。熊野詣などの際に先達が精進所を祓って注連を張って、そこで精進させたことに淵源があると思われる。それが他の社寺参詣でもなされるようになった。さらに、修験者が一般の家屋や屋外などで祈禱をする際にも注連祓いをして結界したうえで行なったと考えられる。近世初頭、本山派の山伏が、この注連祓いは自己の教派のみに許されたものとして、真言僧が注連祓いをした際に役銭を徴収した。そこで真言僧が幕府に訴え、徳川家康がこれを禁じた。

【四門】しもん

密教の曼荼羅では東西南北の四方に発心・修行・菩提・涅槃の門を配し、東門を発心門、南門を修行門、西門を菩提門、北門を涅槃門としている。なおこれに準じて葬場の四方の門に発心門、修行門、菩提門、涅槃門と銘した額を掛け、葬儀の際にこの葬場から墓地に柩を送る前に「四門くぐり」を行なっている。大峰山を曼荼羅と捉える修験道では、吉野山の銅の鳥居を発心門とし、金峰神社の先に修行門、表行場のお亀石のところに等覚門、大峯山寺右下に妙覚門を設けて、この四門を経て大峯山寺に詣でることによって成仏しうるとした。なおかつては修行門から先は女人禁制とされた。天川村洞川には、清浄大橋のところに発菩提心門、登拝口に修行門が設けられている。現在この修行門から先（吉野山側は五番関の結界門から先）は女人禁制である。

【積善院】しゃくぜんいん　京都市左京区

南北朝時代に遡る聖護院の院家。慶長年間（一五九六〜一六一五）に、尊雅（一五五五—？）が聖護院の南に中興した。近世期には北陸から東北に霞を有していた。明治一三年（一八八〇）に、住職中村敬研が、聖護院門跡盈仁《えいにん》法親王が寛政一〇年（一七九八）に創建した准胝《じゅんてい》堂を吸収して、准胝観音を迎えて本尊としている。

【捨身求菩提】しゃしんくぼて

一般に、焼身・入水・入定などの方法で自死することによって菩提を得ようとする信仰をいう。修験者の中には、那智山の応照や戸隠山の長明の焼身、那智浜の補陀落《ふだらく》渡海、山形県の湯殿山の入定仏（ミイラ）など、捨身求菩提の修行をした者が少なくなかった。教義のうえでは捨身求菩提を事と理に分け、事の捨身求菩提は、高山嶮難をいとわず、身命を惜しまずに仏道を求めて修行すること、理の捨身求菩提は、この五体がそのまま即身即仏の直体と観じて己の身を捨てることなく仏身を求めることにより煩悩を滅して菩提を感じることを指すとする。そして後者の理の捨身求菩提を本来のものとしている。

【従因至果、従果向因】 じゅういんしか、じゅうかこういん

従因至果は十界のうちの地獄から菩薩に至る九界（因）から悟りの世界の仏界（果）に至るという意味。大峰山の峰入では、春の胎蔵界の熊野側から金剛界の吉野側に至る順峰（胎蔵界の峰）を従因至果の峰と呼んでいる。従果向因はこの逆で、仏界（果）から九界（因）に向かって衆生を化度するという意味で、大峰山の峰入では、秋の吉野山から熊野に至る逆峰（金剛界の峰）を従果向因の峰と呼んでいる。この、春の順峰を従因至果、秋の逆峰を従果向因とする捉え方は彦山などでもなされている。

【拾塊集】 しゅうかいしゅう　二巻（神道大系六七）

戦国期の別当清順に仮託して羽黒修験の行事・伝承・組織について記した、近世初期頃成った書物。上巻では、冒頭に、「修験は表《おもて》に天仙を持《たも》ち、裏に仏乗に帰する」とし、開山の能除《のうじょ》が修験を起こし、弘俊が極め、宗円が月山を開いたとする。そして松聖行事（松例祭）、入峰、祭祀、年中行事、官職次第、山伏や神女の補任について記す。下巻では、夏一職、座主、五先達、学頭、執行など山内の組織と、忌服、能除・妙達・弘俊・道智・尊増・尊量などの羽黒修験と役行者の略伝を挙げている。近世初期の羽黒山の儀礼や機構が窺える資料である。

【宗教法人令】 しゅうきょうほうじんれい

昭和二〇年（一九四五）一二月二八日に公布された、宗教法人の設立を登記制とした法令。これによって、それまでは仏教教団への所属を強制されてい

た修験系の教団が数多く成立した。その後、昭和二六年四月三日には、宗教団体の登記制を廃して認証制とした宗教法人法が公布された。

【十三塚】 じゅうさんづか

村境などに一三の丸い小塚を列状または円状に並べて、中央にやや大きいもの（大将塚、将軍塚と呼ぶ）を配する形で築いたもの。中世後期から近世にかけて作られた。全国に見られるが、特に陸前、関東、尾張、筑前に多い。その信仰については死者供養のための十三仏説、道祖神（塞の神）説、修法壇説がある。その多くで修験者が築造に関わっており、背景に怨霊慰撫の信仰があったとされている。

【住心院】 じゅうしんいん 京都市左京区

聖護院門跡の院家。本尊毘沙門天。文永年間（一二六四～七五）、長乗開基という。一四世紀末頃、熊野先達として活動したが、その後、衰退した。一五世紀初頭、六角堂（天台宗頂法寺、西国巡礼三三番札所）にいた熊野先達厳尊が、その先達職を継承した。慶長五年（一六〇〇）には、住心院の霞を取得した勝仙院澄存（?～一六五二）が活躍した。宝永七年（一七一〇）に勝仙院が住心院と改称。近世期には院家中最多の全国二〇余カ国にわたって霞を有していた。なお住心院は、宝永五年に六角堂の隣接地を拝領したが、現在は京都市左京区岩倉村松町に居所を移して活動している。

【十二因縁】 じゅうにいんねん

人生の苦悩の根源を追究して、その根源を断つことによって苦悩を滅するための次の一二の条件を系列化した仏教の基本的な考え。「1無明（無知）／2行（潜在的形成力）／3識（識別作用）／4名色（名称と形態）／5六処（目・耳・鼻・舌・身・意の六つの感覚）／6触（接触）／7受（感受作用）／8愛（渇愛／妄執）／9取（執着）／10有（生存）／11生（生まれること）／12老・死」の一二を指す。『修験頓覚速証集』ではこれを、「1無明（過去の念力による中有の迷体／2行（過去の業の力）——以上過去の因／3識（精神が受胎した状態）／

4名色（豆粒ほどの胎児）／5六処（胎内で六根がめばえた段階）／6触（生まれてから二、三年。水と火にふれ、冷・暖を知る）／7受（六、七歳頃で初めて苦楽を知る）――以上現在の果／8愛（一六歳から二四、五歳まで。婬欲に執着する）／9取（三〇歳くらいからで渡世を案じる）／10有（財産に関して業をつくる）――以上現在の因／11生（今生の業力により未来世につながる）／12老・死――以上未来の果」というように、人生に位置づけている。なお十界修行の第八縁覚行ではこの十二因縁について学んでいる。

【修行窟】しゅぎょうくつ

修験霊山で修験者が籠って修行した洞窟。岩陰や山麓の鍾乳洞などに設けられた霊窟。修験者はここで禅定したり、生活したりした。窟内の異様な石筍を崇拝対象に準えたり、金銅仏、懸仏、陽刻像などの崇拝対象が祀られていた。また炉、祭壇などの遺跡や花瓶、六器などの遺物が発見された。大峰山では笙岩屋（不動明王の銅像が祀られていた）、山麓洞川の蟷螂《とうろう》の岩屋、前鬼の両界窟、羽黒山の三鈷沢（人骨があった）、立山の玉屋窟、彦山の四十九窟などがある。なお窟の前に建築物を付して参籠所のようにしたものもあった。例えば笙岩屋には前に建築物があったとされ、彦山の般若窟（玉屋窟）にも前面に三間の社が付されている。伯耆の三仏寺の投入堂もこれに類するものである。

【修験】しゅげん

聖護院門跡の機関紙。大正一二年（一九二三）七月、宮城信雅を主筆として発刊された。戦後、聖護院は天台宗から独立して修験宗となったが、『修験』誌は復刊の形で引き続き刊行された。そして昭和三七年（一九六二）、教団名が本山修験宗となってからは、季刊誌『本山修験』の名で継続し、現在に至っている。

【修験故事便覧】しゅげんこじべんらん

五巻（修疏Ⅲ）

「法華行者修験書」とも。享保一五年（一七三〇）、京都西陣の日蓮宗本瑞寺住職の覚燿院日栄が著した書。里修験が関わった神格、加持祈禱、日・月・星・荒神などの祭祀、法具などの説明や考証を問答形式で示した。引用書物は和漢の典籍一一六点に及んでいる。なお「修験用心」の項で、修験者に「信力強盛、慈悲深重事」と「志念堅固勇猛精進」を求めていることが注目される。

【修験三十三通記《しゅげんさんじゅうさんつうき》】 二巻（修疏Ⅱ）

「三十三通記」とも。一五世紀末頃、彦山霊仙寺の智光と蓮覚が、彦山伝来の修験や峰入などに関する三三通の切紙をまとめたもの。上巻は衣体分一二通、下巻は修行の進展に応じて、修験の字義、教判（浅略分七通）、山伏の宗教的意味など（深秘分七通）、修行、灌頂、成仏論など（極秘分七通）の順に授ける形をとっている。なおこのように、修験一般、峰入、灌頂などの三三通の切紙をまとめる試みは、大峰山などでもなされている。

【修験三正流義教《しゅげんさんしょうりゅうぎきょう》】 一巻（修疏Ⅲ）

文政六年（一八二三）、陸奥国信夫郡の修験者覚《かく》瑄《せん》が、両部神道の立場から修験道の教義・故実・秘伝を記した書物。本書の三流は正流・正義・正教を意味する。正流では、修験道の始源は王法神道の源底を開いた素戔嗚尊《すさのおのみこと》で、役行者はその子孫とする。正義では修験は金胎両部神道、正教では人間は天（陽）・金剛界、地（陰）・胎蔵界の中で生きているとする。そして修験道を一陰一陽正流両部修験と捉え、この立場に立って修験道の祭り・袈裟・字義、崇拝対象の大日・不動・荒神・弁才天や、自身引導のことを説明している。

【修験指南鈔《しゅげんしなんしょう》】 一巻（神道大系一〇四）

一五世紀中頃に成立した熊野・大峰・金峰・葛城の縁起・伝承、役行者伝承、修験の衣体・峰入、灌頂など五一の事項について記した熊野系修験の書物。熊野・大峰などの修験霊場に祀られる仏や神の本縁、分身、本地などに関して神仏習合思想に基づく説明がなされている。近世期には修験五書の一つとされた。

【修験十二箇条《しゅげんじゅうにかじょう》 本山方、当山方《ほんざんがた、とうざんがた》】（修疏Ⅲ）

天保一二年（一八四一）、寺社奉行阿部伊勢守から、本山・当山両派の触頭に出された一二カ条の質問に対する答書。起草者は、本山派は不明、当山派は諸国総学頭の江戸深川寺日賢である。その一二項目は、「1宗旨名義、2勤行、3門徒教化、4加持祈禱・修行、5本尊、6依経、7法服、8仏具、9官位次第、10寺院転住、11職掌名目、12別派」である。近世後期の両派の要旨を知る好史料である。この答書では、両派ともに、峰入修行とそれによる験の獲得を宗旨としている。総じて本山派の方が、組織体制が確立している。また本山派の記述が具体的であるのに対して、当山派の方が抽象的である。

【修験宗廃止令《しゅげんしゅうはいしれい》】

明治五年（一八七二）九月一五日付で、本山派・当山派・羽黒派などの修験に、本寺所轄のまま天台・真言両本宗への帰入と、帰俗出願の修験に教部省に申し出ることを命じた太政官布告二七三号。この結果、当時まで存続していた本山派の修験寺院は聖護院所轄のまま天台宗へ、当山派の修験は醍醐三宝院所轄のまま真言宗に所属した。また羽黒派は荒沢寺が所轄して天台宗へ、吉野山の修験の多くは金峯山寺所轄で天台宗に所属した。けれどもこれら天台・真言両宗に所轄された修験者は両宗寺院の下位に置かれ、両宗の教義・儀礼を強いられた。こうしたことから、明治末頃には三宝院では海浦義観《うみうらぎかん》らが、聖徳太子と役行者を崇める聖役協会を組織するなどして、修験道の覚醒運動を起こしている。

【修験修要秘決集《しゅげんしゅうようひけつしゅう》】三巻（修疏Ⅱ）

「修験道切紙」とも。大永年間（一五二一〜一八）に、即伝が、彦山の『修験三十三通記』に金峰山で伝授された切紙などを加えた五〇通を、上・中・下三巻にまとめた切紙集成。刊本の上巻は、衣体分一二通と修験の字義・依経など（浅略分七通）、中巻は山伏の宗教的意味（深秘分七通）と峰入修行（極秘分七通）、下巻は灌頂・血脈など（私用分七通）

と、役小角伝、葬祭、語彙集（添書分七通）からなり、最極分三通をはずしている。本書は修験五書の中で最も重視され、中世末には『修要鈔』六巻、『修験記』一〇巻、近世後期には『修要秘決伝講筆記』三巻などの注疏が著された。また「衣体分」のみを注釈した常円の『修験宗法具秘決精註』、山伏の字義を注釈した宥鑁の『山伏二字義』など、本書の一部の注疏も著されている。

【修験常用集】《しゅげんじょうようしゅう》 二巻（修疏Ⅰ）

一九世紀初期になる当山派の常用の儀式、法則、課誦《かしょう》要文を集大成したもの。編者は観弘で、当山派総学頭の行智が跋文を寄せている。上巻には朝・日中・暮の三時の勤行を挙げる。いずれでも修験独自の閼伽文、床堅《とこがため》文を唱えている。なお朝には般若心経、理智不二礼賛・寿量無辺経（或いは法華経普門品か孔雀経）など当山派独自の経と、暮には阿弥陀経（或いは理趣経か大日経住心品）と不動経があげられている。下巻は個別の要文と「施餓鬼作法」「神祇講式」「行者講式」が収められている。

【修験心鑑鈔】《しゅげんしんかんしょう》 二巻（修疏Ⅰ）

「心鑑鈔」とも。本書は、冒頭に、役小角言・聖宝釈の『修験心鑑之書』の一文ごとに、会津若松の修験者常円が注釈を付したものとしている。しかし実際は一七世紀中期に常円が著したと考えられる。その内容は、上巻では山伏、大先達、修験などの語の解釈を通して、修験の目的は般若を得ることで、般若を得れば大道に至ると説き、般若の空の思想で修験道を説明している。下巻では法具の説明などを通して、具体的に峰入の意味を説明している。なお最後の注で、修験道の心鑑は即身成仏の義であるとしている。本書は当山派では最極の書として重視された。

【修験深秘行法符呪集】《しゅげんじんぴぎょうほうふじゅしゅう》 一〇巻（修疏Ⅱ）

「当山修験深秘行法符呪集」「修験伝授切紙類蔵鈔」とも。当山派の修験者に伝わる行法、符呪の類をまとめたもの。『修験道章疏』編纂の際、編者の中野達慧《たつえ》が智山派の隆誉の『十結抜次第』一〇巻、

『修験抜集記』五巻などをもとにして、三七六種、計四四〇の修法を一〇巻にまとめて編集した。各巻の大体の内容は「巻一　例時作法／巻二　諸尊法／巻三　祖師・諸社の修法／巻四　日待・月待／巻五　仏像開眼／法具・衣体の修法／巻六　戦争／巻七　憑きものおとし／巻八　治病／巻九　安産・取子などの人生儀礼／巻十　葬祭」となっている。これらのうち一～五巻は密教的な修法、六～一〇巻は里修験のものと考えられる。

【修験懺法】　しゅげんせんぽう

法華経の功徳により罪障を消滅し、即身成仏をはかるために修せられる。円仁が中国の五台山で相伝し、天台宗で広く用いられたものをもとに修験道で編まれたもの。現行のものは天保一〇年（一八三九）に園城寺の敬長《けいちょう》が編んだものである。その内容は、まず法華経を中心とする読経、法華経所縁の諸菩薩を敬礼し、衆生の三障を断除するよう祈念する。そして六根が犯した罪を懺悔し、十方の諸仏を勧請し回向する。こうして六根を浄め浄菩提心を発した修法者が、六波羅蜜の修行をし、解脱して成仏することを発願する。そのうえで衆生を成仏に導く身・口・意・誓願の四常浄行について記した法華経「安楽行品《あんらくぎょうほん》」第一四を読誦する。このように法華経の功徳により、修法者のみならず、衆生の成仏をはかるために、特に天台系の修験道で広く唱えられている。

【修験道章疏】　しゅげんどうしょうそ　三巻

修験道の典籍一六四点を収めた修験道の最も基本的な資料集。大正年間に編まれた「日本大蔵経」（同編纂会）所収。第一巻は当山派、第二巻は本山派の儀軌・教義書、第三巻には近世期の啓蒙的な修験書や史伝・系譜・記録、比叡山の回峰行、羽黒山の記録や儀軌が収められている。編集にあたったのは「日本大蔵経」の編集主任の中野達慧《たつえ》である。その後、昭和四八年（一九七三）から同五三年にかけて、鈴木学術財団と講談社が「日本大蔵経」を全一〇〇巻（含解題）に組みかえて再刊した際に、全五巻に拡大して収録された。

【修験道諸神勧請通用】《しゅげんどうしょじんかんじょうつうよう》 一巻（修疏Ⅰ）

「諸神勧請」、「修験勧請」とも。修験道で行なわれた諸神勧請の作法。編者は元禄（一六八八～一七〇四）頃の修験の学匠、行存である。その作法は、行列を組んで神社に向かい、門前で水加持をし、一・二・三の鳥居のそれぞれで穢れを祓う儀礼をしたうえで、拝殿に入り着座する。次いで護身法をし、洒水《しゃすい》により四方を浄め、結界し、御正体を設え、それに神を降臨させて供物を供え、神徳を称え、表白、神前読経後、神人合一の儀礼を行ない、祈願したうえで、神送りしている。この間、随所で上記の意義を示す神歌が唱えられている。なお里修験の神まつりや祈禱の次第を記したものに『修験道神道神社印信』（修疏Ⅰ）があり、五六種の次第が挙げられている。

【修験道法度】《しゅげんどうはっと》

慶長一八年（一六一三）五月二一日付で、江戸幕府が本山派（聖護院）と当山派（三宝院）の両派に下した法度。その意図は慶長七年の金襴地結袈裟争い以来の両派の紛争を裁許によって処理していたのを、幕府の仏教教団を二分して競合させるという宗教政策の一環として総轄的に発布することにあったと考えられる。その内容は、当山・本山各別（従属関係がない）、本山派の対真言宗（当山派）への入峰役銭禁止を主旨としたものである。これによって本山派・当山派が幕府公認の修験教派として、それぞれ自立して活動することになった。

【修験道無常用集】《しゅげんどうむじょうようしゅう》 二巻（修疏Ⅱ）

修験道の葬祭の法則を、延享二年（一七四五）に上野国和田山の鑁清道広《ばんせいどうこう》が編集したもの。上巻は屋内の棺前作法、葬列、葬送用具、火葬、土葬、霊供作法、葬場図、墓所碑伝、塔婆、葬送の日取・方取、下巻は種々の回向文、啓白、施餓鬼作法からなっている。葬祭の具体的な手順がわかりやすく記されており、本山派、当山派を問わず広く用いられた。なお類書に、行水・入棺・棺前読経・位牌などを記した『修験一派引導作法』（修疏Ⅱ）がある。

【修験頓覚速証集】《しゅげんとんかくそくしょうしゅう》　二巻（修疏Ⅱ）

「速証集」とも。十六世紀前半成立。修験道に関する仏教用語を解説したもの。密教や天台の思想・峰入など修験必須の四二項目からなる。『修験修要秘決集』を編集した即伝が、その補足として書き下ろしたもの。内容は、上巻は仏教教義の解説、下巻は密教の歴史・思想が中心となっている。ただし随所で峰中の作法や法具などにもふれている。特に「修験道雑要付和語秘歌」の項では、歌によって修験の事項の説明がなされている。本書は修験道の教義、儀軌を確立した即伝の仏教思想的背景を知る貴重な資料で、修験五書の一つに挙げられている。

【修験秘記略解】《しゅげんひきりゃっかい》　一巻（修疏Ⅰ）

醍醐三宝院第三五世門跡房演（一六六七～一七三八）が、元禄一五年（一七〇二）以降に、当山派の教義を確立するために撰述した書物。その内容は、まず役行者を山伏の元祖とし、その後、中絶した大峰の峰入を聖宝が中興したとして、その伝記を挙げる。次いで『修験修要秘決集』所載の山伏の説明、修験道大意、山伏十六道具などを挙げ、東密の教理をもとに解釈する。そして山伏道は祈願、観解、修行とも真言流儀をもって勤めること、大峰で皇室、将軍家のために大護摩を修することを世務とするとしている。また当山派の位階を挙げている。当山派の教理、組織を知るために必須の書物である。

【修正会　修二会】《しゅじょうえ　しゅにえ》

修正会は毎年正月の初めに旧年の悪を正し、新年の天下泰平などを祈る法会。本来は旧暦の正月初めに七日間行なったが、五日間、三日間に短縮したものもある。奈良時代に国分寺でなされ、爾来、各寺院で行なわれた。修験に関するものでは国東半島の修正鬼会などがある。修二会は修二月会ともいわれ、正月の修正会に準ずるものとして、二月初めに南都の寺院で行なわれた。特に東大寺の二月堂の修二会はお水取りとして広く知られている。金峯山寺の花供懺法会はこの修二会が展開したものとされている。

【順峰】じゅんぶ

大峰山系を熊野から吉野に向かって抖擻する峰入をいう。主に熊野本宮長床衆が行なった。中世期には、峰入期間は一〇〇日間で、吹越宿で二七日、玉置山麓の水飲宿で七日、深仙で一七日間留まって修行した。胎蔵界に比定された大峰山系の熊野側の南半分に重点を置いた峰入で、春から夏にかけて行なったので、春の峰、教義のうえでは胎蔵界の峰、従因至果の峰と呼ばれた。ただし近世期には熊野が神社化したことから、峰入は吉野から熊野への逆峰が中心となった。なお彦山では、『三峰相承法則密記』によると、順峰は春に山内を巡る胎蔵界、従因至果、上求菩提の峰としている。

【常火堂】じょうかどう

霊火、灯明を絶えることなく燃やし続けるために設けられた堂。修験霊山の常火堂では木切れを燃やした。現存のものには、厳島の弥山頂上の霊火堂がある。かつては熊野新宮神倉、羽黒山荒沢寺などに見られた。不滅の灯明には比叡山根本中堂、高野山奥の院の灯籠堂のものがある。

【貞慶】じょうけい　一一五五〜一二一三

解脱上人。藤原信西の孫。八歳で興福寺に入り、叔父の覚憲に法相と律を学び、その後、醍醐寺の実運から虚空蔵求聞持法を伝授された。興福寺の東・西金堂に律を導入して、両堂衆のために律の道場常喜院を創設した。建久三年（一一九二）、吉野の金峰山と同様に弥勒の兜率天とされた笠置山の笠置寺に入った。同寺では龍華会を開いて弥勒信仰を宣揚した。承元二年（一二〇八）には海住山寺を観音霊場として再興した。「弥勒講式」「観音講式」「神祇講式」などの講式を作っている。

【聖護院】しょうごいん　京都市左京区

本尊不動明王。もと天台宗寺門派三門跡の一つ。寛治四年（一〇九〇）、園城寺僧増誉が白河上皇の熊野詣の先達を務めた功績により、初代の熊野三山検校に補された際に、聖体護持の寺として、白河の地に聖護院を賜ったとされている。鎌倉初期に熊野に所領を有した後白河法皇の皇子静恵《じょうえ》法親王（一一六四〜一二〇三）が聖護院に入寺して以来、熊野との関係が密接になった。一五世紀後半の二二代熊三山検校の聖護院門跡道興は、各地の熊野先達を歴訪して、本山派を成立させ、戦国期の門跡もこうした動きを継承した。天正一四年（一五八六）、聖護院門跡道澄は方広寺大仏殿別当職となり、照高院と称した。その後、同院は聖護院門跡の隠居寺となった。近世期は幕府の当山派と本山派を競合させて修験道を統制するという政策に加えて、二度までも火災に遭い、移転を繰り返したことから弱体化した。けれども歴代門跡の峰入や、寛政一一年（一七九九）の役行者一一〇〇年忌に神変大菩薩の諡号を拝受したことなどを通して、修験道界筆頭の地位を確保した。明治政府の修験宗廃止により、天台宗（その後天台寺門宗）に属したが、太平洋戦争終了後、修験宗（昭和五七年〈一九八二〉本山修験宗と改称）を設立し、総本山となっている。

【清浄心】しょうじょうしん

清浄の語義は、清らか・純粋で、煩悩の穢れから離れていることを意味する。清浄心は、とらわれない、執着のない心を意味する。修験道では理智不二を本性清浄、無相三密を本来清浄、六大不生の阿字を自性清浄心と捉えている。そして戒・定・慧の三学の修行をつめば、悟りを得て、自性清浄の境地に入りうるとしている。

【聖天（歓喜天）】しょうてん（かんぎてん）

古代インドの神で、正式には歓喜自在天、大聖歓喜天ともいう。人身象頭の二天が抱擁する姿の像で、多くは金銅製の小像である。夫婦和合、安産、子宝、財宝の神とされる。生駒山の聖天が広く知られている。大峰山の主要な修行道場である山上ヶ岳、小笹、深仙、聖天の森などに祀られている。なおこれらの霊地には胎内窟がある。これは修験者の峰入が一度象徴的に死んだうえで受胎し、母なる山で修行して仏として再生することを示すと考えられる。また旧当山正大先達の吉野桜本坊、伊勢の世義寺にも秘仏の聖天像があり、真言「オン、キリクギャクウム、ソワカ」を唱えて、油を注いで祀っている。

【勝道】《しょうどう》　七三五〜八一七

日光山の開創者。天平七年（七三五）、下野国芳賀郡に生まれる。俗姓若田氏。天平宝字五年（七六一）、下野国薬師寺の戒壇で如意僧都により得度受戒、そして天平神護二年（七六六）現在の日光市山内に四本龍寺を建立した。日光の補陀落山（二荒山、現在の男体山）の登頂を決意し、天応二年（七八二）三月に七日間の修行後、山頂を極めた。その翌々年に再度登頂し、山麓の中禅寺湖のほとりに神宮寺を開いた。延暦八年（七八九）、上野国の総講師に任ぜられた。また大同二年（八〇七）、補陀落山上で雨乞の祈禱をして、その功により伝灯法師位を授けられた。弘仁五年（八一四）、空海は勝道の求めに応じて、「沙門勝道歴山水瑩玄珠碑並序」（『性霊集』所収）を草している。墓は日光山内開山堂および中禅寺湖の上野島にある。

【聖宝】《しょうぼう》　八三二〜九〇九

諡号理源大師。真言宗小野流・当山派の祖、京都（讃岐の塩飽《しわく》島とも）に生まれる。幼名は恒蔭王。師匠は空海の実弟で東大寺二三世、東寺四世長者の真雅。貞観一八年（八七四）に醍醐寺を開基し、その後、東大寺に東南院、中門を開く。延喜八年（九〇八）には神泉苑で孔雀経法を修して雨をもたらした。吉野川の川辺に渡船場を設けて登拝者の便をはかった。金峰山修行の拠点とした現光寺（比蘇寺）に弥勒と地蔵を祀り、金峰山に堂舎を建立して、如意輪観音、多聞天（毘沙門天）、金剛蔵王権現を祀った。一二世紀後半には、大峰山の般若菩薩波羅蜜の峰に醍醐天皇書写の法華経を納め、深仙で大峰八大金剛童子の一つ香精《こうじょう》童子を感得したとされた。

その後、一四世紀初期には、大峰山で大蛇を退治して、役行者以来跡絶えていた峰入を再開したとの話がつくられている。そしてこれらをもとに、東大寺法華堂衆・中門堂衆、興福寺東・西金堂衆らが主導した当山方の修験者に、大峰中興の祖として崇められた。一四世紀中期には、聖宝の弟子貞崇《じょうすう》（八六六～九四四）がいた吉野鳥栖の鳳閣寺に、聖宝が死後現れたとの神話をもとに、その廟塔が造られた。また聖宝が開いた上醍醐には、御影堂が設けられた。近世初期に醍醐三宝院が当山派を結成すると、聖宝は派祖とされ、元禄一三年（一七〇〇）、三宝院門跡高賢は、鳥栖鳳閣寺で聖宝が開壇したとする恵印灌頂を定めて当山派の恵印法流を創始した。

【正歴寺】しょうりゃくじ 奈良市

別名龍華樹院。山号菩提山。正暦三年（九九二）、一条天皇の勅願所として、金峰山で修行した兼俊（?～一〇〇三）が創建。本尊薬師如来。一二世紀後半興福寺四四世別当で、金峯山検校を兼ねた信円（一一五三～一二二四）が再興して興福寺別院とした。中世後期には山内中尾谷の子院の当山方修験大坊が勢力を持っていた。戦国期にはこの大坊と山内の実相院が当山正大先達を勤めていたが、近世初期に宝蔵院が実相院の先達職を継承した。もっとも実際は山内の二四院の修験が、延宝三年（一六七五）から明治五年（一八七二）まで、宝蔵院の名（株）で、輪番で当山十二正大先達を勤めている。その配下は関東に多かった。昭和四三年（一九六八）、仁和寺から独立して菩提山真言宗を設立した。現在、修験関係の仏像（不動明王像・理源大師像・孔雀明王像）は同寺所属の永久講社が管理している。

【松例祭】しょうれいさい

羽黒山の出羽三山神社で、毎年大晦日に行なわれる祭り。かつては冬の峰を終えて出峰した位上と先途の二人の松聖《まつひじり》の験競べを中心とする祭り。現在は、修験集落手向の長老が務める両松聖が、九月二四日から五〇日間は自宅、その後、五〇日間は羽黒山上の神社斎館に籠って、毎日開山像と興屋聖（入口に小さな鍬と鎌をつけ、五穀を収めた藁の苫屋）に祈念した。また山内の諸社を巡拝したり、小聖を伴って勧進に出た。そして結願の大晦日に、松聖に使役された小聖らが、神社拝殿で烏の飛翔力や兎の反発力を競う験競べを行なった。また境内では位上方と先途方の両者に二分された手向の若者たちが、疫病をもたらす大松明を引き出して焼く速さを競う「大松明ひき」、正月の新しい火を作る速さを競う「火の打替神事」、羽黒・熊野・彦山の修験がその活動範囲を決めた故事に因むとされた「国分けの神事」がなされる。なおこの拝殿でなされた験競べで勝った方の松聖が祈念した種籾は、神社の開山田でとれた籾とあわせて近隣の檀那に配られた。また火の打替に勝った松聖の火は、その年の神社の神灯に、負けた方の松聖の火は、国見村の玉川寺で檀那の葬儀の不浄を清める火とされた。

【諸国一見聖物語】

しょこくいっけんひじりものがたり　一巻（京都大学国語国文資料叢書二九）

常陸の天台宗の古刹千妙寺（茨城県筑西市黒子）の三世亮海が、至徳四年（一三八七）、諸国一見の聖と名乗って、特に日吉山王、比叡山の横川、西塔、東塔の拝所を巡って、その状況や伝承を記した書物。日吉山王では金大巌やその下の霊窟、横川では白山社や伊豆社、西塔では神宮寺・六所宮・護法善神、東塔では根本中堂の庭の竹林・荒神塚、無動寺谷の龍神や、葛川《かつらがわ》の思古淵明神などを紹介している。

またこれらとあわせて比叡山の峰、岩石、洞窟、閼伽井、滝、竹林への諸仏・諸神の影向《ようごう》の伝承を最澄、相応、円仁、円珍、良源などと結びつけて説明する。

【諸山縁起】

しょざんえんぎ　一巻（日本思想大系二〇）

平安末から鎌倉初期の大峰・熊野・葛城・笠置の縁起、霊地などに関する伝承をまとめた書物。園城寺で修行し、後に京都西山に法華山寺を開いた九条良経の子・慶政（一一八九〜一二六七）の奥書がある。内容は、大峰に関しては、本縁、伝承、山中の霊地を胎蔵界・金剛界の諸仏の居所とし、それぞれへの奉納物、奉納者などを挙げた記事、山中の宿、大峰の金剛童子、役行者の伝記、千塔塔婆供養、深仙の三重の岩屋など山中での役行者の活動を挙げる。熊野については、権現の本地を顕した人、役行者の熊野参詣日記、熊野詣の作法、歴代の熊野別当。葛城山に関しては縁起、経塚などの霊地、葛城の金剛童子。笠置山については、縁起と笠置から長谷に至る宿名を挙げている。なおこのそれぞれは別個に成立したもので、大峰・葛城に関する記事は九世紀頃、熊野関係の記事は一二世紀頃に成立したと考えられる。本書は『証菩提山等縁起』『金峰山創草記』『両峰問答秘鈔』など、室町期の霊山の縁起や記事にも引用されている。

【事理不二】 じりふに

「事」は現象世界の相対・差別の現象、「理」は絶対・平等の真理という究極の境地を意味する。事理不二はこの両者が「不二」の一体であることをいう。ちなみに『修験日用見聞鈔』では、本山派修験の各地の修験者を統轄する「年行事」の各字の意味を、「年」は年歴修行のこと、「行」は難苦の理、「事」は事理不二を表すとし、年行事は、難苦を厭《いと》わず長年、仕事にあたって、事理不二の世界に入った者としている。

【新客】 しんきゃく

初入峰者をいう。新客には懺悔・業秤・床堅《とこがため》・相撲など、特に厳しい修行が課せられた。現在の山上ヶ岳の修行でも、新客には「西の覗きの行」、裏行場の修行が課せられていた。長床の座席は右床で年齢により、同年の時は籤《くじ》によった。

【真言（陀羅尼）】 しんごん（だらに）

勤行に際して唱えられる諸仏・諸尊の内証、本尊を示す語。身・口・意の三密の口密にあたる。これを唱えることによって、その心を体験できるとされた。そしてさらに真言を念誦することによって、即身成仏が可能になるとされた。修験道では大日如来・不動明王・阿弥陀如来・十一面観音・蔵王権現・神変大菩薩（役行者）などが重視され、最後は三部総呪、諸天総呪、一字金輪で終わるが、経本によって、挙げられている諸仏・諸尊は多少異なっている。

【深仙】 じんぜん

神仙、深山とも記す。奈良県吉野郡下北山村、大峰山系の釈迦ヶ岳（1800メートル）の麓にある修験道の宿で、鎌倉初期には仙人の居処とされ、清らかな水があることから、清祓《きよめばらい》や仏戒を授ける霊地とされていた。当時に成立した『諸山縁起』には、深仙に三重の岩屋があって、阿弥陀、胎蔵界・金剛界の曼荼羅を祀り、役行者の宿だったとしている。室町後期には、熊野三山検校の良瑜《りょうゆ》が、深仙の香精《こうじょう》水を用いて深仙灌頂を始め、爾来、本山派の灌頂道場とされた。

【深仙灌頂】 じんぜんかんじょう

一四世紀末頃、第二四代熊野三山検校良瑜によって大峰山中深仙で開壇された灌頂。その弟子良縁（?～一四二一）が記した『大峰修行灌頂式』がこれにあたるとされている。現在、聖護院門跡では、二〇年に一度くらい、深仙山麓の前鬼で深仙灌頂伝法会がなされている。この伝法会では、まず閼伽・小木納めの前作法拝観がある。この閼伽水は深仙の香精水である。次いで受者は、白門《びゃくもん》道場に導かれて、懺悔、発菩提心、入仏三昧耶などの諸作法を受ける。このあと覆面されて灌頂道場に引入され、そこで大阿闍梨（門跡）から、先の香精水で洒水《しゃすい》されたうえで、秘印を授かるというものである。

【神前読経】 しんぜんどきょう

神社の社頭で仏教経典を読誦すること。八世紀初頭に神宮寺が設けられたので、その頃から行なわれるようになったと考えられる。文献上の初見は『類聚国史』五〇「八幡大神の延暦一三年（七九四）三月の条」に、少僧都等定らを豊前国八幡社、筑前国宗像社、肥後国阿蘇社に遣わして読経させ、七人を度せしめたとの記載である。多くは般若心経、金剛般若経が読まれた。現在も修験者は神前で般若心経などを読誦している。

【神道集】 しんとうしゅう　一〇巻（神道大系一一六）

本地垂迹思想をもとに諸神の縁起や本生譚を記した説話集。五〇話からなる。一四世紀中頃に、比叡山東塔竹林坊流（檀那流）安居院の唱導者が関わったとされる。上野国の話が多いことから、東国関係者の関与も指摘されている。熊野権現、二所権現、立山権現、能登石動権現、羽黒権現、日光権現、吉野蔵王権現、赤城山三所権現、富士浅間大菩薩などの修験霊山が取りあげられている。また役行者、万巻（箱根）、勝道（日光）のみならず修験的色彩の濃い行者が見られる。基本的なモチーフは、霊山の神格は夫婦、親子の愛別離苦の苦難を経て神となり、人々を救済しているというもので、山伏・比丘尼たちによって唱導された。

【神仏分離令】　しんぶつぶんりれい

明治政府が神社から仏教を排除するために出した一連の布達。明治元年（一八六八）三月一七日に、神社に僧形の別当を置くことの禁止や社僧の復飾を命じた布達一六五号と、同年三月二八日に権現号・牛頭天王などの仏号の神号への変更、神社から仏像・仏具を廃するよう命じた神仏判然令などを含む。なお、神仏判然や、神社での仏教的な祭祀を禁じるなどの法令が全国各地で社人による廃仏毀釈を引き起こしたことから、これを戒める諭達も出されている。この結果、修験一山は一時ほとんどが神社とされたが、吉野一山は寺院に、羽黒山・石鎚山は寺院と神社が併存する形に、彦山・熊野三山・戸隠山・白山・立山などは神社に変わるなどした。また里修験の多くは地域とのつながりを保持する必要もあって、神社となった。

【神変】　じんべん

醍醐三宝院の機関紙。本誌は明治四二年（一九〇九）五月に、聖役協会の機関誌として発刊された。その後は三宝院から月刊紙として刊行されている。

す

【水神】　すいじん

水に関わる多様な神の総称。水田稲作が営まれた日本では、古来、霊山には里人に水を授けてくれる水分《みくまり》の神がいるとされた。この神は山の神としても崇められた。また春先には里におりて田の神になるとして、苗代の水口などで祀られた。なお水神は蛇神とされた。そして三輪山の神婚神話のように、蛇神が里の支配者の娘と婚姻するとの話も作られた。河童は水神のあらわれとされた。水神は金物を嫌い、胡瓜を好むとされている。なお水が疫病をもたらすことから夏に水神の祭りが行なわれた。祇園や津島の天王祭がこれである。この他、里の井戸、泉、川にも水神が祀られている。

せ

【世義寺】せぎでら　三重県伊勢市

寺伝では天平年間（七二九～四九）に行基が建立し、建長（一二四九～五六）頃、円海が薬師如来を本尊として中興し、教王山神宮寺宝金剛院と称したとしている。その頃、醍醐三宝院の通海（一二三四～一三〇五）が、山内に法楽舎の智証院を設けている。当時、世義寺は継橋郷の前山（亀の郷の滝近く）に位置し、その背後の経ヶ峰で経筒が発掘されていることから、如法経の道場だったと思われる。中世末から近世期には伊勢の末流の神子、各地の神子を支配して、伊勢方と呼ばれる当山派の流派を形成し、当山正大先達として活躍した。その配下は東海、特に遠江に多かった。現在は真言宗醍醐派に所属する。

【石塔】せきとう

石造の塔。多層塔、五輪塔、宝塔、宝篋印塔《ほうきょういんとう》などがある。遺骨・遺髪などを納めたものもあり、その多くは供養のために建立されたと考えられる。層塔は三重・五重・七重などの石塔で、鎌倉期に多い。五輪塔は五大（地・水・火・風・空）を、方・円・三角・半月・団形（宝珠）の形で示し、多くはそれぞれに五大の種子が刻まれている。一一世紀頃から始まり、現在に至っている。宝塔は大日如来の三昧耶形に由来し、基礎、胴部と首部を持つ塔身、屋根、相輪から成り、胴部に龕《がん》を作り、釈迦、多宝の二仏を彫り出している。なお、豊後には宝塔の塔身と基礎の間に反花《かえりばな》と仰蓮《おおぎはす》からなる蓮座を据えた形の国東塔が見られる。宝篋印塔は基礎・塔身・屋根・相輪からなる方形の塔で鎌倉中期から製作され始めた。

【石仏】せきぶつ

石に刻まれた仏教関係の影像。奈良時代以降に作られた。切石に彫刻した独立像と、岩壁に彫った磨《ま》崖仏《がいぶつ》がある。独立像は丸彫が主体だが、切石に光背をあわせて彫ったり、切石に浮彫、線刻のものがある。近世以降には、露天に六地蔵、道祖神を刻んだものや丸彫の像が安置されている。修験道関係では役行者像が多い。なかには岩窟状にうがった石の内部に役行者半肉像を刻出したり、自然石に役行者や神変大菩薩の尊号を記したものもある。磨崖仏は、擬灰岩や砂岩に浮彫の形で独立像、群像を刻んだもので、八世紀末頃、笠置山の弥勒像などが畿内で作られ、栃木県大谷、富山県の立山日石寺の不動明王、北部九州にと広がった。特に大分県では、国東（豊後高田市・熊野磨崖仏、平安、重文など）、臼杵市（臼杵磨崖仏、平安・鎌倉、国宝など）などで多数作られた。また彦山でも般若窟などに作られている。像名は大日如来、阿弥陀、観音、不動などである。また種子を刻んだものもある。

【前鬼】 ぜんき

奈良県吉野郡下北山村大字前鬼にあった修験集落。大峰山系の主峰釈迦ヶ岳、深仙の麓に位置し、本堂の釈迦堂、開山堂を護持した古来の五坊からなった。近くには三重滝、両界窟などの行場があった。五坊は役行者に仕えた前鬼の五人の子の子孫、行者坊（五鬼童――始祖、以下同様）・不動坊（五鬼熊）・中之坊（五鬼継）・森本坊（五鬼助）・小仲坊（五鬼上）とされている。中世末から近世にかけては、釈迦ヶ岳の釈迦堂奥の院、深仙の灌頂堂・護摩堂を管理し、本山派に属したが、奥駈修行者の宿泊、祈禱などにあたったことから、全国に信者を擁していた。明治六年（一八七三）に、延暦寺末となった。現在はすべてが転出し、小仲坊の子孫が、奥駈がある時のみ、宿坊を開いている。

【禅定　禅頂】 ぜんじょう　ぜんちょう

心を一点に集中して瞑想し、絶対の境地に到達すること。六波羅蜜の五番目に位置づけられている。修験霊山の登拝では一歩一歩、心を集中して雑念を去って山頂を極めることを禅定、最後に到達する山頂を禅頂と呼んだ。日光男体山では禅定を成満した証しとして、山頂に禅頂札が納められ、その遺物が発掘されている。

【先達】せんだつ

本来は学問・技芸・修行などにおいて、その道に通じ、他を導く人を指す。修験道では、霊山の登拝に際して、道中の道案内・儀礼・修行に携わり、山内で参詣の世話をする宗教者を指す。中世期の熊野では、先達は御師と参詣者（檀那）の仲介の役割をはたしている。なお霊山の御師に属し、実際の峰入の案内をする者は山先達と呼ばれる。中世後期以降になると、大峰山などの修験霊山での峰入回数に基づいて、先達に新先達・先達・正大先達などの位階が定められた。また地方霊山でも、在地の修験者が峰入の案内を務めて先達として活躍した。さらに近世期以降には、各地の在俗者が先達として活躍した。なおこれと別に、秋の峰などでは集団入峰の指導をする役割に応じて峰（駈）・閼伽・小木・宿などの先達の区別もなされている。近代には大峰・富士・木曽御嶽などの諸霊山の先達、なかでも近畿の山上詣の先達が活躍した。

【先達位】せんだつい

修験教団において講員など在俗修験者に対して発給される先達の位階。近世期の本山派では、享和二年（一八〇二）の『諸宗階級』には、未先達（峰入三度まで）・大先達（峰入四度以上）・参仕修学者（峰入一〇度以上）・直参（峰入二〇度以上）・峰中出世（峰入三三度以上）の五種類を挙げている。現在、本山修験宗では講社員に、峰入回数をもとに、准先達・先達・大先達・参仕大先達・直参大先達・峰中出世大先達の先達位を設けている。真言宗醍醐派の先達位は、僧祇・越家・先達・大先達となっている。

そ

【僧位】そうい

修験教団において得度後に与えられる僧侶の位階。時代により、また教団により違いがあるが、現在の本山修験宗の僧位は、大僧正、権大僧正、僧正・権僧正、大僧都・権大僧都・僧都・権僧都、大律師・

権大律師・律師、権律師・准教師である。また醍醐三宝院の僧位は、大僧正、権大僧正・中僧正・権中僧正・少僧正・権少僧正、大僧都、権大僧都・中僧都、権中僧都・少僧都・権少僧都・大律師・律師・権律師、末教師となっている。

【相応】《そうおう》 八三一～九一八

比叡山回峰行の祖とされる。出自は近江国浅井郡の櫟井《やくい》氏。一五歳で比叡山にのぼり、六、七年間毎日中堂に供華していたのを円仁に認められ、不動明王法を授けられ、相応と名乗った。一二年間籠山したうえで比良山・葛川《かつらがわ》・吉野金峰山で修行後、比叡山に帰り、無動寺を建立して不動明王を祀った。そして中堂の本尊薬師如来の夢告に従って三塔の霊地の巡礼を始め、後に回峰行の祖とされた。呪験力に秀で、貴紳の加持祈禱に効験を示した。その際、憑祈禱《よりぎとう》の前身とされる阿尾捨法《あびしゃほう》を修したとされる。

【増誉】《ぞうよ》 一〇三二～一一一六

権大納言藤原経輔の子。山王明神を観じて、神道灌頂を始めた園城寺の行円（九八六～一〇四七）に師事、若年の頃から大峰・葛城で修行し、白河、堀川両天皇の護持僧となった。寛治元年（一〇八七）、白河上皇の熊野御幸の先達を務め、初代の熊野三山検校に補された。これが園城寺による熊野修験支配の契機となった。また上皇から聖体護持の寺として聖護院を賜り、同寺の鎮守として熊野権現を勧請した。嘉保元年（一〇九四）、四天王寺別当、康和二年（一一〇〇）に園城寺長吏に、長治二（一一〇五）年、天台座主・大僧正に補されている。

【息災護摩】《そくさいごま》

密教には息災・増益・調伏・敬愛・鉤召《こうしょう》（諸尊や善神を召く）の五種の護摩があるが、修験道では一般に災厄除去を目的とした息災護摩が修される。儀軌では、息災護摩の炉の形は正円、方向は北向、施行時は初夜、相応色は白とされている。その次第は、基本的には不動法（密教の四度加行の十八道）の「1荘厳行者法／2結界法／3荘厳道場法／4勧請法／5結護法／6供養法／7作業分／8後供方便法／9破壇作法」と同じ構成をとっている。ただこの作業分の後に、火天段・曜宿段・本尊段・諸尊段・世天段の五段護摩の次第が織り込まれている。この五段護摩の部分は、火天の助けを借りて、曜宿・本尊不動明王・諸尊・諸天を招いて、これらの諸尊の力によって依頼者の業《ごう》・惑《わく》・苦《く》や煩悩を消除させ、依頼者の息災をはかるという形をとっている。

【即伝】そくでん 生没年不詳

室町末期の遊行の修験者。日光山出身。金峰山で金峰先達快誉から大峰山の峰入や柱源《はしらもと》の切紙を授かった。その後、彦山の承運を訪ね、霊仙寺南谷の華蔵院《けぞういん》に住して、彦山の峰入や修法の切紙を伝授された。そして大永から永禄（一五二一～七〇）頃、これらや、彦山の智光、蓮覚がまとめた『修験三十三通記』などをもとに『修験修要秘決集』を編纂した。さらに彦山の峰入の切紙を集めた『三峰相承法則密記』『彦山峰中灌頂密蔵』、教義に関する『修験頓覚速証集』などを著した。なおこれらには、彼は「彦山伝灯三峰正大先達金剛位」と記している。この間、信州戸隠を経て加賀の白山や那谷寺など各地を遊行した。また近江の飯道寺の定珍、大和の三輪山先達に授法している。このように、大峰山、彦山に伝わる教義、峰入、修法の切紙を集大成して修験道を確立した。

【祖師供】そしく

一般には宗派の開祖を供養する修法をいう。修験道では、開祖とされる役行者（神変大菩薩）、中興の祖とされる聖宝（理源大師）に関わるものが数種ある。最も一般的なものは和讃で、神変大菩薩と理源大師のものがある。次には祖師の略歴、教えを表白した式文をもとに、それを学習、研鑽する講式がある。役行者のものには「高祖役君五段講式」「役行者五段講式」、理源大師のものには「理源大師講式」「理源大師講師作法」、供養法には「神変大菩薩供養法」「理源大師供養法」がある。この他、恵印法流に基づいて、役行者と理源大師の印明、宝号を中心に供養する「両祖師供」もある。

【祖神】《そしん》

清められた先祖の霊魂。一般には、死者の霊魂は死後一三回の年忌法要を受けて最後の三三年目の年忌を終えると、個性を失って祖神（先祖一般の集合霊）になるとされた。年忌ごとの守護仏である十三仏の最後の虚空蔵菩薩を、生まれかわりの仏と呼ぶのは、死霊が祖神になることを示す。柳田民俗学では、祖神はさらに氏神に融合するとしている。山上ヶ岳では、生前に三三回峰入すると、死後直ちに神になるとの逆修の信仰があって、これを記念して山麓（かつては山上にも）に供養塔が建立された。また木曽御嶽講では、先達や講元は死後直ちに霊神になるとして山中に霊神碑を建立している。

た

【醍醐根本僧正略伝】《だいごこんぽんそうじょうりゃくでん》

一巻（群書類従二四）

醍醐寺の開山で、後に当山派の派祖とされた聖宝の伝記。承平七年（九三七）、弟子の観賢が朱雀天皇の宣旨によって記した年譜形式のもの。平安後期成立の『醍醐寺縁起』に収録された。その後半部を占める修験道に関する事項には、聖宝が金峰山に堂を建立して、如意輪観音・多聞天・金剛蔵王菩薩像を祀ったこと、金峰山への要路にあたる吉野川のほとりに渡船場を設け、船頭と人夫を置いたことなどが記されている。

【醍醐三宝院】《だいごさんぽういん》

京都市伏見区

真言宗醍醐派総本山醍醐寺の筆頭院家。三宝院門跡は醍醐寺座主、真言宗醍醐派管長を兼ねる。醍醐寺は貞観一六年（八七四）に、聖宝が笠取山（後の上醍醐）に草庵を建てて、如意輪観音・准胝観音を祀ったことに始まる。その後、醍醐天皇が勅願所としたことから、醍醐寺と称し、山麓に本堂（本尊釈迦）、五重塔などからなる伽藍（下醍醐）が整えられた。そして醍醐寺一四世勝覚（一〇五七〜一一二九）が、鳥羽上皇の御願寺として三宝院（本尊弥勒菩薩）を創始した。三宝院門跡は、室町時代初期に黒衣の宰相といわれた七二世満済（一三七八〜一四三五）以降、醍醐寺座主を重代職とした。近世初頭の八〇世義演は、本山派と争って、「修験道法度」により三宝院を法頭とする当山派を成立させた。元禄一三年（一七〇〇）、高賢は、三宝院門跡として初めて大峰修行をし、聖宝の廟所・吉野鳥栖鳳閣寺の名跡を、江戸の直末寺戒定院に移した。そして同寺を当山派の諸国総袈裟頭として、当山正大先達衆の直接支配を試みた。聖宝の八〇〇年忌や、理源大師の諡号の拝受などによって、当山派を確立した。明治政府の修験宗廃止後は、三宝院は旧当山派の修験を包摂して真言宗に所属し、現在も峰入を始め、修験道を中心とした活動を行なっている。

【大山】　だいせん　1729メートル

鳥取県西伯郡大山町。別称、大神山、角盤山。室町期の縁起では、別称の角盤山の由来を、兜率天の第三院の巽（南東）の角が飛来して熊野・金峰山・大山になったとしている。また『太平記』では、役行者が金峰山で守護仏を求めて祈念した時、最初に地蔵菩薩が現れたが、退けたら大山に飛来して大山智明《ちみょう》権現となり、次いで金剛蔵王権現が出現したとしている。中世以来、大山は、天台宗の大山寺が智明権現（本地地蔵菩薩）と阿弥陀如来を祀る霊山とされた。なお智明権現は殺された山伏の御霊を祀った下山明神をお先神とした。近世期には、大山の修験者は七日間の回峰行と六月一四日に山上に法華経の写経を納める弥山禅定を行なった。明治政府の神仏分離後、大山には、米子市尾高の式内社大神神社が山上に勧請され、大山寺と共存している。

【泰澄】　たいちょう　六八二～七六七

神融。白山の開山。一四世紀初期の『泰澄和尚《かしょう》伝記』によると、越前国麻生津《あそうづ》（現・丹生郡）で三《み》神安角《かみやすずみ》の子として生まれ、一四歳の時に同国の越知《おち》山《さん》に入って十一面観音を奉じて修行した。大宝二年（七〇二）には文武天皇から鎮護国家の法師に任じられた。養老元年（七一七）に、霊夢の中で白山神に誘われて白山に登り、御前峰《ごぜんがみね》に貴女姿の妙理《みょうり》大菩薩（本地十一面観音）、別山に宰官姿の小白山別山大行事（本地聖観音）、大汝峰《おおなんじがみね》に老翁姿の西刹の主（本地阿弥陀如来）を顕現させた。その後、臥《ふせり》、浄定の二人を弟子として、一千日の行をして下山した。養老六年、元正天皇の病を治癒して、神融禅師の号を授かった。神護景雲元年（七六七）、越知山の仙窟で死亡した。泰澄は後に越《こし》の大徳《だいとく》と崇められ、各地の霊山での修行譚が作られ、役行者に次ぐ日本第二の行者と崇められている。

【泰澄和尚伝記】

たいちょうかしょうでんき

一巻（「白山史料集」上）

白山の開山・泰澄の最古の伝記。天徳二年（九五八）、浄蔵（八九一～九六四）が口授し、門人の神興が筆記したとされる。最古の写本は、正中二年（一三二五）書写の金沢文庫所蔵本である。その内容は、泰澄が白鳳二二年、越前麻生津で生まれ、同国の越知山《おちさん》で修行後、白山山麓の林泉で白山神を感得して登頂したこと、養老六年（七二二）、元正天皇の治病祈禱の功により、神融禅師の号を賜ったこと、十一面観音の法により疱瘡の流行を鎮めたこと、道昭、行基（六六八～七四九）、玄昉など中央の法相宗の高僧と交わったこと、神護景雲元年（七六七）に越知山で死亡したことなどである。

【胎内くぐり】

たいないくぐり

人がやっと通りぬけることが出来るくらいの洞穴や岩間、あるいは大きな仏像の内部などをくぐりぬけて修行すること。胎児が胎内から生まれ出る状況を象徴的に示すことから名付けられた。大峰山の山上ヶ岳裏行場、富士山麓の洞窟など、修験霊山の行場に多く見られる。芸能化したものでは、山伏神楽の権現舞で、獅子頭と獅子がかぶる幕の間をくぐりぬけることを胎内くぐりと呼んでいる。いずれも修験道の擬死再生の信仰に基づくものである。

【大日如来】

だいにちにょらい

宇宙の本体、宇宙の諸仏・諸尊を統一する仏。大日如来は二つの面から捉えられる。その第一は、本来的な体（理）を示すもので、『大日経』に説かれ、胎蔵界大日と呼ばれ、胎蔵界曼荼羅で示される。その真言は「アビラウンケン」で、印相は禅定印である。第二は智慧を表すもので『金剛頂経』で説かれ、金剛界大日と呼ばれ、金剛界曼荼羅で示され、その真言は「バサラダトバン」で、印相は智拳印である。そしてこの二つが一体となった胎金不二の世界を窮極的なものとしている。修験道では、大日如来を崇め、読経ではその真言をあげ、大峰山系の熊野側半分を胎蔵界、吉野側半分を金剛界に比定している

【太平記】　たいへいき　四〇巻

南北朝期の軍記。一三七〇年代成立。備前の児島五流の法師の作ともされる。その内容は大きく次の三部に分かれる。「一～一一巻　後醍醐天皇の倒幕計画から鎌倉幕府の滅亡まで／一二～二一巻　建武新政から後醍醐天皇の崩御まで／二二～四〇巻　観応の擾乱から足利義詮の死まで」。その記述には随所に山伏の活動が見られ、南北朝期の修験者のあり方を知る貴重な史料とされている。

【高尾山】　たかおさん　599メートル

東京都八王子市。古来、薬師如来を祀る小堂があったが、永和年間（一三七五～七九）、醍醐寺僧の俊源が当山で飯綱権現を感得して鎮守とした。戦国期には、後北条氏が高尾山の薬師如来とこの飯綱権現（本地不動明王）を崇めて、外護した。さらに戦乱のために富士登拝が出来ない道者のために、奥院に富士浅間権現を勧請した。近世期には高尾山の別当寺薬王院有喜寺は不動・飯綱・薬師・富士の信仰をもとに多数の信者を集めて、成田山新勝寺、川崎大師平間寺と共に、真言宗関東三山の一つとされた。現在、高尾山薬王院は新義真言宗智山派に属し、修験部を設けて多くの修験者を擁している。

【高神】　たかがみ

より高位の神をいう。荒々しい霊力を持つ神を高神といい、これに対峙するのが外道などの、人に憑いたりする悪い神とされた（岡山県美作地方）。また高神は上位の神で、下位の神はヤブガミとされた（宮崎県高千穂）。また高神は不動明王が祀られている地域の最高峰にいる気の荒い神（伊豆神津島）。良い神、天道神ともされている。修験者は高神と同化したり、それに依頼して外道など災厄をもたらす神を駆逐したり、調伏したりした。

【滝まつり】　たきまつり

修験霊山の滝では滝行がなされているが、その開始や終わりに法要と滝行がなされている。広く知られているものには、高尾山薬王院の四月一日の滝開き、一〇月三一日の滝じまいがある。その他、立山の日石寺では七月一日に滝開きとあわせて火渡りがあり、美濃の養老の滝でも、七月中旬に滝開きがある。また和泉の犬鳴山七宝滝寺では、八月二八日に近い日曜日にお滝祭りがあり、柴灯護摩が施行されている。

【嶽】　だけ

漢字では、山と獄で、人をおさえつけるような険しい山を指す。これに御をつけて御嶽とした時は御を美称と考える場合と、木曽御嶽のように、王の嶽（嶽の王）を意味する場合がある。吉野の金峰山は金の御嶽と呼ばれている。なお、沖縄では霊石を祀るこんもりと茂った森を聖地としてウタキと呼び、御嶽の漢字をあてている。

【立木仏】　たちきぶつ

生木または立木をそのまま御衣木（みそぎ、素材）として造像した仏像。素材は一般の木造仏に用いる檜に限らず、樟《くす》・杉・桂・桜などの巨木を、頭部から脚まで丸鑿の跡を残して刻んだものである。また台座も、立木の根をそのまま残したり、自然木に似せた木塊《もっかい》・磐座《いわくら》を用いる例が多い。代表的なものには、平安期の日光中禅寺千手観音像（通称立木観音、重文）、福島県恵隆寺千手観音（鎌倉、重文）、広島県福王寺不動明王像（平安末～鎌倉）がある。いずれも山間寺院の本尊とされている。

【立山】　たてやま（たちやま）

富山県立山市。狭義には雄山（3003m《メートル》）を指すが、広義にはこれに浄土山（2831m《メートル》）、別山（2880m《メートル》）を加えた立山三山と、剣岳（2999m《メートル》）、地獄谷などを含む。古来立山三山は浄土、剣岳・地獄谷は地獄とされ、人々を地獄から救済し、極楽に導く地蔵・観音・阿弥陀の信仰が、修験や聖の唱導もあって各地に広まった。雄山の山頂には立山権現（本地阿弥陀）が祀られ、修験者が雄山・浄土山・別山を巡る立山禅定を行なった。雄山の山麓には、中宮寺・閻魔堂・姥堂《うばどう》などからなる芦峅寺《あしくらじ》と、その下方の立山の地主神の刃利天神を祀る岩峅寺《いわくらじ》があり、共に天台宗に属した。両者の御師は全国にわたって積極的に立山信仰を唱導した。一方、剣岳の登拝口には、巨大な不動明王の磨崖仏を祀る真言宗大岩山日石寺があった。近世期には立山・白山・富士を巡る三山禅定がなされていた。明治政府の神仏分離により、山頂の立山権現は雄山神社本社、芦峅寺は祈願殿、岩峅寺は前立社壇となった。

【陀羅尼助】 だらにすけ

大峰山山上ヶ岳の山麓の吉野山、洞川《どうかわ》などで販売されている、黄蘗《おうばく》の生皮やセンブリの根などを煮つめて調合した胃腸薬。僧侶が唱える陀羅尼の利益に因んで陀羅尼助と呼ばれる。洞川の伝承では、役行者が百草を集めて後鬼（洞川の先祖）に調合させたものとしている。近世初期頃から洞川では、山上ヶ岳の鐘掛の手前に陀羅尼助小屋を建てて販売していた。その後、寛政（一七八九～一八〇一）頃から、吉野山、下市町などでも調合して売るようになった。なお類似のものに木曽御嶽の百草がある。

【檀那】 だんな

サンスクリット語のダンナの音訳。布施と訳された。寺院や僧侶に施与する者を指す。檀越ともいう。檀那には一人で一カ寺を支える大名や豪商などの大檀那と、数多くの人々が一カ寺を支える一般の檀那がある。熊野では先達に導かれて参詣し、寄進する者を指している。そして先達が檀那を熊野の御師のところに導くと、その在所、氏名を記した願文を提出して師檀関係を締結させた。これによって、その檀那は恒常的にその御師に属したので、財産化され、相続・売買・抵当の対象とされた。熊野の場合、中世中期の檀那は一族単位に、後期には地域単位で御師に掌握された。なお吉野では檀那を祈壇と呼んでいる。伊勢では中世後期以降、御師が檀那廻りをして、配札、参宮の勧誘をしてその掌握に努めた。その結果、御師によって廻檀する地域が定まるようになり、その地域がそれぞれの檀那場とされた。御師は檀那場の各地で篤信者を講元、里修験を先達とする講を結成させ、登拝を勧誘した。ちなみに近世期の寺請制度では、ほぼ地域ごとに住民に檀那寺が定められ、その寺で葬祭をする家は檀家と呼ばれ、寺院の維持運営費用の負担を義務づけられた。

ち

【竹林院】ちくりんいん　奈良県吉野郡吉野町

大峯山寺の吉野側護持院の一つ。寺伝では聖徳太子が椿山寺を開き、道賢が多宝塔を建て、日蔵院と号したとする。至徳二年（一三八五）、竹林院と改称、一五世紀末に真遍が中興した。近世期は吉野山の満堂の代表を務め、元禄年間（一六八八～一七〇四）には、心城が山上蔵王堂の再建に尽力した。神仏分離で廃寺となったが、明治一三年（一八八〇）、復帰して天台宗に属した。昭和二三年（一九四八）に独立し、現在は単立寺院。

【池中納経】ちちゅうのうきょう

池・沼・湖に鏡を奉納する信仰。古代後期から近世まで続いた習俗。堂社に本地仏を刻んだ懸仏を奉納する信仰に連なるもので、池・沼・湖の龍神に捧げ、祈念を込めたものと思われる。古代後期から近世にかけての六〇〇面余りの鏡が発見された羽黒山上の鏡ヶ池、赤城山の小沼、榛名山の榛名湖、高野山の鎮守天野社（長床衆）の鏡ヶ池などがある。

【注連寺】ちゅうれんじ　山形県鶴岡市

新義真言宗湯殿山派総本山。本尊大日如来。月山登拝口の七五三《しめ》掛口《かけぐち》にあって、湯殿山表口根本別当と称した。寺伝では天長年間（八二四～三四）、空海開基とするが、一三世紀中頃、道融が中興、元禄年間（一六八八～一七〇四）、新義真言宗智山派末となった。近世期には山内に妻帯修験が一三坊あって、女人禁制の湯殿山の女性の遥拝所としても栄えた。木食行の行人の道場としても知られ、木食行の後、入定した、鉄門海の即身仏（ミイラ）が祀られている。

【長快】 ちょうかい 一〇三七〜一一二二

長懐とも。一五代熊野別当。熊野本宮で大法師を務めていたが、寛治四年（一〇九〇）に白河上皇の熊野御幸の際の功労によって法橋に叙せられた。これによって熊野別当僧綱家が成立した。またこの折、上皇から熊野三山に、紀伊国二カ郡田畠五カ所計百余町が寄進された。その後、永久四年（一一一六）に法眼、永久五年に法印に叙せられ、四八年間にわたって別当職にあって、別当家の政治的、経済的支配を確立した。爾来、弘安一〇年（一二八四）に三一代正湛が還俗するまで、その子孫が僧綱の位を受け、別当職を相承した。

【鳥海山】 ちょうかいさん 2236メートル

大物忌山《おおものいみ》、出羽富士とも。山形県酒田市・遊佐《ゆざ》町、秋田県にかほ市・由利本荘市にまたがる霊山。九世紀後半に、山上に大物忌神（水分神・龍神、本地薬師）が祀られ、出羽の国府の吹浦《ふくら》に、大物忌神社が月山神社をあわせて勧請された。遊佐町の吹浦・蕨岡、由利本荘市の矢島・滝沢、にかほ市の小滝では、中世後期から修験が活動した。そしてそれぞれが大物忌神を祀る山上に峰入をすると共に、東北各地を廻檀した。中世期には吹浦は薬師、蕨岡は観音を祀り、羽黒山と関係を持ったが、近世期には、真言系だった矢島・滝沢・小滝と同様に当山派に所属した。由利本荘市鳥海町の修験は番楽を行なっている。

【長厳】 ちょうげん ?〜一二二八

紀氏、仁和寺から東寺に入った修験者。後鳥羽上皇の母殖子《たねこ》、女御の修明門院重子の御産の祈禱に効験があったことから上皇の帰依を得、那智山検校に補された。さらに園城寺を重代職とする慣例にもかかわらず、熊野三山検校、新熊野検校に任じられ、五度にわたって上皇の熊野詣の先達を務めた。後、承久の乱の際、上皇方に与して陸奥国に配流された。

【重源】 ちょうげん 一一二一〜一二〇六

俊乗房。京都生まれ。父は紀季重。醍醐寺で密教を学び、四国・大峰・葛城・熊野で修行した。また法然に師事して浄土教を信じ、「南無阿弥陀仏」とも称した。入宋して天台山などを歴訪、養和元年（一一八一）、東大寺大勧進に任じられ、建仁三年（一二〇三）に大仏殿の再建をはたした。著書に『南無阿弥陀仏作善集』がある。

【調伏】ちょうぶく

内的には、身心を調和し制御して、自らの悪意や悪行を退けること、外的には、敵対者や障害をもたらすものを打ち砕くことを指す。密教では、怨霊を打ち破る、対立者の呪詛の消除、外敵の征服のために調伏護摩が施行された。修験道では、障碍をもたらす怨敵・邪神・邪鬼・悪霊などを剣・鞭・索・刀などの呪具を用いて降伏させる修法がなされた。特に修験者が不動明王と同化したうえで、刀印を結んで九字を切って相手を切り殺す九字、眷属の童子を使って縛りあげる不動金縛法が広く知られている。このほか特殊なものに、修験者が日・月の光（陽《かげ》炎《ろう》）を神格化した摩利支天と同化し、調伏対象の名前を記した紙を、摩利支天の真言を唱えて鞭で叩いて降伏させる摩利支天鞭法、不動明王と同化した修法者が調伏対象の名前を記した人形を筒などに封じ込めて、四つ辻に埋める筒封じなどの修法がある。

つ

【憑きものおとし】つきものおとし

修験者が、病気などの災因を当事者に憑きものが憑いた所為として、それをおとすために行なった修法。憑きものには、生死霊、邪神、疫神、動物霊、金神などがあった。その修法には種々のものがあるが、基本的には、憑きものを教化し、非を認めさせて退散させるもの、逆に憑きものに憑依された者に非を詫びて祀り、供養することを約して退散させるもの、威嚇して退散させるものなどがある。これらの中で、里修験が特に好んで行なったのは、威嚇するもので、剣で威嚇する九字、弓矢で威嚇する蟇目《ひきめ》法、火や煙で脅す邪気加持など多様なものがある。この修法は、修験者が精霊を自由に操作する験力を持つとされたことを示している。

【鉄門海】
てつもんかい
?〜一八二九

湯殿山の一世行人。俗名砂田鉄。木流し人夫だったが、二五歳の時に普請方の役人と争って殺し、湯殿山に逃がれ、寛延九年（一七五〇）から仙人沢に一〇〇〇日参籠して木食行をした。その後、酒田の海向寺など六カ寺の行人寺を建立したり、社会事業を行なった。また験力を用いて眼病などの治病にあたって、恵眼院と号した。江戸、北海道などに赴いたともされている。文政一二年（一八二九）、湯殿山で入定し、ミイラ化された。現在、注連寺《ちゅうれんじ》に即身仏として祀られている。

【出羽三山】
でわさんざん
山形県鶴岡市

羽黒山（419メートル）・月山（1984メートル）・湯殿山（1500メートル）の三山。現在、羽黒山には出羽神社、羽黒山修験本宗総本山荒沢寺（里坊正善院）、月山には月山神社、湯殿山には湯殿山神社、注連寺（新義真言宗湯殿山派）、大日坊（真言宗豊山派）がある。なお神社は出羽三山神社を総称としている。古来、羽黒山では山頂の鏡ヶ池、月山は祖霊の居所の山頂、湯殿山は湯を湧出する岩が神格化された。そして羽黒権現は聖観音、月山権現は阿弥陀、湯殿山権現は薬師を本地とした。開山は、羽黒山と月山は崇峻天皇の皇子の能除《のうじょ》太子（神社では蜂子皇子《はちこのみこ》）、湯殿山は空海としている。羽黒山は、中世期には山上の羽黒権現と寂光寺、奥院の荒沢寺、祓川の五重塔の滝水寺、山麓手向《とうげ》の黄金堂と中禅寺を中心とする修験の一山組織を形成し、東北の月山登拝者を掌握していた。一方、湯殿山は行人が主体で、東北に独自の檀那を有していた。近世初頭、羽黒山別当天宥は、出羽三山を天台宗にしようとしたが、湯殿山の寺院はこれに従わず真言宗となった。現在、羽黒山では荒沢寺及び出羽三山神社で「峰入修行」がなされている。

【天海】
てんかい
一五三六〜一六四三

織豊期から江戸初期の天台僧。南光坊と号す。日光山を中興し、羽黒山、吉野山の中興に貢献した。

陸奥国大沼郡に生まれ、比叡山、園城寺、興福寺で修行した。徳川家康の帰依を受け、川越喜多院、日光山に住した。慶長一九年（一六一四）に、家康から吉野一山の管轄を委ねられて、南朝の皇居金輪王寺を実城寺と改めて、自らの住坊とした。また日光の本坊を金輪王寺に因んで輪王寺と改称した。そして家康の死後、その遺骸を山王一実神道の立場から、東照大権現として日光の東照宮に祀った。さらに寛永二年（一六二五）に、上野に東叡山寛永寺を創建して開山となった。寛永一八年には、羽黒山別当宥誉を弟子にして天宥と名乗らせ、羽黒山を支配下に置いた。さらに吉野山、戸隠山を末寺化した他、他の天台系修験にも大きな影響を与えた。

【天蓋】　てんがい

本来は寺院の仏像や護摩壇の上に吊るす荘厳を指すが、民間では神楽に際して神殿や舞殿の天井に吊るす、神を招きおろす作り物を指す。宮崎県の椎葉神楽の雲、荒神神楽や奥三河の花祭の白蓋、早池峰の山伏神楽の扇を使った雲張り、羽黒山秋の峰の二宿成満の時の天井の、母胎の胞衣になぞらえられた扇を組み合わせた及位（のぞき）などがある。なお大元神楽では、大天蓋の下で託宣がなされていた。

【田楽】　でんがく

稲作に関する芸能。広義には初春に稲作の豊作を予祝して、その過程を演じる田遊びも含む。狭義の田楽には、まず囃し田、花田植がある。これは田植えにあたって神を勧請し、苗を植える行為にあわせて、太鼓・笛・すりざさら・銅拍子などの楽器で囃し歌をうたう芸能である。今一つは専門の田楽法師が演じるもので、その中心は薄手の腰太鼓打ち（五〜六人）・びんざさら（五〜六人）・笛（一人）・小鼓（一人）・銅拍子（一人）などの構成で、楽器を奏しながら隊列を整えて踊った。なかには渡来の散楽能である高足、一足などの曲芸もあった。その目的は、耕作に害をなす悪霊を鎮め、共同体の外に追い出す鎮魂にあった。修験関係の社寺のものには、熊野那智大社・鳳来寺・毛越寺《もうつうじ》の田楽、民間のものには新野《にいの》の雪まつり、西浦の田楽などがある。

【天河弁財天社】

てんかわべんざいてんしゃ
奈良県吉野郡天川村

大峰山中の弥山の麓の天ノ川の河畔に鎮座する。弥山山上には奥宮がある。里宮・奥宮ともに弁財天を祀る。神宮寺に琵琶山白飯寺がある。修験では、弥山を吉野と熊野の中間に位置するとして、吉野熊野宮、大峯本宮と呼んだ。中世期には、天河弁財天社は興福寺一乗院に属し、興福寺の近くにも天河弁財天社が勧請されている。天河御師が民間にその霊験を唱導したことから広く知られ、厳島、竹生島、江の島、九州の背振山と共に日本五大弁才天とされた。修験道では天河弁財天を大峰山の内道場として重視し、門跡の峰入では必ず詣でていた。現在も大峰山の奥駈では弥山に宿泊して山上の弁財天社に詣でている。

【天狗】

てんぐ

修験霊山を活動の舞台とし、山中深くの天狗杉と呼ばれる大木の上や、天狗岩といわれる岩の上を居所としている。その形姿は基本的には、顔は鷹または鷲で、羽根を持ち、身体も羽根に覆われている。もっとも全体の形は人体である。服装は多くは頭に頭襟をいただき、鈴懸、結袈裟をつける山伏のいでたちで、足駄をはき、手に羽団扇《はうちわ》を持っている。そして常に空中の天狗道を通って修験霊山の間を飛行し、時には稚児や俗人をさらう。また羽団扇を用いて火を作ったり、風を起こしたりするが、今一方で人々に富を授けている。その本性は、流れ星・雷・こだまなどの自然の怪異、増上慢だった僧侶の怨霊・山の神霊などとされている。全体的にはこれらの宗教的性格が習合した山の神で、護法として山岳の主尊を守護する精霊を神格化したものと捉えることが出来る。天狗は主として山の社寺の衆徒に仕え、これを守る山伏たちに祀られていた。しかし後には諸山の護持に貢献した山伏が、死後天狗となってその山岳を守護するとして崇められた。山伏は天狗を使うとされたが、これが転じて山伏自身が里人から天狗とみなされもした。そして近世以降は、多くの社寺で特に火防《ひぶ》せ、除災などの利益を与えてくれる神格として崇められた。

【天宥《てんゆう》】 一六〇六～七四

出羽国村山郡に生まれ、羽黒山四九代別当宥俊の弟子となり、宥誉と号した。寛永七年（一六三〇）に別当となり、幕府から一五〇〇石の朱印を賜り、山内の伽藍や行場を整え、衆徒に従来の霞を安堵するなどして、一山の支配体制を確立した。寛永一八年には輪王寺門跡天海の弟子となり、天宥と改名した。そして羽黒一山を天台宗の輪王寺末としたが、湯殿山の真言四カ寺はこれに従わなかった。またそれまで衆徒が行なった末寺支配や一世行人の上人号の下付を別当の権限としたり、自己の後継者を寛永寺から入れようとしたことから一山の反発を買い、東叡山に訴えられて、伊豆の新島に配流されて、この地で亡くなった。

と

【戸開式、戸閉式《とあけしき、とじめしき》】

修験霊山の社寺で、山開きに山上の奥社（院）の戸を開き、山閉まいに戸を閉める行事。特に山上ケ岳の大峯山寺の五月三日の戸開式、九月二三日の戸閉式が広く知られている。大峯山寺の戸開式では、まず五月三日の午前三時に、大峯山寺山上詰所で、住職から正面・秘密・はかし口の鍵が、その年の各口の開扉の年番の役講の代表に渡される。引き続き人馬による錬行を経て、鍵を受けた年番の八嶋役講の鍵あわせによって秘密・正面・はかし口の順で錠が開けられる。このあと住職を採灯師として、本尊右側の護摩場で成満の大護摩が施行される。なお戸閉式は大峯山寺のすべての戸を閉めた上で、戸開式と同じ順序で行事がなされ、終わるとあらためて戸を閉める形で施行されている。

【当行《とうぎょう》】

中世から近世にかけて奈良の東大寺、興福寺の堂衆が、春日山で夏・冬に行った採花・汲水の安居行。東大寺の場合は、夏の当行（夏入、安居供花とも）は四月一三日から八月一三日、冬の当行（年籠りとも）は一〇月一〇日から一一月末までで、この間に山中で樒《しきみ》をとる日花、閼伽井の水を汲む片荷水《へんかみず》、深夜に峰入をする丑《うし》の三種の当行があった。東大寺の法華堂衆・中門堂衆、興福寺の東・西金堂衆の間では、この当行が大峰の峰入とあわせて位階昇進の条件として重視された。なお当行は金峯山寺でもなされていた。

【道賢】 どうけん 九〇五～八五

日蔵、飛天大師。三善氏吉《うじよし》の子、一二歳の時金峰山の椿山寺（現・竹林院）で出家した。東寺の長隣に師事したが、金峰山で修行した。平安末になる『道賢上人冥途記』によると、承平四年（九三四）、金峰山の笙岩屋で修行中に他界に赴き、金剛蔵王権現の指示で日蔵と改名。さらに太政威徳天（菅原道真の御霊）の導きで地獄に行き、辛苦している醍醐天皇とその家臣を見たり、金剛蔵王から近年の災因は太政威徳天の御霊の祟りと知らされて蘇生し、北野天満宮を創祀して道真を祀ったとの話を挙げる。

【道興】 どうこう 一四三〇～一五〇一

左大臣近衛房嗣の子。園城寺長吏、聖護院門跡。文安四年（一四四七）、伝法灌頂受法。足利義視《よしみ》・義稙《よしたね》・義高、後土御門天皇の加持僧を務めた。大峰修行四度、那智滝籠、西国三十三観音巡礼などを行なった。寛正六年（一四六五）、二二代熊野三山検校、新熊野検校となる。この年准三后の宣下を受け、以後道興准后と呼ばれた。文明一八年（一四八六）から翌年にかけて北陸・関東・東北、明応二年（一四九三）から翌年にかけて、山陽から四国を巡錫して、熊野先達に年行事の職を与えるなどして、その掌握に努めている。このうち、北陸・関東・東北の巡錫に関しては、歌文を交えた紀行『廻国雑記』を著している。

【当山方三派】 とうざんかたさんぱ

近世期に当山派に包摂されていた伊勢方・熊野方・地客方の三派。伊勢方は、当山十二正大先達の一つ、伊勢の世義寺の同行修験のうち、伊勢神宮の斎宮の末流で巫女を務めた神子や守子を統轄した修験集団。熊野方は、熊野の本願と関わりを持ち、熊野詣の先達・配札・勧進にあたった修験や比丘尼の集団。地客方は、地方に居して、それぞれの国峰で峰入して国先達から官位をもらい昇進していた各地の修験集団を指している。元禄八年（一六九五）以降、この三派は、三宝院門跡の命により、伊勢の世義寺と三宝院江戸役人吉蔵院（後に戒定院、さらに江戸鳳閣寺と改称）の下役人が支配することになった。

【当山正大先達】《とうざんしょうだいせんだつ》

　当初は、一六世紀中頃、興福寺の末寺またはその影響下にあって真言化していた内山永久寺、菩提山正暦寺、吉野桜本坊、三輪山平等寺、高野山、伊勢の世義寺、近江の飯道寺など、近畿地方の山岳寺院に依拠した三六余の修験者が作った座のような組織。その数に因んで当山三十六正大先達衆とも呼ばれた。特に法頭は置かずに臈次などによって選んだ大宿《おおしゅく》、二宿《にのしゅく》、三宿《さんのしゅく》を中心に運営した。正大先達はそれぞれ各地に配下を擁し、地域ごとに袈裟頭とそれを助ける帳本を置いて同行を支配する袈裟筋支配を行なった。そして毎年夏の花供と秋の逆峰の際、大峰山中の小笹で集会をし、各自の配下の官位などの補任を行なった。補任状には大宿、二宿、三宿が署名し、その上に舒明天皇が役行者に与えたとする永宣旨の勅印と役行者の霊印を押し、仲介した正大先達が裏書きをして発給した。

　近世期に醍醐三宝院が当山正大先達を統轄するようになってから、その数が減少し、内山永久寺、正暦寺、霊山寺、超昇寺、松尾寺、三輪山平等寺、吉野桜本坊、葛城山高天寺《たかまでら》、高野山行人方、飯道寺梅本院・岩本院、伊勢世義寺の一一カ寺一二カ院になったことから当山十二正大先達衆と呼ばれた。また補任状には、新たに聖宝の印が押された。ただ元禄一三年（一七〇〇）に醍醐三宝院が江戸鳳閣寺を諸国総袈裟頭に任じ、さらにその後、峰入に関係なく三宝院門跡が諸官位の補任を行なう居官補任や、同一人に幾通もの補任を行なう畳補任を行なった。この結果、当山正大先達の配下が醍醐三宝院に服するようになって、幕末期には同行の掌握力を失った。そして明治政府の修験宗廃止後には解体した。

【当山派】とうざんは

真言系の修験教派。大峰山中の小笹に拠点を置き、醍醐寺を開基し、大峰山の峰入を再開した聖宝を派祖とする。近世初頭、江戸幕府は、聖宝が開基した醍醐三宝院に当山正大先達衆を統轄させて当山派とし、慶長一八年（一六一三）に修験道法度を定めて、本山派と競合させる形で修験道界を統制した。醍醐三宝院では、当山十二正大先達衆と呼ばれた正大先達による、各地に袈裟頭を置いて同行を掌握する袈裟筋支配をそのまま容認した。しかし一七世紀末、三宝院門跡高賢は三宝院による当山正大先達配下の直接支配を試みた。また本山派に対抗して独自の教義、儀礼を整えていった。明治五年（一八七二）、修験宗廃止に伴い、当山派の修験寺院は醍醐三宝院に所属のまま真言宗に包摂された。なおこの折、当山十二正大先達衆は解体した。

【童子・王子】どうじ・おうじ

仏・菩薩・明王などの童形の化身。修験道で広く知られている童子には、金剛界、胎蔵界の曼荼羅とされた大峰山にあって、峰入の行者を守る峰中の主要な宿に祀られた大峰八大金剛童子、法華経の峰とされる葛城山の葛城八大金剛童子、熊野参詣路の五体王子、准五体王子を始めとする熊野九十九王子などがある。その姿は、髪が長く、顔面は種々の色で異様な姿をし、穢れをいとわず、修験者を導くと共に、彼らに使役されている。熊野では結宮《むすびのみや》（女神）の子の若王子・若女命子《にゃくにょめいし》（天照大神）が重視されている。また各地の神社でも主神の子の若宮が重視されている。なおこの童子・王子信仰は、護法を護法童子と呼ぶように、護法信仰と密接に関わっている。

【道場観】どうじょうかん

修法の中で菩提心の大地の上に本尊の道場、本尊そのもの、さらにその曼荼羅を建立する観法をいう。「広」「中」「略」の三種があり、「広」は器界（日常の世界）・楼閣・本尊とその曼荼羅を順に観じ、「中」は器界、「略」は器界と楼閣の観法を略す形をとっている。広の例として、「金剛蔵王行法次第」（『金峰山秘密伝』〈修疏Ⅰ〉所収）の道場観をみると、まず金峰山（器界）を観じ、次に金剛宝宮殿・宝塔（楼閣）、次いで金剛蔵王権現・本地の釈迦・千手千眼観音・弥勒、金剛界・胎蔵界の曼荼羅、八大金剛童子、吉野山内の神格が観じられている。

【東大寺】《とうだいじ》

奈良市

東大寺では、大仏殿の背後の東の高台に、その前身とされる金鐘寺《こんしゅじ》以来の法華堂がある。この堂に祀られている執金剛神が、図像上は修験の主尊金剛蔵王権現の前身とされている。また役行者の峰入以来跡絶えていた大峰の峰入を再開した聖宝は、延喜二年（九〇二）に子院の東南院を創設すると共に中門を建立した。この法華堂や中門の堂衆は古代末から、夏と冬に奈良の奥山で閼伽水を汲み、樒《しきみ》をとってくる当行と呼ばれる峰入を行なった。また中世後期には、興福寺の東・西金堂衆とあわせて、四堂衆と呼ばれた。四堂衆は、共に大峰山で春は花供、夏は逆峰の峰入をした。なお東大寺の両堂衆は修二会（お水取り）の練行衆を務めてもいる。

【東南院】《とうなんいん》

奈良県吉野郡吉野町

大峯山寺の吉野側護持院の一つ。室町初期の『金峰山創草記』には、金峰山で籠山した天台僧の日円（七六九〜八六四）が開基し、白河上皇が御嶽詣の際に当院で宿泊したとある。一六世紀末、吉祥が現在地に再建した。近世後期には山上ヶ岳で宿坊を経営した。明治政府の神仏分離で廃寺となったが、明治一二年（一八七九）に復帰した。金峰山修験本宗の中心寺院で、別格本山となっている。

【動物】《どうぶつ》

霊山では熊・猪・狼・鳥などの動物が山の神の使いとして崇められた。そしてこれらの動物が猟師や宗教者を山の神のところにいざなって山を開かせたとの話は、熊野の猪、伯耆大山の狼、立山の白鷹と熊、白山の九頭龍などに見られる。また霊山の神社では、動物を神使として崇めている。日吉山王の猿、春日社の鹿、稲荷の狐、三輪の蛇、三峰の狼（オイヌサマ）、熊野の八咫烏《やたがらす》などがこれである。今一方で狐、蛇（トウビョウ）、イヅナ（イタチ）などは人に憑依して害をもたらすとされた。なお狐は、オサキ（関東）、クダ（中部）、人狐（中国）、ヤマ（九州）というように地域によって呼称を異にしている。そして修験者は憑きものおとしの呪法によって、憑依病者に憑いているこれらの動物霊をおとして治癒させた。また修験者はイヅナ、クダなどの動物霊を使役する呪法も行った。

【戸隠山】 とがくしやま　1904メートル

長野県長野市。九世紀に近くの飯縄山（1917メートル）で修行した学問行者が、戸隠に地主神九頭《くず》龍《りゅう》権現を祀って開山した。中世期の戸隠山には、山陵の岩場下の聖観音と九頭龍権現を祀る本院（奥院）、中腹の釈迦如来を祀る中院、その下方の地蔵菩薩を祀る宝光院があった。そして本院の学侶と中院の行人は天台系の修験、宝光院には真言系の修験がいて、共に山頂の岩場で修行した。近世期は東叡山末となり、一〇二〇石の朱印を与えられたが、中院と宝光院は多くの配当を受けなかったので、積極的に御師活動をして、数多くの講社を作っていった。明治政府の神仏分離以降は、三院は戸隠神社の奥社・中社・宝光社となった。

【得度】 とくど

出家して僧籍に入ることを指す。修験道の得度式は、教団によって多少の違いはあるが、大体において、まず道場を荘厳して、不動明王と役行者の軸を掛ける。先達は、浄衣を着て入堂した受者に懺悔文を唱えさせたうえで、頂に剃刀をあてる。そして五戒（不殺戒・不偸盗戒・不邪淫戒・不妄語戒・不邪見戒）を守るように諭し、最後に不動明王・役行者・満山護法・鎮守氏神・所生の父母・先達に三礼させ、今後はこれらを崇めて信仰生活に入るように諭す。そして別室で度牒、法名を授け、最多角《いらたか》念珠と結袈裟などを授与する形でなされている。

【床堅】 とこがため

峰中の宿で、初宿の夜に新客に自身即仏の理を悟らすために行なう作法。四度灌頂に先立って行なうように定められている。その作法は、まず新客が腕比と小打木を左右の腰に当てたのちに、両者を正面で二打する。次いで半跏坐で自己の頂・額・心・腹・腰がそれぞれ空・風・火・水・地の五大になると観じ、床堅の文「悪罵及捶打、皆悉当能忍、我今成仏身、端座思実相」を唱えて、金剛界大日の種子・持物・尊形を観じ、即身成仏を体得する。そしてこのあと、本覚讃を唱え、小打木と腕比を今一度正面で一打するというものである。

【床定】 とこさだめ

床堅《とこがため》の後、横臥の姿勢で金剛界大日の𑖪𑖽《ばん》字の形をとって「𑖪𑖽字法界種、相形如円塔、以理智不二、是名法身体」との偈を唱えるものである。これによって大日如来の塔婆、身心入定の極意を示すとしている。

【床精】 とこしらべ

峰中の宿で、長床正面前方の左右に向かいあって坐した閼伽と小木の先達が、初夜・後夜・日中の勤行の際に、二本の散杖で檀板を打つ作法。現在、羽黒山秋の峰の二の宿で、読経の際に、小木と駈《かり》の先達が金剛盤と呼ばれる長方形の低い台の上に、三鈷杵と独鈷杵と長さ約一メートルの二本の散杖を置き、読経にあわせて、この散杖で金剛盤を打つ床散杖の作法がこれにあたると考えられる。なお、これを鎮魂の儀礼と捉える説もある。

【度衆】 どしゅう

度衆の「度」は峰入の度位を示し、峰入二度以上の修験者をいう。教義上は衆生化度を意味し、先達の命に従って新客（初入峰者）を指導する役割が課せられている。峰中の長床の座位は、正面から見て、左端から順に峰入回数（度位）に従って決められた。そしてこの座位をもとに碑伝草案、現参帳、宿の座配帳が作られた。

【抖擻】 とそう

本来は頭陀の漢訳語で、煩悩をふりはらって仏道修行に励むことを指す語。この他、衣食住に対する欲望をはらいのけて身心を修練することから乞食修行を指すこともある。日本では霊地、霊場などを巡って廻国遊行することを意味する。修験道では、山中の長い距離を、雑念を打ちはらって一歩一歩心を込めて歩き続けることによって悟りを得るように努めることを指す。

【兜率天】とそってん

当来仏とされる弥勒菩薩の浄土。弥勒菩薩がここに住して、末法の終わりの五六億七千万年後にこの世に下生《げしょう》して、釈迦に続いて成仏して人々を救済するとされた。そして弥勒の「下生」を待つ信仰と、死後、弥勒がいる兜率天に生まれることを望む「上生」の信仰が生み出された。兜率天には内院と外院があるが、吉野の金峰山（金の御嶽）は内院、笠置山は外院とされた。永承七年（一〇五二）から末法に入るとされたことから、金峰山の弥勒が崇められ、藤原道長を始めとして、平安貴族の間で御嶽詣が盛んに行なわれた。

【独鈷】とっこ

杵《しょ》（把手）の両端に鈷をつけた金銅製の法具の一種で、把手の両端の鈷が一本のみのもの。修験道を始め、密教の修法に用い、唯一の法界を意味する。修験道では、役行者の母が独鈷を呑んだ夢を見て受胎したとする。また『大和葛城宝山記』では、国家の心柱（心の御柱）が独鈷と化し、さらに倶利伽羅不動に変じたとし、役行者は葛城山で独鈷を用いて衆生の煩悩を取り除き、魔物を降伏させたとしている。

【洞川】どろかわ

奈良県吉野郡天川村。天ノ川の支流洞川（山上川とも）沿いの集落。その地名は村の中央から一キロ西の川辺にある蟷螂《とうろう》の岩屋に因むという。この窟中の弥勒の淵の水は、地下を通って集落中央の龍泉寺龍の口に通じているとされている。龍泉寺（本尊弥勒菩薩。八大龍王を祀る）は、近世期は大峰山の内道場で、洞川住民は役行者の弟子・後鬼の子孫とされた。そして洞川は、本山派・当山派から大峰山の警固役として小笹の宿の管理、洞川から山上ヶ岳までの登拝路の茶店の経営を委ねられていた。現在洞川は、山上ヶ岳の大峯山寺を吉野山と共に護持し、龍泉寺住職が同寺住職を勤め、洞川から三人の地元総代、山上ヶ岳の開山中は、大峰山寺詰めの住職の代僧（洞川・吉野各一名）を出している。

な

【長床】　ながとこ

床《とこ》は峰中の道場を意味する語。長床は本殿手前に建てられた長方形の修行道場。礼殿とも呼ばれた。本来のものは柱間に壁を設けず、吹抜けになっている。『三峰相承法則密記』によると、長方形の縦の正面に先達柱があり、それを背にして正先達、左右に小木・採灯・宿・閼伽・峰の五先達が座った。そして正先達の向かって左側の左床を上座とし、右側の右床を下座とし、度衆が峰入度数に基づく位階の順に座し、新客はその後とされた。現在羽黒山秋の峰の荒沢寺の参加者の配置はこの形式をとっている。なお長床の代表的な建築には、鎌倉期の福島県喜多方市の熊野神社長床がある。

【投入堂】　なげいれどう

鳥取県東伯郡三朝町の三徳山三仏寺の一一世紀中頃になる奥の院（国宝）。山頂近くの断崖の岩窟にはめこむように建てられた檜皮葺の小堂。同時期の七体の木造蔵王権現像を祀る（現在は宝物館に安置）。前面は懸造で、長い柱で支えられている。流造の側面に庇をつけ、さらに隅に一段低い隅庇がつけられている。堂名の投入堂は、役行者が法力で堂宇を断崖の窟に投げ入れたことに因むという。なお三仏寺は釈迦・阿弥陀・大日如来を祀る天台系の修験道場として栄えた。

【鉈彫】　なたぼり

木造彫刻は木取り、荒彫を経て小造りで仕上げるが、鉈彫はこのうちの荒彫でとどめて彩色せず、眉・眼・ひげ・胸飾り・腕・臂などは墨描きで表している。像身には、丸刃や丸鑿の刻み目を付しているので素朴な美しさがある。平安末から鎌倉前期に東国に見られた。山籠りの修行僧が作善のために作ったと思われる。主な遺例に横浜市弘明寺の十一面観音（鎌倉後期、重文）、神奈川県伊勢原市宝城坊の薬師三尊（鎌倉、重文）、埼玉県所沢市氷川神社の蔵王権現像などがある。

に

【日光山】 にっこうさん

栃木県日光市。日光山には八世紀後半に勝道が四本龍寺を創建し、さらに二荒山《ふたらさん》（男体山、補陀落山、2486メートル）に登頂し、山麓の湖畔に中禅寺を創設した。鎌倉時代初期には熊野修験の弁覚が座主となり、爾来、中世期を通して四本龍寺・二荒山権現・滝尾権現の三所からなる修験道場として繁栄した。室町期には、日光修験は古峰ヶ原を拠点として、春・夏・冬の峰入と、秋に五組の修験が日光連山を抖擻する三峰五禅定と呼ばれる修行を行なった。近世初頭、日光山には東照宮と輪王寺が設けられたが、一坊と呼ばれた八〇坊の修験は、近世を通じて冬峰・花供峰・夏峰・惣（五）禅定の峰入を行なった。明治政府の神仏分離政策により、日光山は東照宮、二荒山神社、輪王寺の二社一寺に分離した。現在日光山では輪王寺で強飯式、延年など修験の儀礼を伝える他、山内の興雲律院によって花供の峰入がなされている。また、二荒山神社では、近世来の講による二荒山禅定を登拝と改称して七月一日から七日まで神社の行事として行なっている。

【日本九峰修行日記】 にほんきゅうぶしゅぎょうにっき（『日本庶民生活資料集成』二）

日向国佐度原《さどはら》の当山派修験、安宮寺住職泉光院野田成亮《しげすけ》が、文化九年（一八一二）から文政元年（一八一八）にかけて、全国を歴訪して遺した日記。泉光院は、文化八年に三宝院門跡から当山派修験の実情調査の命を受け、藩主の許可を得て、弟子の斎藤平四郎と共に、当山派の末派修験の歴訪に加えて、彦山・石鎚山・箕面山・金剛山・大峰山・熊野山・富士山・羽黒山・湯殿山の九峰を始めとする霊山、伊勢神宮、諸国一宮・国分寺、百観音巡礼を行なった。この間、各地で托鉢・加持祈禱・小祠の祭り・

護符の配札・末派修験への秘法伝授をしている。本書は、三宝院門跡と藩主に提出されたものである。

【入山修行の禁】 にゅうざんしゅぎょうのきん

僧尼などの山林修行に関する奈良時代の禁令。大宝二年（七〇二）二月の大宝律令では、寂静の山で穀断し、仙薬を飲んで修行する僧尼は、所属の寺の三綱が連署のうえで、都では僧綱を経て玄蕃寮に、その他では国郡司に修行の山を届け出させ、そこでのみ修行を許している。その後、養老二年（七一八）には、僧尼が寺院以外に居して修行し、意のままに山に入って庵や窟に籠って修行することを禁じている。また延暦一八年（七九九）にも、山林に隠れ、邪法を行なう沙門を国司に調べさせている。このことは、奈良時代に官僧・私度僧を問わず、山林修行者の数が多かったことを示している。なお政府はこれらの山林修行者が反体制的な行動に走ることは禁じたが、彼らを自己の管轄下に置いて、その呪力を利用することにはやぶさかでなかった。そして平安初頭には、最澄、空海など傑出した山林修行者を外護したのである。

【如実知自身】 にょじつちじしん

如実はあるがまま、その如くという意味で、これを展開すると、真実の通り、ありのままにということになる。それゆえ「如実知自身」は、自己の心のあるがままの姿をはっきりと自分自身が証知することを意味する。なお『大日経』では、悟りとはこの「如実知自身」であるとしている。修験道の峰入は自然にふれて自然法爾《じねんほうに》の境地に入り、その中でこの如実知自身の悟りに達することを目的とするものである。

【女人禁制】 にょにんきんせい

女性が特定の宗教行事に参加したり、特定の聖域に入ることを禁じることをいう。修験道では、明治五年（一八七二）三月に政府が、女性の登拝・参詣を認めるまで、ほとんどの山で女人禁制を守っていた。現在でも、大峰山の山上ヶ岳、岡山県美作市の後山などでは女人禁制が守られている。特に厳格な女人禁制を守る山上ヶ岳では、登拝口に女人結界所があり、そこからの女性の入山を禁じている。またかつて女人禁制だった霊山には、この禁を破って登拝した女性が石と化したものといわれる巫女石、姥石などがある。女人禁制の理由については、一般には、女性の出産や月経の穢れのためとされている。しかしこの他にも、村落社会の行事における男子中心主義が山岳修行に適用されたとか、男性の修験者が山の女神のもとで修行するために世俗の女性を忌避したなどの解釈がなされている。

【仁王会】にんのうえ

『仁王般若経』を講読して、鎮護国家、万民豊楽を祈願する朝廷の法要。日本では斉明天皇六年（六六〇）五月に天皇の即位とあわせて大仁王会が修されたのに始まる。醍醐寺では、聖宝の遺訓に基づいて上醍醐五大力堂で二月二三日に修されたことから、修験者が随喜参加して、聖体安穏、万民豊楽はもとより、七難即滅、七福即生の一大祈禱会となり、「五大力《ごだいりき》さん」の愛称で知られた。現在は二月一五日から七日間にわたって行なわれるが、二一日に上醍醐の五大力堂の五大力尊の御影を一山の本堂に遷し、一五〇キロと七〇キロの大鏡餅をお供えした。そして法要のあと、男性は一五〇キロ、女性は七〇キロの餅を持ち上げ、持続時間を競う「五大力餅上げ力奉納」がなされた。なおこの五大力仁王会の期間中、山内の柴灯護摩道場では、毎日、柴灯護摩が厳修されて、醍醐寺最大の修験行事となっている。

ぬ

【布橋灌頂】ぬのはしかんじょう

立山芦峅寺《あしくらじ》の修験の儀礼。女性信者に対して、秋の彼岸中日に、閻魔堂から三途川に架けられた布橋を渡って姥堂に至る白い布を敷かれた道を進み、法要に参加することによって、即身成仏・極楽往生を保証する。近世期には、受者を閻魔堂で懺悔させたうえで三昧耶戒を授け、仏性に目ざめさせ、橋の上で、引導師によって灌頂行道がなされた。そして到着した姥堂で来迎師から血脈を授かっていた。近年、芦峅寺の立山博物館で再現された。

ね

【年行事】《ねんぎょうじ》

本山派で、諸国にあって門跡からほぼ郡単位の一定地域（霞）内の同行修験の支配、七カ所（伊勢・熊野・富士・白山・愛宕・三島・日光）の参詣道者の引導、注連祓いなどの修験の修法の取り締まりにあたった。なお年行事には、すでに中世末に聖護院または若王子からその職を認められ、独自に霞を有した正年行事、先達が聖護院に申し出て、自己の霞を分与した平年行事、その配下で、特に霞を所有せず先達からその霞を預かってその実務を担当した准年行事があった。聖護院からこの年行事・准年行事に取り立てられる際には、多額の上納金を要した。また聖護院への出仕、本山の大峰・葛城の峰入への参加が義務づけられた。天保三年（一八三二）の『本山近代先達次第』によると、年行事の総数は一五二で、うち関東一一〇、東北二八、中部四、近畿五、西国（中国・四国・九州）五、准年行事は一一一で関東六一、東北二四、中部四、近畿八、西国一四で、いずれも関東が圧倒的に多かった。

【念仏聖】《ねんぶつひじり》

阿弥陀聖とも。山中などで、自ら極楽往生を求めて念仏（南無阿弥陀仏）を唱えて修行すると共に、念仏を唱導した。その始祖は、平安中期に鎮魂のために易行念仏を唱えて阿弥陀聖と呼ばれた空也（九〇三～七二）とされている。爾来、彼の影響を受けた念仏聖が諸国を遊行して念仏を唱えて死者を葬って供養したり、踊り念仏を始めたりした。彼らの中には阿弥号を称する者もいた。なお空也は、鹿杖を持ち、鹿皮をまとった山林修行の山伏を思わせる姿で、霊山で修行したという。このほか役行者入定の地とされる箕面でも、ほぼ同じ頃に勝尾寺の証如、園城寺の千観などが念仏を唱導している。

の

【能】《のう》

即興的な滑稽芸の猿楽を母体に、室町期に世阿弥（一三六三～一四四三）らが完成させた芸能。多くは仮面をつけた主役のシテと、その相手のワキやツレが囃子、太鼓方などの謡にあわせて演じる形をとっている。修験に関する演目には、「葛城」「葛城天狗」「谷行《たにこう》」「安宅」などがある。「葛城」は、美女に扮した葛城の神（一言主）が羽黒の山伏の祈禱によって救われ、本身を示すが、醜さゆえに岩戸に隠れる話。「葛城天狗」は、シテの天狗をワキの役行者が調伏する話。「谷行」は、石子詰めで死んだ稚児を山伏が祈禱で蘇らせる話。「安宅」は、加賀の安宅の関で、富樫の問いに答えて弁慶が山伏の教義や衣体の意味を説く話である。その他の演目でも、山伏が物の怪を祓ったり（「葵の上」）、鬼神を退治する（「安達原」）など験力の持ち主として登場する。なお明治以降は、能と狂言をあわせて能楽と呼んで、上演では両者が共に演じられている。

【覗き】 のぞき

谷に向かって突き出た岩壁の上で、行者を逆さ吊りにして下を覗かせる修行。大峰山の山上ヶ岳表行場の西の覗きが有名。新客（初入峰者）の肩から背にロープをつけ、足を持って逆さ吊りにして下を覗かせ、懺悔させる修行。十界修行の業秤に位置づけられている。終了後、役行者を祀った小祠で「有難や西の覗きで懺悔して、弥陀の浄土に入るぞうれしき、オン、アビラウンケン、ソワカ」との唱えごとがある。なお裏行場にも、東の覗きの行場がある他、大峰山では普賢岳、前鬼裏行場にも覗きの行場があった。現在はなされていないが、他にも彦山、志賀高原、両神山にも覗きの行場があった。

は

【白山】 はくさん（しらやま）

加賀・越前・美濃の国境に聳える御前峰《ごぜんがみね》（2702メートル）・大汝峰《おおなんじがみね》（2684メートル）・剣ヶ峰（2677メートル）、南方の別山《べっさん》（2399メートル）、三ツ峰（1962メートル）の五峰からなる。八世紀初頭に泰澄が登頂して、御前峰に白山妙理大菩薩（本地十一面観音）、大汝峰に大己貴命《おおなむちのみこと》（本地阿弥陀）、別山に別山大行事（本地聖観音）を感得して、白山三所権現として祀って開山した。その後、加賀側登拝口（馬場という）に白山寺、越前馬場に平泉寺、美濃馬場に長滝寺《ちょうりゅうじ》が設けられ、いずれも平安末には延暦寺末となり、各地に白山信仰を伝播させた。中世期には、加賀馬場は尾添、越前馬場と美濃馬場は石徹白《いとしろ》に中宮が設けられ、修験の拠点となった。近世期には、白山寺は加賀藩の指示で白山本宮（現・白山比咩神社）となり、平泉寺は玄成院と改称され、美濃の長滝寺と共に延暦寺末となった。明治政府の神仏分離後は、三馬場とも神社になっている。

【柱松】 はしらまつ

柱松には、民間行事としてのものと、修験の峰入行事のもの、両者が習合したものがある。民間行事の柱松は、盆に柱を立て、その上に御幣・榊などをつけ、下から松明を投げて点火するもので、その焼け方で年占をすることもある。また、高灯籠や迎え火、送り火のように精霊を招いたり、火の呪力で悪霊退散をはかる信仰に展開したものもある。修験道の柱松は、中世末の『三峰相承法則密記』では、峰入の際に、高さ六尋（約一一メートル）ほどの松の柱に、繞索《にょうさく》を巻いて上に大幣を立てたもの、一丈八尺（約五メートル五〇センチ）の松の木に大幣をつけたもの、一二尺（約三メートル六〇センチ）のものに大幣をつけたものの三本の柱を設える。そして山伏が錫杖を振り、慈救呪を唱えたうえで、六尋の柱松に登って、幣に火をつけて下りると、駆出の法螺が吹かれて一行が峰入する。この六尋は六根を示し、六根清浄のうえで峰入することを意味するとしている。福岡県等覚寺《とがくじ》で現在行なわれている柱松は、この系統のものと考えられる。民間行事と修験行事が習合したものには、愛宕山の修験が、八月二四日の地蔵盆の時に愛宕神社の神火を受けてきて、柱松に点火する神事がある。

【柱源護摩】 はしらもとごま

近世末までは、峰中で正灌頂とあわせて授けられた秘儀。天地の形成、父母の交わりによる宇宙軸（天と地を結ぶ柱）としての修験者自身の誕生と成長を壇上で観じた後に、護摩を修する作法。聖護院の「柱源護摩供養法」は、導入・床堅《とこがため》・柱源・護摩・終結の五段から成っている。第一の導入では、修法者が護摩壇の前に設けた壇板の前に着座し、自己の煩悩を滅すると共に壇板上の六つの壇具（円筒状の水輪、その左右の花皿、手前正面の舎利器と独鈷、閼伽器、その脇の二本の杓）のそれぞれに充当した宇宙の構成要素の地・水・火・風・空・識の六大を観じる。第二の床堅では、自己の即身成仏を確

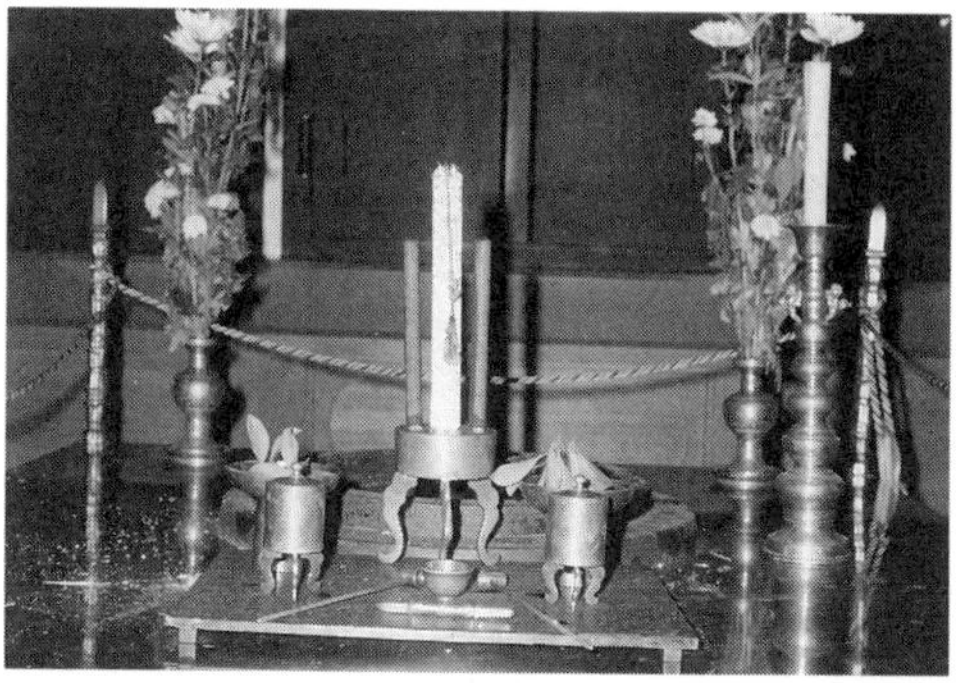

柱源の壇具

信する。中心をなす第三の柱源では、まず壇板上の水輪に閼伽器の水を入れ、「天地の潤水、ここに至る」と唱えて、天地の創造を観じる。次に、水輪の両側に立てられている二本の乳木（父・母を示す）を両掌の中で重ねることにより、水輪の中央に立てられた閼伽札（修法者）が誕生したことを示す。次いで水輪に水を入れ、舎利器の米などを献じることによって修法者の成長をはかる。第四の護摩は通常の息災護摩とほぼ同じである。第五の終結では、合掌した両掌に閼伽札をはさんで本覚讃を唱えたうえで、閼伽札をもとの場所に立てる。これによって、修法者が天地を結ぶ宇宙軸となったことを示すものである。なお三宝院でもこれと類似した柱源護摩供養法がなされている。

【八菅修験】 はすげしゅげん

相模国八菅山（神奈川県愛甲郡愛川町）を拠点とした本山派修験。平安末の経塚と、正応四年（一二九一）に小野流の阿闍梨長喜、那智滝千日籠をした本宮長床執行顕秀の来山を示す巨大な碑伝を伝える。

その後、応永二六年（一四一九）、八菅山光勝寺住職盛誉が鎌倉公方足利持氏の外護を受けて再興した。そして天文二一年（一五五二）には、聖護院門跡道増が来山、永禄二年（一五五九）には門跡の代参として勝仙院、聖蔵院の二僧正が来山し、八菅修験は本山派に所属した。天正一九年（一五九一）には徳川家康から六石六斗の朱印を授かった。近世期には聖護院門跡直属となり、近隣五カ村の総鎮守の七社権現（熊野・蔵王・箱根・男山八幡・山王・白山・伊豆走湯）を、本坊二四坊、脇坊二二坊の修験が祀り、武蔵・相模・府内の配札を許されていた。また八菅から大山に至る峰入を行なっていた。ただ明治政府の神仏分離令の結果、七社権現は郷社八菅神社となり、修験者は復飾神勤した。

【長谷川角行】はせがわかくぎょう　一五四一〜一六四六

富士講の創始者。富士講に伝わる一八世紀初期になる伝記「大行の巻」によると、天文一〇年（一五四一）、長崎で長谷川久光の子として生まれ、一八歳から諸国巡拝の修行に出た。そして陸奥の平泉の窟で修行中に、役行者から富士登拝を指示された。そこで富士に赴いて、西麓の人穴に籠って角材の切口に立って一千日の行をして、仙元大菩薩に角行の名を授かり、北口の吉田から富士に登拝した。その後、江戸で奇病が流行ったのを、大法・日旺の二人の弟子を伴って上京し、御ふせぎ（護符）を授けて救済した。

【花供懺法会】はなくせんぽうえ

花供会式とも。吉野山蔵王堂で四月一〇日から一二日にかけて行なわれる、桜の花を蔵王権現に供える祭り。修二会と夏安居の始まりの花供を合わせたものと考えられる。伝承では、平安後期の金峯山寺検校高算が、白河上皇の病気を治し、諸国で初穂勧進の許可を得て始めたとしている。現在の行事は、四月一〇日に蔵王堂前で御供の餅つき、次いで女性行者による採灯護摩がある。一一日には午前中に太鼓神輿の山内ひきまわし、正午に竹林院から蔵王堂への、一山住職と峰入法具を持った山伏などの行列が出発する。一行が蔵王堂に到着すると、修験懺法を中心とした花供懺法の法要がある。この懺法の読経中に、銅盤に盛った桜花が蔵王権現に供えられる。法要後、境内で、修験者の採灯護摩、蔵王権現に供えた餅を撒く名物の「吉野の餅撒き」がある。翌一二日にも同様の行事がなされる。

【花祭】 はなまつり

愛知県北設楽郡の各地で霜月（一一月）に行なわれる湯立神楽。修験者がもたらしたとされる。祭りは、天蓋の下に釜を設え、湯を沸かして、その周囲で神事・素面の舞・面舞・式舞・湯立て・神返しの順で行なわれ、夜明けには終了する。面舞の中心部分で山見鬼が天地を割り裂き、榊《さかき》鬼が生命の証しである榊を持って現れる。この鬼は祖霊で、生命を更新する守護霊とされている。なお近世期になされた浄土入りの次第では、現世の罪、穢れを滅するために白山（しらやま、死者の国）に入り、苦しむところを仏神の加護で鬼に救い出されて、この世に生まれかわり祝福を受けるという、修験道の擬死再生の思想を物語るものだった。

【葉山】 はやま

奥山に連なる、あるいはそれと対応する、里近くのこんもりとした山。死霊・祖霊のすむ山、さらにそれが浄化した農耕の守護神の居所として崇められた。宮城・福島・山形に多く見られ、麓山・羽山・端山・早馬などの字があてられている。なお山形県村山市と寒河江市の境の葉山（１４６２メートル）には、慈恩寺の奥院の葉山権現（本地薬師）を祀る修験の大円院がいて葉山修験と称していた。

【葉山籠り】 はやまごもり

福島県に見られる葉山（端山・麓山・羽山・早馬）の作神（ハヤマの神）信仰に基づく祭り。葉山に登拝するお山かけ、葉山に籠っての別火・垢離の精進潔斎、作占いなどの託宣がある。ただ女性の参加は禁じられている。例えば福島市金沢の葉山籠り（一一月一六日〜一八日）では、黒沼神社境内の籠り屋で、三日間別火で精進潔斎し、その間に農作業の過程を模した予祝の祭りや託宣がある。最後の一八日には葉山に登るが、ここでも託宣がある。この葉山籠りには、羽黒修験が関与したものもある。

【番楽】ばんがく

鳥海山麓に伝わる山伏神楽。ひやま番楽とも呼ばれる。主として夏祭りに演じられた。露払い、鳥舞《とりまい》、翁、三番叟《さんばそう》のあと、その特徴とする曽我、源平争いなどの武士舞がある。これらには修験の荒舞の影響が認められる。

【飯道寺岩本院、梅本院】はんどうじいわもといん、うめもといん 滋賀県甲賀市

山号は金寄《きんき》山、甲賀市の飯道山（664メートル）にあった当山正大先達寺。山上に和銅年間（七〇八～一五）に熊野権現を勧請した飯道神社があったが、天長五年（八二八）に、興福寺僧願安の弟子安皎《あんこう》が飯道寺を開基した。中世末期には、この飯道寺の岩本院、梅本院は熊野先達を勤めていたが、一八世紀初めまでは、あわせて熊野新宮の本願庵主となっていた。近世期には、当山派の熊野方、熊野本願と呼ばれた勧進に携わる修験を支配し、当山正大先達衆として活躍した。なおこの飯道寺を拠点とした修験は、中世後期には甲賀山伏といわれ、甲賀忍者の源流をなすとされている。現在、飯道寺は天台寺院として山麓で復活し、古来の笈渡《おいわたし》式を行なっている。

ひ

【比叡山】ひえいざん 848メートル

京都市左京区・滋賀県大津市。日枝山とも。最澄が延暦寺を創建して天台宗を開いた霊山。彼はこの折、大比叡《おおびえ》（祭神は大和の三輪山の大己貴《おおなむち》神）・小《こ》比叡《びえ》（祭神は京都の松尾大社の大山咋《おおやまくいの》神）を、鎮守の日吉山王とした。同社には後に白山神が客宮として勧請されている。最澄は『山家学生式』によって大乗戒の受戒者に一二年間の比叡山籠山を課している。その後、三代座主円仁の弟子相応は、山内を巡拝して回峰行の祖とされた。また五代座主円珍は、園城寺を開き、天台宗寺門派・本山派修験の派祖として崇められている。ちなみに現在、延暦寺塔頭の住職は一〇〇日の回峰行が課せられている。

【英彦山】 彦山 ひこさん

福岡県添田町、大分県中津市。南岳（1200メートル）・中岳・北岳からなり、鎌倉初期には南俗体岳（釈迦）・中央女体岳（千手観音）・北法体岳（阿弥陀）の彦山三所権現が崇拝された。中世期には、中腹に天台系の霊仙寺を中心に、二〇〇余の禅庵、八カ寺の別院、般若窟（玉屋窟）、豊前窟（豊前坊）などの窟があり、それぞれに三所権現と守護天童が祀られていた。また近くの蔵持山・求菩提山・松尾山・檜原山・普智山・福智山を彦山六峰としている。当時の縁起では、開山は北魏の僧善正《ぜんしょう》で、その後、般若窟で修行した宇佐の法蓮《ほうれん》が、日子山を彦山と改め、霊仙寺を開いたとしている。正慶二年（一三三三）、助有法親王が座主に迎えられている。室町末には、大峰で修行した即伝が来山し、春峰（順峰）・夏峰（花供峰）・秋峰（逆峰）などの峰入の作法や教義を整えた。近世期には座主のもとに、行者坊（修験）・衆徒坊（僧侶）・惣方（社人）の三派があり、行者坊は峰入、衆徒坊は涅槃会、惣方は松会を主要行事とした。また三派の各坊は九州一円に檀那を有して廻檀し、幕末には、山内二五〇坊の檀那総数は四二万に達していた。なお一山は中世末以来本山派に属していたが、元禄九年（一六九六）には天台修験別格本山として独立した。また享保一四年（一七二九）には、霊元法皇から「英彦山」の称号を授かり、以後これを公称とした。明治政府の神仏分離に際して、英彦山権現は英彦山神宮、豊前坊は高住神社、般若窟は玉屋神社となった。また近世の松会は、御田祭、神幸祭、峰入は一一月三日の入峰、護摩の形で実施している。

【彦山修験最秘印信口決集】 ひこさんしゅげんさいぴいんしんくけつしゅう 二巻（修疏Ⅱ）

一八世紀後期から一九世紀初頭頃に、彦山の大先達の間で授受された峰入を中心とした諸活動の切紙六二通を、『修験道章疏』編集の際に中野達慧《たつえ》が集めたもの。中心となるのは広延（一七〇三～？）が所持した六々通（三六通）と「十二物記」（山伏十二道具の切紙）所収のものである。巻上は峰入に関するもので、春・夏・秋の三峰の峰中の作法、不動・童子・弁才天などの諸尊を挙げる。巻下には「十二物記」をはじめ里修験が関わった神祭、祝詞、一〇種の神道の作法、牛王、障碍よけ、不動・毘沙門天などの神格、霊供作法が挙げられている。本書によって近世期における彦山の峰入、里修験の活動を知ることができる。

【彦山流記】

ひこさんるき
一巻（神道大系八五）

鎌倉初期になる彦山最古の縁起。奥書によると、建保元年（一二一三）に、既存の縁起をもとに抄録したとしている。その内容は、彦山権現の中国からの垂迹譚、般若窟（玉屋窟）を始めとする彦山四十九窟と彦山修験の由緒、彦山権現の霊験を挙げ、最後に彦山三所権現の神格、四至、社殿、建造物、仏像、経典、什物、年中行事、山内の四谷の諸衆・先達の人数などを記している。なお般若窟で修行した法蓮《ほうれん》は宇佐八幡神宮寺の開基とされる。また彦山権現が中国から飛来したとする点は「熊野権現御垂迹縁起」に説く熊野権現の垂迹譚と類似している。

【毘沙門天】

びしゃもんてん

多聞天とも。須弥山の四方に配された東・持国天、南・増長天、西・広目天、北・多聞天（毘沙門天）の四天王の一つで、北方を守護する武神とされた。像容は右手に宝棒、左手に宝塔を持ち、邪鬼を踏みつけている。仏法護持、怨敵降伏、福徳、施財の仏とされた。鞍馬寺の毘沙門天（平安、国宝）が広く知られている。吉野山では勝手社（山口・下宮・下御前）の本地とされ、武将に崇められた。熊野では熊野十二所権現の一つ米持金剛、熊野新宮の神倉権現の本地が毘沙門天とされている。

【聖】

ひじり

ひじりの「ひ」の古義には霊の字があてられている。それゆえ、聖は霊力を左右できる人を指すと思われる。そして深山、幽谷に籠って修行して、そこで得た霊力を用いて精霊を治める（支配する）宗教者と考えられる。聖は、霊山の寺社の周辺や外部にあって独自に活動した。また各地を遊行して地域の人々に接し、妻帯するなど世俗的な生活を行なった。彼らの中には、修行中に木食をし、さらに十穀断ちをしたことから木食聖・十穀聖、勧進にあたったことから勧進聖・願人と呼ばれた者もいた。その際には、自分が関わる霊山の社寺の縁起を語ったり、絵解きをして唱導にあたった。その宗教活動から見ると、念仏聖と法華経を唱導した持経聖に分けられる。

【碑伝】ひで

峰入に際して、実施の集団名、峰入年月日、入峰者名などを記したものを残して、その証しとしたもの。初期のものは自然木の幹を削ってそこに記す切碑伝の形がとられた。その後、永仁二年（一二九五）の年記と冬籠りの旨を記した、一メートル余りの自然木を削った真木碑伝（前鬼森本坊蔵）が作られた。『修験修要秘決集』には、上の図に挙げた金剛界と胎蔵界の碑伝の雛形が挙げられている。現在は金剛界のものに準じて頂を三角にして、寺院または教団名、先達・度衆、新客数、入峰年月日を記したものを、峰中の宿や立木などに打ちつけている。なお葛川明王院の中世の参籠札も碑伝に準ずるものである。

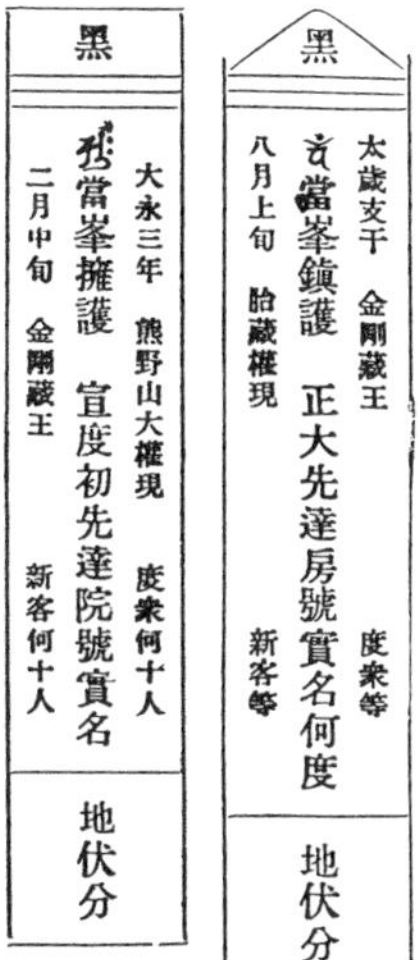

碑伝

【一言主伝承】ひとことぬしでんしょう

大和葛城山の葛城一言主神にまつわる伝承。『古事記』の雄略天皇の条には、一言主が葛城に猟に赴いた天皇の前に現れて、「悪事《まがごと》も一言、善事《よごと》も一言、言離《ことさか》の神、葛城一言主大神」と名乗ったとある。平安初期になる『日本霊異記』には、一言主神が役小角から葛城山と吉野の金峰山の間に岩橋を架けるように命じられたが、容貌が醜いのを恥じて、夜しか仕事をしなかったので小角に咎められた。そこでこれを恨んで小角に妖惑《ようわく》の疑いがあると讒言したので、役行者が伊豆に配流されたとしている。

【日待・月待】ひまち・つきまち

「待」は「まつり」、特に、特定の日に人々が忌み籠って夜をすごすことを指す。民間では、日待は正月・五月・九月の一日と一五日の神祭りの日に、精進潔斎のうえで、住民が徹夜して日の出を拝して祈る行事だった。修験道では山伏が檀家の家をまわり、護摩祈禱をした御札を配ったり、各家の神を祀る行事を日待と呼んだ。月待は正月・五月・九月の一七日・一九日・二三日に、講の人々が集まって、精進潔斎のうえで籠って、月の出を待って祀る行事で、特に二十三夜の月待は、女性の祭りとされた。

【平等岩】びょうどういわ

大峰山山上ヶ岳裏行場での新客の最後の行場。なお裏行場は、一六世紀から一九世紀中頃までは、後繞堂《うしろにようどう》と呼ばれていた。この修行では、阿古滝《あこだき》の谷の岩壁に突き出た大岩を、岩に抱きつきながら一巡する。そしてこれを終えると、蔵王権現・不動明王・倶利迦羅不動（龍王）を祀った元結払《もってんぱらい》の拝所で、「平等岩、廻りてみれば阿古滝の、捨つる命は不動くりから」と唱え、大峯山寺に裏から入って修行を終えている。この阿古瀧は、鎌倉初期の『諸山縁起』によると、元興寺の童子阿古が捨身して龍と化した谷とされている。なお平等岩の平等は、「行道」を意味するとも思われる。また元結払は、新客がそれまで掛けてきた紙縒《こよ》り（元結《もとゆい》）の袈裟を、傍の木に掛けたことを意味している。それゆえ、この平等岩の修行は、新客が表・裏の行場で一連の修行をして、最後に捨身して倶利迦羅不動（龍王）となって、その霊力を獲得したことを示すとも考えられるのである。

ふ

【符】ふ

紙・布・木片などに、崇拝対象名・図像・種子・経文の要約、呪文などを書きつけたものの総称。符

符の例

は、使用目的によって、除災の目的で多くは呪法とあわせて用いられる呪符と、魔よけ・火防《ひぶ》せなどの身辺の守護に用いられる護符、僧侶が願主の依頼に応じて読誦した経・陀羅尼の名称と度数を記した巻《かん》数《じゅ》、時宗などで往生を保証する念仏算《ふだ》などがある。その形は、大形の札、小さな守りなどがある。受者はこれを、神棚・仏壇などに祀る、田の水口・畑などに立てる、門・柱・天井・竈など所定の場所に貼る、身につける、飲むなどした。修験道では、呪符・護符の他、採（柴）灯護摩などの際に祈禱した証しとして授けてもいる。その用途は、治病・産育・除災を中心に、日常生活のすべてに及んでいる。符に記されるのは、神・仏名・種子や、経の文句、鬼、日・月・星の記号などで、その多くには、下方に、道教の呪文の「喼急如律令《きゅうきゅうにょりつりょう》」の文句が記されている。

【普寛】ふかん　一七三一～一八〇一

江戸中期の木曽御嶽行者。武蔵国秩父に生まれた。俗名浅見左近、江戸に出て八丁堀の修験、法性院《ほうしょういん》の弟子となった。その後、一時秩父に帰ったが、再度上京し、法性院の後を継ぎ、本山派の修験者となった。そして木食行をすると共に、諸国を遍歴して霊山で修行した。寛政四年（一七九二）に木曽御嶽の王滝口を開いて軽《けい》精進で登拝し、数多くの御嶽講を組織した。この他、越後の八海山、上野の武尊《ほたか》山《やま》・三笠山、武蔵の意和羅山を開山した。また憑祈《よりぎ》禱《とう》に基づく御座により、多くの信者を得た。享和元年（一八〇一）、武蔵の本庄で死亡した。現在その地に普寛堂が建てられている。

【富士山】ふじさん　3776メートル

不死山とも。古代には度々噴火した富士山の駿河側山麓には、噴流した溶岩を祀った山宮、富士の伏流水の湧玉池に火を鎮めることを期待して木花佐久《このはなさく》夜毘売《やひめ》神を祀った式内社の本宮浅間大社、甲斐側には、吉田の浅間神社などが創祀された。一二世紀には、駿河の末代《まつだい》が山頂に浅間菩薩（本地大日如来）を祀り、山麓の村山に大日堂を創建した後に入定して、大棟梁《だいとうりょう》権現と崇められて、村山修験を創始した。同じ頃、伊豆走湯山《そうとうざん》の修験覚台が、吉田口の御室浅間神社に不動明王像を納めている。文保年間（一三一七〜一九）には、駿河の頼尊《らいそん》が、山頂に大日・阿弥陀・薬師を祀り、村山に浅間神社を建立し、興法寺を開基して、大棟梁権現を総鎮守として、富士山、愛鷹山《あしたか》（１５０４ｍ《メートル》）を廻る富士行を始めた。近世期には、村山修験は本山派に所属し、浅間神社別当辻之坊、大棟梁権現別当大鏡坊、大日堂を預かった池西坊が中心になって富士行を継承した。そして関西では、水辺に設けられた行屋で垢離をとって、富士山を遥拝することによって富士登拝に代える富士垢離行人を組織した。近世初頭に、長崎出身の修験者長谷川角行は、山宮近くの富士の人穴に籠って修行して得た験力を用いて、多くの信者を集めて富士講を創始した。その後、食行《じきぎょう》身禄《みろく》が、富士山五合目の石室に三一日間籠って断食し、入定した。彼の死後、富士講は祈禱、御符や霊水の配布をもとに江戸を中心に盛行した。そして近代には、富士講を母体とした扶桑教、実行教へと展開した。ただ現代は観光を兼ねた登山者で賑わっている。

【富士塚】ふじづか

富士講によって築かれた富士山を模した築山。多くは富士の熔岩（ボク石）を頂上に配している。最初のものは、身禄の弟子高田藤四郎が、安永八年（一七七九）に築造した高田富士（新宿区西早稲田）で、昭和初期まで東京とその周辺に数多く造られた。合目石《ごうめいし》、身禄が入定した烏帽子岩、御胎内が備えられたものもある。七月一日の富士山の山開きには、富士講の講員が、近くの七つの富士塚を巡って登る七富士参りを行なった。

【扶桑教】ふそうきょう

薩摩出身の国学者宍野半《ししのなかば》（一八四四〜八四）が、富士講を結集して設立した教団。本部を東京都世田谷区松原に置く。教派神道十三派の一つ。宍野は大教院の大講義を勤めた後、明治六年（一八七三）に富士本宮浅間神社宮司となり、富士講の結集をはかって富士一心教会を組織し、神道事務局に属した。そして明治八年、伊藤六郎兵衛（一八二九〜九四）

の丸山講を包摂して教勢を伸ばし、同一五年、神道事務局から独立して、扶桑教を設立して管長となった。しかし同二〇年、丸山講が離脱し、教勢が半減した。本教では大祖参神（富士仙元大神）を祭神とし、『神理大要』『神徳経』を経典としている。公称信者、三万六〇〇〇人。

【補陀落】ふだらく

サンスクリットのポータラカの音訳。観世音菩薩の在所の山、観音の浄土とされた。伝説上では、インドの南端や中国浙江省の舟山列島の普陀山が補陀落とされた。またチベットで観音の化身とされたダライ・ラマの旧宮殿はポータラカ（ポタラ宮）である。日本では、那智山麓の浜を補陀落の東門として補陀落山寺が建てられた。また日光の中禅寺湖畔も補陀落とされ、二荒山の山名はこれに因むとされている。

【補陀落渡海】ふだらくとかい

中国の舟山列島の普陀山に比定された観音の補陀落浄土での往生をめざして、熊野の那智の浜、土佐の足摺岬、肥後の玉名などから死の船出をする信仰。伝承も含めて六〇例近くあるが、そのうち一八は那智である。那智の補陀落渡海の初出は、『台記《たいき》』所掲の、一二世紀中頃、千手観音を祀った船で渡海した慶乗である。中世期には、那智滝籠衆が、渡海船が補陀落に到着するように修法を行なっていた。その頃の伝承を収めた『修験道見聞鈔』には、当時廻国の山伏は、大峰抖擻を三六度したうえで、那智の渚の宮で入水することを修行の理想とし、これを「補陀落渡」と呼んだとしている。一五世紀から一六世紀には、補陀落山寺の住職は六〇歳になると補陀落渡海したという。

【峰中絵図】ぶちゅうえず

大峰山の奥駈の順路に沿って、山中の景観・諸堂社を詳細に描いた絵図。天明七年（一七八七）に描かれた醍醐寺蔵の絹本著色の『峯中秘図』と、同年に吉野山桜本坊の快済が絵師に描かせたほぼ同様の構図の紙本墨書淡彩の『大峯峰中秘密絵』がある。

この両者は、共に二巻で、上巻は六田渡しから蔵王堂、吉野奥の院、山上権現。下巻は小笹から弥山宿、釈迦ヶ岳、深仙、熊野本宮までを描く。この他、吉野から小笹までの峰中を描いたものに、近世の養沢惟豊の手になる「和州金峯山山上山下小篠等之総図」（紙本着色、天理図書館蔵）がある。なお本図には洞川、天河弁財天も記し、裏書きに金峯山寺僧物代吉水院、満堂惣代宝塔院とある。

【峰中歌】ぶちゅうか

大峰山などの修験道の行場や、そこでの修行体験を詠んだ歌。古代末から中世初期のものには、行尊が笙岩屋で詠んだ「草の庵　なに露けしと思いけんもらぬ岩屋も袖はぬれけり」（『選集抄』巻八）、西行（一一一八～九〇）の『山家集』下雑「峰中歌」の一六首の一つ、前鬼三重の滝での「身につもることばの罪もあらわれて　心すみぬる三かさねの滝」がある。中世末の即伝の『修験頓覚速証集』には、峰入で得た煩悩即菩提の境地を、「濁江や小川の水に移りても　光は半　同じ山の端の月」と詠むなど、歌に託して教えを説いたものがある。近世の学峰の『峰中秘伝』には、鐘懸での「金懸に登りて見れば金もなし　心の弥陀に相うぞうれしき」の秘歌を挙げている。なお院政期の熊野御幸では、道中の王子などで歌会が催された。特に後鳥羽上皇の御幸では、その歌会で詠まれた歌を記した「熊野懐紙」が伝わる。

【峰中灌頂本軌】ぶちゅうかんじょうほんき　一巻（修疏Ⅰ）

「修験秘奥鈔」とも。大峰山に伝来した修験の立義・峰入・柱源、正灌頂に関する、三三通の秘記・伝記・口説の切紙を集めた秘書。序文には、内山永久寺の旭蓮が建長六年（一二五四）に師説をまとめたとある。ただ内容からは室町中期成立と考えられる。本書には特に『本山修験深秘印信集』『彦山峰中灌頂密蔵』所収と重なるものが多く認められる。全体の内容は、十界を示す衣体を身につけて峰中に入り、所定の宿について、自供養・舎利供養・柱《はしら》源《もと》などの修法を行なえば即身成仏が可能になるという思想を、特に柱源に焦点を置いて説く形をとる。

【峰中制法】ぶちゅうせいほう

峰中で新客が守るべき掟。『三峰相承法則密記』の「峰中壁書き」や三宝院門跡満済（一三七八～一四三五）に仮託された当山派の「修験十八箇条警策」には、一八カ条のものを挙げている。その内容は多岐にわたっているが、おおよそ修行に専心努めること、修行中は威儀を正すこと、先規や教えを守ること、秘密保持、先達に従い和合することに分けることができる。なお彦山にも「制徒十条」があるが、ここではさらに具体的に、峰中の集団規約が定められている。

【仏名会】ぶつみょうえ

「仏名経」に基づいて、三世にわたる諸仏の名号を唱えて、罪業を懺悔して、仏陀の饒益《にょうやく》、護持を祈念する法会。具体的には三千仏の画幅を掛けてその仏名を称える、阿弥陀の名号を三〇〇〇回称えるなどのことがなされている。金峯山寺では一二月一三日～一五日の三日間にわたって、一年間の罪をおとして、新しい年を迎えることを目的として仏名会を行なっている。

【不動金縛法】ふどうかなしばりほう

修法者が、敵対したり害をもたらす邪神・邪霊などを、不動明王と同化したうえで、自らまたは眷属の矜羯羅《こんがら》童子・制吒迦《せいたか》童子などを使役してその持物である索で縛りあげることによって調伏する修法。なおこの修法には多くの場合、対象者がその非を認めた場合は縛をとき、慈救呪などによって菩提心を起こさせる作法が付されている。金縛法は、役行者が自己を朝廷に讒言した一言主神を縛したとの伝承に基づくとされている。修験道では、近世以来広く用いられ、尊海（一八二六～九二）の『大聖不動明王深秘修法集』（修疏Ⅰ）のように、不動金縛法のみを集めた書物も著されている。

【不動法】ふどうほう

本尊不動明王を招いて供養し、修法者がそれと一体になると観じる修法。密教ではこの修法が一八の根本契印《げいいん》からなることから、十八道と呼んで、四度加行の最初（他は護摩・金剛界・胎蔵界）に位置づけている。その構成は「1荘厳行者法／2結界法／3荘厳道場法／4勧請法／5結護法／6供養法／7作業分／8後供方便法／9破壇作法」で、この中に一八の根本契印が含まれている。なお修験道では、この不動法が祭り・加持祈禱・諸供作法・護摩・諸尊法などの基礎をなしている。

【不動明王】 ふどうみょうおう

大日如来の教令輪身で、大悲・大定・大智慧により、人々の貪《とん》・瞋《じん》・痴《ち》を破して救済する修験道の主尊。修験者は不動明王と同化したうえで、その所持する剣や索を用いたり、眷属の童子を使役して降魔をはかっている。その真言は「ナマクサンマンダバサラナン、センダマカロシヤナ、ソワタヤ、ウンタラタカンマン」である。

【不二】 ふに

一般に現実世界の事物や現象は、自他・男女・生死・苦楽など二元対立で選ばれている。しかしこれらは独立、固定の実体として存在しているのではなく、無我、空のもとでは根底は不二一体をなすとする思想。修験道では凡聖不二、迷悟不二というように、迷いを持った俗なる凡夫が、修行することにより、仏などの悟りを開いた聖なる存在と融合し、さらに恒一するというように一体不二の境地に入るとしている。換言すれば、神秘体験において、修行者と仏という二元的対立が、融合、恒一し、「一なるもの」となった結果、凡聖不二、迷悟不二、両部不二、理智不二、始本不二、順逆不二というように、すべての二元対立を超克して絶対不二の世界に至ることを修行の目的としているのである。なおこの二元相対の理念を超えた不二の世界は、天台本覚思想の中核をなすものとされている。

【補任状】 ぶにんじょう

本来は、封建時代に将軍などの支配者が、部下を代官などの諸職に補任する際の辞令書。修験道では本山または先達が、配下の者に僧位・先達位・装束・所職に関して、補任する辞令書をいう。補任状は、教派にとっては本末関係を明示し、財政基盤を確立するため、個々の山伏にとっては自己の身分を得証するものとして重視された。具体的には、近世期の本山派では、総本山の聖護院門跡が、院号(ないし坊号)・僧都・権大僧都・法印・一僧祇・二僧祇・三僧祇・桃地結袈裟・螺緒・金襴地結袈裟・年行事職などに関して出している。なお本山派でも、児島五流・求菩提山などでは、独自に配下の修験者に補任状を出していた。

一方近世期の当山派では、当山十二正大先達が、袈裟(坊号)・院号・大法師・権律師・律師・権少僧都・錦地袈裟・一僧祇・二僧祇・三僧祇・螺緒・阿闍梨・大越家・法印などについて、花供か逆峰の峰入の際に、大峰山中の小笹で、大宿・二宿・三宿が連署し、その上に舒明天皇の印、役行者の印とされる宝印を押したうえで出していた。なお近世中期以降になると、本寺の三宝院でも、この正大先達の補任とは別に、袈裟・出世諸官位・寺号などに関して補任を与えるようになった。この場合は、受者は峰入をする必要はなく、三宝院で補任を受けたことから居官の補任といわれた。

【冬の峰】 ふゆのみね

冬期間山中に籠って修行する峰入。中世後期の大峰山では、山上蔵王堂の戸閉めの九月九日から、翌年の戸開けの三月三日まで笙岩屋に籠る修行と、十二月晦日から四月八日まで大峰山中に籠る晦《つごもり》山伏の冬の峰修行があった。この晦山伏の冬の峰修行は、熊野本宮長床衆も十一月三日から十二月晦日まで行なっていた。羽黒山では、現在、九月二四日から大晦日まで、羽黒山麓手向《とうげ》の長老から選ばれた位上《いじょう》、先途《せんど》の二人の松聖《まつひじり》が、最初の五〇日は自坊、残りの五〇日は羽黒山上の神社斎館に籠って修行し、大晦日の松例祭に験競べをする冬の峰がなされている。この冬の峰は、柳田民俗学でいう、稲作の豊穣を見とどけて秋に山に帰った山の神が、山中でその霊力を強化して、春先に再び里に下って稲作を守護するという信仰に基づくとも考えられる。すなわち山伏は、冬期間山中の洞窟などに籠って山の神に接し、その霊力を獲得して山を出たのである。特に晦山伏の出峰の日が、山の神の神迎えの卯月（四月）八日や年神が訪れる正月となっているのは、このことを示すと考えられる。

【触頭】ふれがしら

近世期に、幕府や諸藩が寺院統制のために、仏教教派別に、幕府は江戸に、各藩では藩内に置かせた役職。特に江戸に置かれたものは江戸触頭と呼ばれた。教派側では、触頭を幕府や藩の寺社奉行との窓口とする他、末端に命令を伝達させるなど、教派内の統制に役立たせた。本山派・当山派では、元禄期（一六八八～一七〇四）に触頭を設けている。本山派の触頭は、江戸氷川大乗院が重代職とした。一方、当山派の触頭は、元禄一三年に諸国総袈裟頭になった江戸鳳閣寺の重代職とされた。なお各藩の触頭は、藩の寺社奉行が、本山派・当山派のいずれかの藩主有縁の有力寺院を任じたが、本山派の場合は年行事、当山派では袈裟頭があたることが多かった。

へ

【平安聯合会】へいあんれんごうかい

聖護院所属の京都と滋賀南部の大峰登拝講の総称。正式名称は「本山修験宗聖護院門跡神変講社平安聯合会」という。その淵源は、昭和九年（一九三四）に聖護院が京都の講社を結集した神変講社平安聯合会にある。本聯合会は事務所を聖護院門跡内に置き、聖護院執事長を顧問とするなど、聖護院の護持団体の性格を強く持っている。

【弁才天】べんざいてん

インドの水の女神。豊穣の神に淵源を持つ。日本ではこれに加えて、学問、芸術の守護神として広く崇められた。また「弁財天」と表記して、財福神とされ、七福神の一つに数えられている。多くは海・湖・川などの水辺近くに祀られている。像容は八臂または二臂で、白衣をまとい、白蓮華の上に座り、琵琶を持つ。真言は「オン、ソラソバテイエイ、ソワカ」である。江の島・竹生島・厳島・天河・背振山を日本五大弁才天という。このうち、天河（大峰山弥山の里宮）と背振山は修験の霊地である。なお『渓嵐拾葉集』には、山伏の衣体の柿衣は辰狐《しんこ》、不動袈裟は弁才天、頭襟は聖天で、三天合行の世界を示すとしている。

【遍路】へんろ（四国遍路　しこくへんろ）

阿波（23――札所数、以下同様）、土佐（16）、伊予（26）、讃岐（23）の順序で、主として海岸沿いに約一四〇〇キロにわたって点在する、弘法大師空海の札所八八カ所を巡礼する修行。すでに平安末に、この四カ国の辺路を巡る修行がなされていた。現在の納経帳、納札、札挟み、菅笠、杖を持って、約五〇日（バスでは一一日間）かけて弘法大師の遺跡八八カ所を廻る形式が整ったのは一七世紀末以降である。この遍路の札所の多くには、修験道の影響が認められる。まず役行者を開山とする寺院が五カ寺ある。次に、札所寺院内で祀られている崇拝対象でみると、阿波では熊野四、蔵王も含む権現三――以下、この順序で国別に数字のみ挙げる。土佐二、一、伊予七、八、讃岐二、五、となっている。これを見ると、中世期に熊野先達の活躍が顕著な伊予、阿波、讃岐に権現が多く祀られている。また全体として児島五流の影響がみられるが、伊予では六四番前神寺、六〇番横峰寺など石鎚修験（両寺はともに役行者を開基ともする）、土佐では当山派修験と足摺岬の修験の影響が認められる。なお一二番焼山寺、四五番岩屋寺、七三番出釈迦寺など札所の多くでは、奥の院が修験の行場となって、山頂を極める禅定や窟修行がなされていた。

ほ

【法印神楽】ほういんかぐら

宮城県の三陸海岸近くに伝わる山伏神楽。背後に幕、その前中央に神鏡と神籬《ひもろぎ》、天井に大乗と呼ばれる天蓋を吊るした舞台で演じられる。まず打ちならし、神おろし、開経の偈、般若心経を誦したうえで、湯立があり、これに続いて、神楽が演じられる。なお舞の際に、印を結んだり、反閇《へんばい》が踏まれている。

【鳳閣寺】ほうかくじ　奈良県吉野郡黒滝村

山号は百螺山。大峰山の峰入を再開した聖宝の弟子貞崇《じょうすう》（八六六～九四四）が聖宝を慕ってその旧跡の百螺山中腹に鳳閣寺を創建し、如意輪観音を祀り、同山に聖宝の廟塔を建立した。現在の廟塔（石造宝塔）には、「尊師廟塔、正平二四年（一三六九）薩摩権守行長」の記銘がある。元禄年間（一六八八～一七〇四）に三宝院門跡高賢は、当寺で聖宝が恵印灌頂を開壇したとして、この灌頂の儀軌を定め、当山派の恵印法流を創始した。また江戸の三宝院直末の吉蔵院を鳳閣寺戒定院と改称して、同寺住職を鳥栖鳳閣寺の兼職とした。そして江戸鳳閣寺を当山派諸国総袈裟頭として、当山派修験の直接支配を試みた。江戸の鳳閣寺は現存しないが、鳥栖鳳閣寺は真言宗鳳閣寺派総本山となっている。

【宝号】ほうごう

勤行に際して、修験道の開祖、列祖、主要な修験霊山の権現、伊勢・春日・天神などの神名の前に、「南無」をつけて唱えるもので、修験道の神おろし、御山探しともいう。ただし権現名や神社名は経本によって多少異なっている。なお一般には、最後に「当所鎮守氏神、日本国中大小の神祇、または護法善神、修験擁護諸天善神」で総轄する形がとられている。

【法爾常恒の経】ほうにじょうこうのきょう

修験道の理念上の依経。普遍的に変わらない自然の定まりを意味する。具体的には、小枝にそよぐ風の音、川のせせらぎなどの大自然の風光、音声という自然の定まりの中に、言葉によって表現された、経典より以前の普遍的な真理があるとする。そしてこれらの自然に接することによって、自ら悟りを得ることを理想としている。

【宝満山】ほうまんざん　829メートル

御笠山とも。太宰府市と筑紫野市の境。山頂に三つの大岩が鼎立していることから竈門山《かまどやま》とも呼ばれ、大宰府の鬼門（北東）に位置したことから、その鎮山とされた。山麓には式内社竈門神社（祭神玉依姫）、竈門山寺（大山寺）があった。この寺では、最澄・円珍が渡唐の安全を祈り、同山は官僧の修行道場となっていた。鎌倉末には、八合目の中宮を拠点に修験が活動した。彼らは、白鳳二年（六七三）に心蓮が開基したとし、室町末は、彦山と宝満山の間の抖擻路を相互に往復する春・夏・秋の峰入を行なった。けれども一七世紀末に宝満山修験は、彦山から離れて座主に楞伽院をいただいて、聖護院門跡の中本山となった。そして幕末期には、山内に二六坊、筑前に三七の配下の修験を擁していた。明治政府の神仏分離後は竈門神社となったが、その下で現在、宝満山修験が再興されている。

【法蓮】《ほうれん》 八世紀前半

宇佐氏出身とされ、『続日本紀』には、大宝三年（七〇三）、医術を褒められて、豊前国四〇町の野を授けられ、さらに養老五年（七二一）には、その禅行や医術によって民の苦を救ったとして、彼の三親等以上の者に宇佐の姓を授けたとしている。中世初期の彦山の伝承では、法蓮を彦山霊仙寺の開山としている。そして彦山の般若窟（玉屋窟）に籠って修行して、彦山権現が納め、倶利迦羅龍王が守っていた如意宝珠を授かり、これを欲しがった宇佐八幡の神に、同社に神宮寺の弥勒寺を建ててその別当とするとの条件で譲ったとの話を伝えている。

【卜占】《ぼくせん》

字義は、「卜」は亀甲を焼き、割れ目で吉凶を判断すること、「占」は数を操作して吉凶を判断することを指す。卜占は広義には占い、狭義には易筮《えきぜい》を指している。修験者は、中世後期から陰陽五行、卜《ぼく》筮《ぜい》、星などによって方位、日時の吉凶禍福を占っていた。特に祈禱に際して、まず占いによって災因を明らかにしたうえで、それに応じた祈禱を行なった。その時には易筮を用いることが多かった。そして卦《か》爻《こう》によって災因を明らかにしたうえで、それに応じた祈禱を行なった。その際に、病因を明らかにする指針を記した『察病伝』なども作られている。また自己の霊感に依ったり、巫女に憑依させて託宣を得る憑祈禱《よりぎとう》もなされている。ただ近世期には、易筮を活動の中核とする土御門家の陰陽道との出入が続いた。その際、修験道では『修験易筮該用』などの書によって、「修験の易筮は祈禱の一環として行なうもので、その基本は『簠簋《ほき》内伝』に基づきつつも密教の宿曜道なども取り入れた独自のもので、陰陽道とは異質のものである」と主張している。このほか修験独自の占いに、数珠の玉を月・日、依頼者の年などに応じて繰って占う数珠占い、釜占いなどがある。

【星供】 ほしく

星まつりとも。星供（星供養会）は、修験寺院などで節分や春祈禱の時に、堂内に北斗七星や二十八宿などを配した北斗曼荼羅（星曼荼羅ともいう）を掲げて、妙見菩薩を本尊として、北斗七星法、妙見法、尊星王法を修することをいう。悪星退散、善星皆来を願って一年の厄を払う行事とされている。なおこの星供の星は、依頼者には実際の天空の星というより、自分の運といった意味で受けとめられている。星供は修験道に淵源がある富士講や木曽御嶽講でもなされている。

【法喜菩薩】 ほっきぼさつ

法起とも書く。梵語音写曇無竭《どんむかつ》の漢訳語で法勇・法勒・法上・法踊とも表記する、般若を広める菩薩とされている。本来は「華厳経」に見られるインドの金剛山で説法した菩薩だが、日本では大和の金剛山（大和葛城山）の守護仏となり、鎌倉時代以降この地が修験道の道場となるに及んで、法華持経者に釈迦が法華経を説いた状況を示した菩薩、さらに役行者の本地、密号とされた。像容は白肉色で、右手に剣、左手に独鈷を持ち、頭に宝冠をいただき、宝蓮華に座している。真言は「オン、ダルマウチタ、ソワカ」である。

【法相修験】 ほっそうしゅげん

法相宗大本山興福寺、同薬師寺で、主として近代以降に見られる修験。興福寺東・西金堂衆は、中世期には、奈良の奥山での当行とあわせて、主として大和の末寺の修験を率いて大峰修行を行なっていた。明治政府の神仏分離令の結果、興福寺一山の僧侶の多くは、復飾して春日大社に神勤した。その後、東・西金堂衆は東大寺の支援を得て興福寺を再興した。その際に法相宗呪師部を設けて、配下に当山派の呪師作法や護摩法などを伝授し、昭和一五年（一九四〇）頃までは修験の補任状を出していた。薬師寺でも、明治初期に呪師部を設けて呪師作法を伝授した。そして昭和二七年七月二日付の宗制に、法相修験本宗の規則を収め、現在も大峰の峰入を行なっている。

【本覚、始覚】 ほんかく、しかく

本覚は、衆生に内在する悟りの本性。始覚は、不覚の状態から、修行によって煩悩を打ち破って漸次に悟りに達することを指す。なおこの両者は、本覚の他に始覚はなく、始覚は本覚と同一であるとして始本不二とされている。修験道では、読経の際「本覚讃」を唱えるなど、この思想を重視している。そして山伏は始覚、中世の用字の山臥は本覚、両者は始本相対、修験の修は始覚、験は本覚で始本双修、客僧は事物に執着しないことから始本不二の境地に達した者というように、用字を通してこの思想を説いている。

【本願（所）】 ほんがん（しょ）

中世後期から近世期にかけて諸国の一山組織を形成した寺社において、山内の祠堂の建立・修復、主要行事の実施に必要な資金を得るために、諸国を勧進して喜捨を募る「願人《がんにん》」と呼ばれる遊行の宗教者を統轄した機関を指す。熊野三山を始め金峯山寺、上醍醐などに見られた。本願は大本願とも呼ばれた。

【本山修験勤行要集】 ほんざんしゅげんごんぎょうようしゅう 二巻（修疏Ⅱ）

本山派で、朝・暮の勤行で唱える読経・偈・頌・真言などを集めたもの。天保五年（一八三四）に、園城寺の越渓敬長《えっけいけいちょう》が、聖護院門跡雄仁《ゆうにん》の命を受けて編集した。上巻では朝の勤行とあわせて祖師、鎮守の法楽、霊壇追福の次第をあげている。なお朝の勤行では、法華（修験）懺法と釈迦讃を中心としている。下巻では、弥陀讃を中心とする暮の勤行と、祖師、鎮守、霊壇の法楽、如意輪讃をあげている。総じて朝法華、夕念仏の天台系の勤行形式が適用されている。

【本山修験宗】 ほんざんしゅげんしゅう

聖護院門跡を総本山とする修験教団。聖護院とその末寺、教師は、明治五年（一八七二）の修験宗廃止令後は天台宗に所属したが、昭和二一年（一九四六）、宗教法人「修験宗」を設立した。その後、聖護院が財政確保のために手がけた事業をめぐって内紛が起こった。そこで聖護院は、若干の末寺、平安聯合会などの講社と共に昭和三七年、修験宗から離脱して、「本山修験宗」を設立した。また一部の末寺と大阪の近畿連合会（講社連合）は「本修験宗」を設立した。その後、旧本山派修験統一の機運が高まり、昭和五五年に本山修験宗に修験宗が合流し、同五七年には本修験宗もこれに加わり、聖護院門跡を総本山とする本山修験宗が確立した。同宗では春の葛城修行、秋の大峰山奥駈の他、適宜に深仙灌頂、葛城灌頂、柱源《はしらもと》灌頂の伝法会などを行なっている。

【本山二十七先達】 ほんざんにじゅうしちせんだつ

近世の本山派においては、地方の末派修験支配の要となった二七院の先達が聖護院から霞を与えられて、その地域内の末派の修験を支配した。霞の単位は国または数郡単位だった。その多くは戦国期の熊野先達で、関東に多く、その他では聖護院関係、峰入拠点の寺院である。天保三年（一八三二）の『本山近代先達次第』では、次の二七院を挙げている。大善院・円成寺（京）、岩本坊（箕面）、南光坊（播磨）、喜蔵院・南陽院・真如院（吉野）、蓮光院（薩摩）、良覚院・東光院（仙台）、南岳院（会津）、不動院・十玉院・山本坊・観音堂・玉林院・覚円坊・三峰観音院（武蔵）、蓮上院・密蔵院・二階堂（常陸）、玉滝坊（小田原）、大聖院・大乗院（江戸）、浄蓮院（富士）、養覚院（萩）、十乗院（周防）。

【本山派】 ほんざんは

聖護院門跡を本寺とし、多くの配下を擁した若王子、住心院（勝仙院）、積善院、伽耶院や児島五流、宝満山、求菩提山を包摂して中世末に形成された天台系の修験教派。近世初頭には真言系の修験の支配を試みた。これに対して江戸幕府は、慶長一八年（一六一三）、醍醐三宝院に真言系の当山正大先達衆を掌握させて、当山派を結成させ、本山派と競合させた。本山派では院家や地方の特に有力な先達にほぼ国単位の霞を与え、その地域内の本山派修験を支配させた。また備前の児島五流、北部九州の宝満山・求菩提山では従来の座主による支配を容認した。そして門跡、院家、座主（宝満山、求菩提山）、宿老（児島五流五家）、先達（本山二十七先達）、公卿（児島五流一五家）、年行事、御直院（聖護院門跡直属）、准年行事、同行という寺格を定めた。そのうえで院家と武蔵の幸手不動院、小田原玉滝坊、富士の村山浄蓮院など有力先達には国ごとの霞を与え、年行事にはその下で郡単位の霞を託して、その地域内の修験を支配させた。

　聖護院では彼らの仲介をもとに末端の修験者に院号、坊号の他、峰入回数に基づく位階や、螺緒、結袈裟の補任状を付与し、その上納金を教派運営の主要資金とした。なお修験道は妻帯を認めたことから、先達、年行事の職は世襲化した。そこで聖護院では、この他に多数の信者を集め、財を得た修験者を門跡直属の御直院とした。元禄期（一六八八～一七〇四）に、幕府の寺社奉行は仏教各教派の統制をはかるために各派に江戸触頭を設置させた。そこで本山派では赤坂の氷川大乗院をこれに任じている。明治政府の神仏分離令により、本山派の末派修験の多くは神社となった。そして明治五年（一八七二）の修験宗廃止令により、本山派修験は本寺の聖護院統轄のまま天台宗に所属した。その後、昭和二一年（一九四六）、宗教法人令に基づき、聖護院を本寺とする修験宗（現・本山修験宗）として独立し、現在に至っている。

【本地垂迹説】 ほんじすいじゃくせつ

　仏菩薩が人々を救うためにさまざまな神の姿を借りて現れるという説。仏菩薩を本地、神を垂迹した姿とする。その初出は、東大寺の大仏造営の際の伊勢神宮の「日輪の本地の盧舎那仏である」との夢告とされる。平安中期以降、山の神が山中に祀られた仏菩薩の守護神となり、さらに仏菩薩と同体と考えられ、菩薩とか権現と呼ばれた。金峰山の蔵王菩薩（権現）などがこれである。また山中他界観と結びついた山の神々が、阿弥陀、観音、弥勒などの信仰と結びついた。熊野本宮では、山の神が阿弥陀如来の本誓を示す証誠権現として祀られた。そしてこの蔵王権現や熊野権現などの権現の呼称は、仏が権《か》りに神として現れることを意味すると説明された。なお、平安中期以降、多くの神社では本地仏が特定され、本地の仏菩薩を祀る本地堂が作られた。また神社には神宮寺《じんぐうじ》が設けられた。このように本地垂迹説の成立には、修験の前駆をなす山林修行者や僧侶の関与が推測されるのである。

ま

【埋経】まいきょう

写経を霊山・寺社内外・墓地などに埋めること、また埋めた経を指す。埋納された経には、法華経・般若心経・阿弥陀経・弥勒経などがある。埋経の目的は、平安中期は、末法をおそれての経典保存、その後は極楽往生・現世安穏・追善・逆修などがある。埋経の種類には、紙本経・瓦経・銅板経・石経・一字一石経・柿《こけら》（木の小片）経などがある。修験霊山の主要な埋経では、寛弘四年（一〇〇七）の藤原道長の経塚、求菩提山普賢窟出土の大永年間（一五二一～二八）の銅板経が注目される。中世期には六十六部聖が修験霊山などに法華経を埋経または納経している。主なものには、一四世紀初期の羽黒山、箱根の精進湖畔、一五世紀の立山、日光、伊勢朝熊《あさま》山《やま》の埋経がある。

【呪い歌】まじないうた

呪文が呪法などで効果をもたらすという信仰に基づいて、呪法とあわせて呪文を和歌の形で表したもので、近世期の符呪集に多く見られる。例えば、呪詛返しには「今日よりはよもや祟らじ荒見前《あらみさき》　悦び成して帰り給えや」、狐付きには「稲荷山　我玉垣を打ちたたき　祟りやめよといのる垂迹」、離別には「我れ思う　君の心ぞ離れつる　君も思わじ　我も思わじ」と唱えている。

【松会】　まつえ

本来は彦山修験が修正会か修二会に行なった「田遊び」「柱松」を中心とした祭り。現在は、旧彦山六峰の普智山（白山権現〈現・白山多賀神社〉を祀る）の等覚寺《とがくじ》（豊前）で、四月一九日に行なわれている。その内容は、当日午後、神社の御旅所前の松庭中央に立てられた、高さ一三メートル、周囲五〇センチの杉を藤の蔓《つる》で締めた柱松の周囲で獅子舞、流鏑馬《やぶさめ》のあと、田遊びがなされる。続いて長刀、薙刀の打ちあわせがある。最後に施主が、刀・大幣《おおべい》を持って呪文を唱えながら、藤の蔓を伝って柱に登り、頂きで祭文をあげ、大幣で四方を祓い、幣を撒き、幣串を切りおとす。切口が良いと豊作になるという。なお、この田遊びの部分は現在、英彦山神宮（三月一五日）、求菩提山国玉神社（三月一九日）でもなされている。柱松は、中世末には彦山では峰入に先立ってなされていた。それゆえ、彦山修験がこれに田遊びを導入して、豊作の予祝の神祭りにしたと考えられる。

【松尾寺】　まつおでら　奈良県大和郡山市

本尊は千手千眼観音（厄除観音と通称）。境内に阿弥陀堂、行者堂、大黒堂などがある。開山は天武天皇皇子舎人《とねり》親王（六七六〜七三五）。法隆寺の背後の山腹にあったことから同寺の別院、奥院ともいわれた。一四世紀初期に興福寺一乗院末となった。そして興福寺東・西金堂衆の意を、畿内の当山方山伏に伝達する役割をはたした。戦国期から近世末まで、同寺の福寿院が重代職として当山正大先達を勤めている。福寿院は、明治五年（一八七二）の修験宗廃止直前に当山派の宗務に携わっていた。松尾寺には、中世末から近世期の当山正大先達衆の仲間文書が伝わっている。現在は真言宗醍醐派に所属する。

【丸山教】　まるやまきょう

伊藤六郎兵衛（一八二九〜九四）を教祖とする富士講の流れを汲む神道系教団。川崎市多摩区登戸に本部を置く。伊藤は明治三年（一八七〇）、富士山頂で浅間明神の神託を得て開教し、登戸の生き神様として崇められ、同六年、丸山教を開教し、関東・東海に教勢を伸ばした。その後、宍野半《ししのなかば》（一八四四〜八四）の富士一山講社（後の扶桑教）に参加した。けれども明治一七年、神道本局に移って神道丸山教会本院と称した。太平洋戦争後は独立して、丸山教となった。同教では、太陽神のおや神（元の父母）を崇拝対象とし、伊藤六郎兵衛が書いた「お調べ」を経典とし、富士登拝（八月七日・八日）、松霊祭（八月一五日）などを主要行事としている。

【曼荼羅】まんだら

曼荼羅の語は、宇宙の本質を表現したものを意味する。密教では、『金剛頂経』に基づいて大日如来の知恵の働きを示す金剛界曼荼羅、『大日経』に基づいて理性の働きを示す胎蔵界曼荼羅の両界曼荼羅と、個別の諸尊の働きを示す別尊曼荼羅に大別されている。修験道では大峰山系の熊野側半分を胎蔵界曼荼羅、吉野側半分を金剛界曼荼羅とし、この両者からなる大峰山系を金胎不二の曼荼羅とし、この峰入を通して理智不二の境地になることを目的としている。そして役行者の形姿や修験者の衣体は金胎不二を示すとし、峰中の秘儀は、この金胎不二の世界を悟らせる作法としている。なお修験道の別尊曼荼羅には、龍樹菩薩、妙見菩薩などのものがある。

曼荼羅は、表現形態のうえからは、仏像による表現である大曼荼羅、仏の所持物による三昧耶曼荼羅、種子による法曼荼羅、仏の威儀や事業を示す羯磨曼荼羅の四種類に分けられる。修験道では特に、大曼荼羅と法曼荼羅が用いられている。この他、熊野曼荼羅、吉野曼荼羅のように、修験一山の神格・社寺・伝承などを描いた霊山曼荼羅、人生の階梯と十界を描いた観心十界曼荼羅のような特殊なものも知られている。なおこれらの霊山曼荼羅は、礼拝の他に唱導や勧進活動にも用いられている。

み

【弥山】みせん

須弥山になぞらえられた霊山。大峰山系の弥山山頂には天河弁財天の奥の院の弁財天社がある。ここは鎌倉初期から大峰山中の宿とされ、当時は山頂に池があるので池の宿、吉野熊野宿とも呼ばれていた。近世後期には入口に金剛童子を祀り、社には弁財天と十五童子が祀られ、護摩壇が設けられていた。現在は山上に天河弁財天社の奥社と宿坊があって、大峰奥駈の際には、山上ヶ岳の宿泊後は、弥山まで抖擻して、ここに泊まっている。他に厳島にも弥山がある。なお妙高山の山名も須弥山を意味している。

【弥陀ヶ原】 みだがはら

山中他界観に基づいて、霊山の山頂近くの湿原で高山植物などが群生している個所を、阿弥陀の浄土に準えていう。月山の八合目、立山中腹、白山の弥陀ヶ原が広く知られている。なお月山の弥陀ヶ原については、御田ヶ原と呼び、山の神の田とも解されている。

【御嶽詣】 みたけもうで

平安中期に、吉野の金峰山（金の御嶽）に詣でる御嶽詣が盛行した。その先鞭をつけたのは、宇多法皇の二度（九〇〇、九〇五）にわたる御嶽詣、次いで藤原道長（一〇〇七）、藤原師通（一〇八八、一〇九〇）、白河上皇（一〇九二）などの御嶽詣がある。特に永承七年（一〇五二）から末法に入るとされたことから、弥勒下生の地とされる金峰山詣が盛んに行なわれた。なお道長は山上で経塚を営み、経文に蔵王権現とある経筒（国宝）を納めている。御嶽詣にあたっては、精進《そうじ》所で三七日、五〇日、一〇〇日の精進潔斎のうえで、読経・写経・近隣の社寺参詣などの厳しい御嶽精進が課せられていた。

【三峰山】 みつみねさん　1102メートル（神社所在地）

埼玉県秩父市。雲取・白岩・妙法の三峰の総称。一六世紀初期に道満が妙法山麓に十一面観音を祀って観音院を開き、彼の弟子龍学が、聖護院から三峰権現の神号を授かった。一八世紀初期に、秩父郡野上の新義真言宗智山派の多宝院日光が迎えられ、三峰権現の眷属としてオイヌサマを祀り、その絵符を授けるなどして唱導した。オイヌサマは害獣害虫よけ、火難盗難よけの利益があるとして広く信仰され、関東を中心に各地に代参講がつくられた。幕末期には三峰山観音院は聖護院の御直院となった。明治政府の神仏分離後は県社三峯神社となっている。

【峰入】みねいり

本来は、修験者が大峰山に入って一定期間、読経・修法・抖擻などの修行をする「大峰入」の略語だった。この大峰修験の影響が諸国の修験霊山に及んだことから、霊山に入って修行することを峰入と総称するようになった。大峰山の峰入は四季それぞれに行なわれていた。中世後期の大峰山では、春に熊野から吉野への峰入をする春の峰（順峰・胎蔵界の峰）、秋に吉野から熊野に向かう秋の峰（逆峰・金剛界の峰）、夏に山上詣をする金胎不二の峰入がなされていた。近世の羽黒山では新春を寿ぐ春の峰、月山の霊地に花を供える夏の峰、荒沢寺で十界修行をする秋の峰、二人の松聖《まつひじり》が一〇〇日間籠って結願の大晦日に験競べをする冬の峰があった。また彦山では春に彦山から宝満山に向かって抖擻する春の峰・順峰、夏に宝満山から彦山に峰入し、その間に十界修行をする夏の峰・花供峰、秋に彦山と北の福智山を往復する秋の峰の三者があった。これらを全体として見ると、春に霊山に花を供える花供峰、夏に在俗者などが峰入する夏の峰、秋の専門修験者の修行である秋の峰、特に修行に専念する山伏が冬に山中の窟などに籠って春先に出峰する冬の峰に分けることが出来る。

【妙見菩薩】みょうけんぼさつ

北極星を神格化したもの。尊星王《そんしょうおう》とも。眷属を北斗七星とすることもある。その真言は「オン、ソジリシュダ、ソワカ」である。国土守護・災厄除去・福寿増益の菩薩とされるが、特に眼病平癒の利益があるとされる。像容は、二臂か四臂で、左手に北斗七星と蓮華を持ち、右手は与願印を結ぶものが多い。縁日の一五日には献灯して祭られる。園城寺の智証流では北斗尊星法を国家鎮護の秘法とした。また東密では除災増益の星供を行なった。北斗七星中の第七星の破軍星（本地虚空蔵菩薩）は、軍神として武士に崇められた。妙見信仰には道教や陰陽道の影響が認められる。

【弥勒菩薩】みろくぼさつ

慈尊とも。釈迦の教化によって一生を終え、あと一生のみで仏となりうる菩薩とされた。入滅後、兜率天で生まれ、現在そこで説法をしている。そして末法の終わりの仏滅後、五十六億七千万年後に、再びこの世に下生《げしょう》して、華林園の龍華樹の下で説法をして人々を救う未来仏とされている。修験道では、役行者が守護仏を求めて祈念した時に、釈迦、千手観音に続いて最後に現れて、他の二尊と共に、修験道の本尊とされた金剛蔵王権現の本地仏にされている。また金峰山は弥勒の兜率天の内院とされ、末法の到来が恐れられた平安中期には、貴紳が弥勒下生に見《まみ》えるために御嶽詣を行なった。なおこの弥勒下生信仰は富士講の食行《じきぎょう》身禄《みろく》などにも認められる。山上ヶ岳登拝口の天川村洞川にある大峰山内道場の龍泉寺の本尊は弥勒菩薩である。像容は、一般に童形の如来姿の半跏思惟像で、真言は「オン、マイタレイヤ、ソワカ」である。

【三輪山】みわやま　467メートル

奈良県桜井市。別称、三諸山。山麓に、山上の磐座《いわくら》（本殿とされる）に鎮まる大物主神《おおものぬしのかみ》を祀る、拝殿のみの式内社大神神社がある。奈良時代中期には神宮寺の大神寺《おおみわでら》が創建された。一二世紀後半、遊行の修験者慶円《けいえん》（一一四〇～一二二三）が平等寺を開いて、三輪流神道を確立した。同寺は中世期には十一面観音と不動明王を祀り、興福寺大乗院に属し、当山方の修験となっている。近世期も、当山十二正大先達として薩摩の島津家の外護を受けて活動したが、神仏分離の際に廃寺となった。この折、弘安八年（一二八五）に叡尊（一二〇一～九〇）が古来の大神寺を再興した大御輪寺も廃寺となっている。

め

【面（仮面）】めん　かめん

木・紙・幹漆などで色々なものの顔を象って作ったもの。芸能などに用いられる他、奉納品ともされている。面には神格そのものを表現したものと、神《しん》賑《しん》（神を慶する）のものがある。修験道で用いられるものには、能面・鬼面・天狗面がある。能面には那智田楽、延年などで用いる翁面、尉《じょう》などがある。鬼面は追儺《ついな》式などで用いるもので、鬼にとりついた悪霊を山伏が退散させる芸能などで用いられる。今一方で、国東の鬼会などでは鬼面をかぶった者が霊力を持つものとして崇められている。天狗面は荒々しい山の神、さらには山伏の化身とされるもので、天狗の居所とされる修験霊山で伝えられている。面様は高い鼻の大天狗面、くちばし状の鼻口の烏天狗面があり、共に赤ら顔をしている。

も

【木喰行道】《もくじきぎょうどう》 一七一八〜一八一〇

江戸中・後期の木食遊行聖。甲斐国丸畑村に生まれた。俗姓は伊藤氏。一四歳で江戸に出て、相模大山で修行した。宝暦一二年（一七六二）、常陸国羅漢寺の観海から木食戒を受け、関東・東北・北海道の霊山で修行した。六四歳の時、浄土宗捨世派の弾誓（一五五二〜一六一三）に倣って佐渡の檀徳山に登り、「天一自在法門」と名乗った。その後、立山、白山、大峰に登拝、伊勢詣、西国巡礼、四国遍路をし、人々に懺悔滅罪を勧め、祈禱を行なった。七一歳になった天明七年（一七八七）から日向国分寺を拠点に活動し、五行菩薩を名乗った。八三歳になった寛政一二年（一八〇〇）には郷里丸畑村に帰り、四国堂を建立し、「光明神通明満仙人」と号した。慈愛に満ちた顔立ちから微笑仏と呼ばれた数多くの木彫の仏像をつくった。また仏画を描き、和讃や和歌も作っている。なおその花押は心の字をもとにしたものである。自叙伝に『四国堂心願鏡』がある。

【モリ】

神社などがある神域で、神霊が寄りつく高い樹木が群がっているところを指す。古代には森、杜、神社、佐加木（榊）をいずれもモリと読ませて、同義としている。鎮守の森の用法はこれに基づいている。もっとも日本では標高１０００メートル余りの山も森と呼んでいる（例、西高森　福島県安達郡、１３７０メートル）。また東北に多い「黒森山」という山の名では、森と山が同義に用いられている。なお山形県の庄内地方には、「モリノヤマ」と呼ばれる見晴らしの良い丘や低い山で、遺族が送り盆の後などに登って先祖供養をしている。これは、死霊は三十三回忌まではこの森の山に留まり、その後、月山や鳥海山に行って先祖の神になるとの信仰に基づく。そしてその中間にある中高度の山（深山と呼ぶ）の寺には、虚空蔵菩薩（十三仏の最後の弔いあげの仏）が祀られている。

【文覚】もんがく　一一三九～一二〇三

荒聖人《あらしょうにん》。平安末から鎌倉初期の真言僧、遠藤盛遠という名の北面の武士だったが、人を殺めて剃髪し、諸霊山で修行した。特に熊野の那智滝で修行し、不動明王の加護を得たという。源頼朝の外護を受け、高尾の神護寺を復興した。

【文観】もんかん　一二七八～一三五七

諱《いみな》は弘真。播磨の法華山一乗寺、大和の西大寺などで真言律を修めた後、醍醐寺の報恩院道順から伝法灌頂を受けた。後醍醐天皇の意を受けて幕府の調伏を行なったとして硫黄島に配流されたが、建武新政後、復権して、東寺一長者、醍醐寺座主となった。新政崩壊後はこれらの職を廃されたが、吉野に移って、後醍醐天皇の護持僧として南朝に尽くした。特に金峰山、さらに大峰山を修験無双の霊地として、その根拠を挙げた『金峰山秘密伝』（修疏Ⅰ）三巻を著し天皇に献じた。また吉野山執行吉水院宗信に小野流の秘法を伝えた。真言宗立川流の大成者ともされる。

【門跡の峰入】もんぜきのみねいり

本山派の聖護院門跡と当山派の三宝院門跡の大峰の峰入をいう。聖護院門跡は中世後期には道興が四度、道増（一五〇七～五一）が一度、道澄（一五四一～一六〇六）が六度、いずれもその信仰に基づいて峰入した。近世期の道晃（一六一二～七九）以降の門跡は、大体において一〇歳前後で得度を受け、一八、九歳で院家の先達で峰入し、受職灌頂を受けたうえで熊野三山ならびに新熊野検校になった。三宝院では、寛文八年（一六六八）の高賢の小笹までの峰入の後、房演（享保三年〈一七一八〉）、高演（文化元年〈一八〇四〉）の峰入が知られる。いずれも吉野からの逆峰である。そして全国の配下を動員して、威容を誇示した行列を組んで峰入し、都の壮観といわれるほど盛大なものだった。

や

【八嶋役講】やしまやっこう

大峰山山上ヶ岳の大峯山寺（山上本堂と通称）の維持・運営の役割の一端を担う大阪の岩・三郷・光明・京橋と、堺の鳥毛・井筒・両郷・五流の計八つの講社の総称。なおこの八講はそれぞれの輩下に多くの枝講を擁していた。またそれぞれが、山上ヶ岳で宿坊を営む大峯山寺護持院のいずれかに関わっていた。役講は元禄年間（一六八八〜一七〇四）の山上本堂再建やその後の維持運営に協力した。そして、大峯山寺の戸開け・戸閉めの際、護持院から鍵を預かり、開扉・閉扉にあたっている。また大峯山寺の秘密の役行者像の拝観に関する権利を持ち、それぞれの枝講などに拝観券を分与している。そして各講一人の地方信徒総代を出し、吉野山・洞川各三人の地元信徒総代と共に、大峯山寺住職（洞川龍泉寺と吉野山側護持院四院のうち一院が二年交代で勤める）を助けて、大峯山寺の運営に関わっている。

【八咫烏】やたがらす

『古事記』によると、神武天皇が東征の際、熊野で難渋した時に天照大神が天から遣わした引率の烏。天皇はその導きで大峰を越えて吉野に至り、橿原で即位した。熊野修験では、役行者が熊野本宮から吉野に向かう時、高倉下命《たかくらじのみこと》（天香語山命《あまのかごやまのみこと》）の子孫の修験河瀬麿《かわせまろ》が、八咫烏の秘法を修して三足の烏を招いて先導させ、役行者はこれに導かれて吉野に至り、熊野から吉野への順の峰入を始めたとしている。なお熊野三山の牛王宝印は、数多くの八咫烏と宝珠を図像化したものである。現在、熊野本宮大社では一月七日にこの神符に宝印を押す八咫烏の神事がなされている。ちなみにサッカーの日本代表チームのシンボルマークは八咫烏である。

【大和葛城宝山記《やまとかつらぎほうざんき》】 一巻（修疏Ⅲ）

葛城山の縁起を、両部神道の立場から論じた修験書。『金剛山縁起』が付されている。行基撰、天平一七年（七四五）、興福寺の仁宗の記としている。共に仮託で、修験道が成立した一三世紀初期頃に興福寺僧が著したと思われる。本書によると、伊弉諾・伊弉冉二尊が天《あま》の瓊戈《ぬぼこ》で山川草木を加持し、葛城の峰に降臨して大日本国を創った。そして天の瓊戈を、山跡（ヤマト）の中央に立てて国家の心柱（心の御柱）とした。この国家の心柱は、金剛杵・独鈷と化して、倶利迦羅・不動明王・八大龍王に変じた。なお葛城山の一言主神と役行者は、この金剛杵を用いて、衆生の煩悩を除き、魔物を降伏させたとしている。本書は、度会行忠《わたらいゆきただ》が『古老口実伝』の中で神宮秘記のうち最極書の一つとしており、伊勢神道でも重視されていた。

【山の神《やまのかみ》】

山の神には、猟師や樵夫に獲物や木を授けてくれる母なる神と、農民が山中の祖霊を神化して神と崇めたものの二種類がある。後者は、柳田民俗学では春先に里に下って稲作を守り、秋には山に帰るとされた。また水分《みくまり》神的な性格を持っていた。山の神は山中の岩や木に宿るとされた。修験道では、猟師や山林修行者が、山中で岩や木に山の神の神霊を感得して権現として祀ったとしている。役行者が山上ヶ岳の涌出岩で金剛蔵王権現を、猟師の千与定《ちよさだ》が熊野本宮の大斎原《おおゆのはら》の一位《いちい》の木に熊野権現を感得して祀ったのが、この代表的な事例である。山の神は女神とされ、猟師がそのお産を助けて、報いを受けて獲物をとることを認められ、山の神を祀ったとの話も、山形県の立石寺などで認められる。修験者の峰入は、この山の神と合体してその力を得ることにあるとされた。霊山の女人禁制はこの信仰に基づくとも考えられる。今一方で、山の神は鬼や天狗に準えられ、さらに修験者が鬼や天狗とみなされもした。また蛇、狼などが山の神の使いとされた。山の神の祭りには弓射や鍵引きなどが行なわれた。また山伏神楽では山の神舞がなされている。

【山伏神楽】 やまぶしかぐら

広義には、近世初頭以来、修験霊山に依拠した山伏が廻檀して演じた神楽。現存の主なものには、青森県下北の能舞、岩手県の早池峰神楽、陸前東北部から陸中南部の法印神楽、鳥海山麓の番楽などがある。これらでは、旧山伏の神楽衆が、年末から正月にかけて、御神体の権現さまと呼ばれる獅子頭をかついで回って、祈禱舞の権現舞の他、式舞、神話や物語を主題とした舞を舞った。狭義には、早池峰山麓の岳《だけ》と大償《おおつぐない》の山伏神楽（早池峰神楽）を指す。この両神楽は、七月三一日と八月一日の早池峰神社の祭礼の時、正月・新築祝いなどの他、かつては農閑期に廻檀して門付けをした。なおこの両神楽は兄弟、阿吽の関係にあるとされた。演目は表式舞（鳥舞・翁・三番叟《さんばそう》・八幡・山の神・岩戸）と裏の式舞（四人鳥舞・松迎・裏三番・裏八幡・小山神・稲田姫）の他、記紀神話や物語を主題としたもので、最後は、早池峰権現そのものとされる獅子頭（権現様）を持って祈禱の権現舞を行なった。なお早池峰神社には近世初頭の獅子頭が伝わっている。

【山伏狂言】 やまぶしきょうげん

狂言は、滑稽な物まね、台詞のやりとりを中心とした対話劇。南北朝期に始まった中世を代表する喜劇。山伏に関するものの初出は、観応三年（一三五二）の興福寺文書の「延年次第」に、「十一番狂言山臥説法」で、「山臥」が滑稽な仕草でする説法を演じたものである。山伏が主役の狂言の演目には「禰宜山伏」「柿山伏」などがある。前者は、山伏が伊勢の御師と験競べをして負ける話、後者は柿を盗み食いした山伏が持ち主に見つかって、嬲《なぶ》られた末に、柿の木から鳶の真似をして飛びおりて腰を折る話である。このように、狂言の多くは験力を持たないのに虚勢を張る山伏を揶揄《やゆ》したものである。

【山伏帳】 やまぶしちょう 一巻（修疏Ⅲ）

熊野本宮長床衆の職・位階名、初任者、初任年と一二世紀末から一五世紀初期までの本宮での入峰や出峰の次第を挙げる。貞治五年（一三六六）宣守《せんしゅ》撰としているが、その後、応永二四年（一四一七）末まで書き継ぎがある。その職には、極官・宿老・衆徒・執行・所司・加入山伏・御幸山伏・柱松山伏・一品経山伏・晦《つごもり》山伏がある。峰入については、春の熊野本宮から金峰への順峰、秋の金峰から熊野への逆峰と、花供の入峰の作法を記している。本書は上巻を欠き、下巻のみだが、中世期の本宮長床衆の峰入や機構を記した貴重書である。

【山伏塚】 やまぶしづか

山伏を葬った塚。法印塚・行人塚・入定塚とも呼ばれる。浄海塚など、葬った山伏の名をつけたものもある。大きく、山伏が村人の救済などを願って入定（自死）した入定塚と、石子詰めなどによって刑死した山伏の御霊を鎮めるために作ったものに分けられる。入定塚は近世後期に土中入定した湯殿山系の行人のものなどがある。なお秋田県横手市雄物川町の浄海塚は、入定した山伏の名を付した入定塚である。後者には、求菩提山で、比叡山で修行した玄仲の才能を妬んで一山衆が石子詰めにしたあと、その祟りをおそれて築いた山伏塚などがある。いずれも山伏の御霊を鎮め、それを祀ることによって現世利益を得ることを願って作られたものである。

【山伏二字之事】 やまぶしにじのこと 一巻（修疏Ⅲ）

山伏の二字を分岐して修験の教義を説明した切紙。山の字の「山」の三画が下の「一」で結ばれていることをもとにして、報身・法身・応身（右から順、以下同様）の三身即一、蓮華部・仏部・金剛部の三部合行、空・中・仮の三諦一念、了因・正因・縁因の三因一性、戒・慧・定の三学を併修すべきことを示す。また伏の左の「人」は、法性・菩提・聖、右の「犬」は無明・煩悩・凡夫で、両者からなる伏の字は全体として無明法性不二、煩悩即菩提、凡聖不二というように、修行の結果到達する「不二」の境地を示している。このようにこの切紙では、「山」と「伏」からなる二字に託して、天台本覚論に基づく修験の教義が説かれている。類似の切紙「臥伏二字之事」では山臥は本覚無作、山伏は始覚修行の位を示すとしている。

ゆ

【湯釜】ゆがま

修験者が大釜の熱湯の中に入ったり、笹を熱湯に浸して周囲の人に振りまく湯立の神事に用いる鉄の大釜。大釜そのもの（熊野本宮大社蔵）と、鍔をめぐらした羽釜に三足を備えたものがある。後者は三足鉄湯釜といわれ、獅嚙《しがみ》の獣脚三足を具したものが多い。鎌倉期の生駒曼荼羅では社前の庭に置かれている。主な遺品には延元五年（一三四〇）の大阪天見八幡神社蔵、永正一三年（一五一六）の奈良県朝護孫子寺蔵、永禄六年（一五六三）の生駒神社蔵のものがある。

【湯立神楽】ゆたてかぐら

湯立は、釜に熱湯を沸かし、その湯を、たぶさ（笹、藁束、幣など）で周囲の人々に振りかけることによって、魂を清めたり、神がかりする神事である。後世この湯釜の周囲で舞などがなされ、湯立神楽が成立した。一般には一一月（霜月）に行なわれる。斎場中央に湯釜、その上方に天蓋が下げられる。そして最初に湯釜に神おろしをし、禰宜がたぶさを湯に浸して、自分や周囲の人々に湯をふりかける。この後、周囲で種々の芸能がなされ、最後に天蓋を降ろして神送りする。主なものには奥三河の花祭、秋田県の保呂羽山の霜月神楽などがある。

よ

【涌出岩】ようしゅついわ

大峰山山上ヶ岳で役行者が守護神を求めて祈念した岩。釈迦・千手観音・弥勒菩薩に次いで、最後に忿怒の姿いかめしい金剛蔵王権現が涌出したとする。鎌倉末の『金峰山秘密伝』（修疏Ⅰ）では、この岩は山上蔵王堂（現・大峯山寺）の内々陣の龍穴内の岩としている。そして「涌《わく》の宿」との宿名を挙げている。ただ現在は、大峯山寺南側の井筒ヶ丘の大岩を涌出岩として、注連をかけて祀られている。

【吉野曼荼羅】よしのまんだら

金剛蔵王権現を中心に、吉野一山の神格、大峰山の八大金剛童子などを描いた曼荼羅。種子で描いて曼荼羅供などに用いたもの、吉野如意輪寺蔵の金剛蔵王権現を納めた厨子に描かれた板絵（南北朝）、それとほぼ同様のものを画幅にしたものがある。種子曼荼羅は三重で、中央に金剛蔵王権現の種子、二重の上部に金剛蔵王権現の本地の釈迦・弥勒・千手観音、その下に金剛界・胎蔵界の大日の種子、左右に大峰八大金剛童子の種子、三重の上部中央に天河弁財天の種子を記し、その他は子安・勝手・金精など吉野一山の地主神の種子を配している。如意輪寺の厨子の板絵は、中央に金剛蔵王権現を安置し、背面に大峯山と八大金剛童子、扉絵には春（桜）に佐抛《さなげ》明神、子守・若宮、夏（緑葉）に金精明神、八王子、秋（紅葉）に天神、勝手・若宮、冬（雪山）に牛頭天王、役行者と前鬼・後鬼というように、吉野一山の神格などを四季の風景に位置付けて描いている。画幅にしたものは、中央に涌出した金剛蔵王権現と、それを涌出させた役行者と前鬼・後鬼、上方に大峰山と八大金剛童子、周囲に吉野一山の神格が描かれたものである（例、西大寺蔵、絹本着色、室町初期）。

【憑祈禱】　よりぎとう

寄加持《よせかじ》とも。修験者が、巫者などを憑りましにして、諸神・諸霊をつけ、信者の依頼に応じて豊凶や運勢などをたずね、これに応じた託宣をさせる巫術。その結果をもとに祈禱をすることもある。日本古来の巫術や密教の阿尾捨法《あびしゃほう》をもとに成立したと考えられる。その修法は、修験者が霊の世界の支配者である不動明王と同化して、その眷属、地域の産土神《うぶすな》などの護法を憑りましに憑依させて、地域社会の吉凶、人々の運勢、災因などを聞き出すものである。修験道で用いられる「無言加持の次第」の他、木曽御嶽の、前座《まえざ》が中座《なかざ》に霊神などを憑依させる御座などがある。また福島県の葉山籠り、石見の大元《おおもと》神楽、美作の護法飛びなど、民間の祭りや芸能にも憑祈禱が認められる。

り

【理智不二】　りちふに

「理」は胎蔵界で地・水・火・風・空の五大、摂持不断、平等を、「智」は金剛界で識、決断聞持《もんじ》を示し、それらが法性の根底にあっては一体不二の形で存在する。またこの理智不二は人間の心の中にも清浄な自性として内在する。そして修行して自性清浄な理智不二の世界を体得することが成仏であるとしている。

【理智不二界会礼賛】《りちふにかいえらいさん》　一巻（修疏Ⅰ）

当山派修験独自の依経。聖宝が鳥栖鳳閣寺で灌頂を奉行した時に親撰し、弟子の観賢が音譜を付したとする。胎蔵界・金剛界両部不二の深秘を礼讃したもの。これによって、修行者が自己に内在する本覚の仏を顕現させる実践行に導くとしている。『修験常用集』上巻に、三時勤行のうちの朝の式にあげられている。

【龍樹】《りゅうじゅ》　一五〇～二五〇頃

ナーガールジュナ。大乗仏教の始祖。一五〇年頃、南インドに生まれた。当初、小乗を学んだが、ヒマラヤで大乗を習学し、空の思想をもとに大乗仏教を確立し、八宗の祖とされた。『中論』など多くの著書がある。修験道では、室町末になる『役行者本記』で、役行者が二五歳の時、箕面山の滝穴から浄土に行き、龍樹から秘密の印明を授かったとしている。その後これを展開して、役行者が大峰山の深仙で千基の塔婆に龍樹から授かった碑文を書いて、父母の供養をしたとか、深仙で龍樹から『大日経』と『金剛頂経』を授かり、それを埋蔵したところから湧き出る水が深仙灌頂に用いられているとの話が作られた。近世期の当山派の『当山極深秘法脈』「当山修験伝統血脈」の冒頭は、大日如来、金剛薩埵、龍樹、役小角、聖宝の順になっている。また当山派の恵印灌頂では、龍樹曼荼羅を掛けて、役行者の龍樹からの秘法伝授を追体験させている。

【龍神】《りゅうじん》

日本の水神信仰に淵源がある蛇の信仰と、中国の蛇形の鬼神を崇める龍神信仰が結びついて展開した。龍神は雨乞、治水、豊穣祈願に利益があるとされた。大峰山では山上ヶ岳で阿古が捨身して龍になった話、普賢岳に役行者が納めた法華経を、龍がくわえて天に登った話、平治の宿で聖宝が大蛇を退治した話、前鬼の龍宮訪問譚など、龍神の伝承が数多くある。また八大龍王が崇められた。この八大龍王は法華経の会座に列した護法の難陀《なんだ》・跋難陀《ばつなんだ》・沙伽羅《しゃから》・和脩吉《わしゅきつ》・徳叉迦《とくしゃか》・阿那婆達多《あなばだつた》・摩那斯《まなし》・優鉢羅《うはつら》のことである。山上ヶ岳の登拝口の洞川《どろかわ》龍泉寺などで祀られている。この他、上醍醐では、善女龍王が清滝権現として祀られている。また戸隠では九頭龍が崇められた。

【龍泉寺】《りゅうせんじ》　奈良県吉野郡天川村

大峯山寺護持院の一つ。真言宗醍醐派。本尊弥勒菩薩。境内に八大龍王堂や水行場がある。寺伝では、天武天皇の勅願により役行者開基、聖宝中興としている。近世期は大峰山内道場とされ、本山・当山両派が共同で管轄したが、洞川住民の檀那寺でもあった。正徳年間（一七一一～一六）、住職英尊が本山・当山両派の協力を得て、本堂を建立した。門跡峰入の折などは、一行は小笹での作法のあと、洞川に下って蟷螂《とうろう》の岩屋で修行後、龍泉寺で柴灯護摩を行なった。明治政府の神仏分離後、山上本堂（大峯山寺）の運営に関わり、現在は、住職が、吉野山護持院の代表と共に大峯山寺住職を勤めている。なお明治四三年（一九一〇）以後は醍醐三宝院末となっている。爾来、境内の八大龍王堂の信仰に因んで龍王講社を組織している。

【瀧安寺】《りゅうあんじ》　大阪府箕面市

箕面寺《みのおでら》とも。箕面山（355メートル）東南麓にある本山修験宗別格本山。山号は箕面山、本尊弁才天。奈良時代末から平安時代初期頃に山林修行者によって開かれた。中世期には役行者が箕面滝に千日籠った後に熊野に詣でたとの伝説や、役行者が斉明天皇五年（六五九）にこの滝穴で龍樹から灌頂を授かり、大宝元年（七〇一）箕面山頂から母を鉢に乗せて渡唐したとの話が作られている。近世期には、箕面山瀧安寺別当の岩本坊は、真言兼帯の本山派先達を勤め、役行者の遠忌や門跡の峰入などでは重要な役割をはたしている。

【霊鷲山】りょうじゅせん

釈迦が出家後最初に修行したインドの丘。ビハール州中央の、当時インドの政治文化の中心地だったマガダ国の首都王舎城にあり、平たい山頂が鷲の形に似ていることから霊鷲山と呼ばれた。耆闍崛山（ぎじゃくっせん）は梵語の音写である。『法華経』の序品では、釈迦がこの経を説いた山としている。そして釈迦の浄土を霊山浄土と呼んでいる。山中で修行した法華持経者の流れを汲む修験道では、大峰山を霊鷲山の坤《ひつじさる》（南西）の角が飛来した山とし、役行者像の後背に鷲を示す岩を描いた絵符を作るなど、重視している。また福島県の霊山、当山正大先達寺の霊山寺など、霊山浄土に因んだ山名の修験霊山や寺院もある。

【梁塵秘抄】りょうじんひしょう

平安末に後白河上皇が撰んだ今様の歌謡集。もとは歌詞集、口伝集各一〇巻からなっていたが、現在は歌詞集の巻一の断簡と巻二、口伝集の巻一の断簡と巻一〇のみが伝わっている。修験道に関しては、聖の住所として大峰・葛城・石鎚・箕面・勝尾・書写・那智・新宮を挙げたものや、その修行には、法華経の誦経・垢離・山籠りなどがあるとしている。この他、金剛蔵王・不動明王・祇園などの崇拝対象、山伏の持物、修行中の食物など、初期の山伏のあり方が歌われている。

【霊山寺】りょうぜんじ　奈良市

山号は鼻高山。本尊薬師如来。境内に行者堂・弁才天堂・地蔵堂がある。寺伝では、天平勝宝五年（七五三）、聖武天皇勅願で、行基開基とする。弘安六年（一二八三）、本堂と三重塔が建立された。寺地の鳥見荘が興福寺西金堂領だったことから当山方の修験となった。近世期は興福寺一乗院末で坊舎は一四あり、山内の修験が廻職で当山正大先達を勤めた。その配下は関東に多かった。高野山真言宗に属したが、昭和二六年（一九五一）、霊山寺真言宗として独立し、弁才天信仰を中心に信者を集めている。

【両峰問答秘鈔】りょうぶもんどうひしょう　二巻（修疏Ⅱ）

「修験問答書」とも。永正年間（一五〇四〜二一）に、熊野修験の猷助《ゆうじょ》が、金峰と熊野を含む大峰山の伝聞を七五項目にわたって問答形式で述べた書物。表題の両峰は大峰山の熊野側半分を胎蔵界の峰、金峰側半分を金剛界の峰とすることに基づいている。著者の猷助は両峰阿闍梨権僧正と称し、熊野三山奉行若王子乗々院興淳に灌頂を授けた高僧である。その内容は大峰山の縁起・入峰・修験者の衣体・熊野権現の垂迹譚・伝承・熊野の行事・金峰の縁由・蔵王権現・諸神や入堂次第などである。本書には『諸山縁起』『修験指南鈔』『山伏帳』『熊野山縁起』『三井記』などの引用が認められる。

【良瑜】りょうゆ　一三三二〜九七

静助《せいじょ》とも。関白藤原兼基の子。園城寺長吏の良慶（一二九一〜一三六〇）に師事。文和三年（一三五四）、大峰山に初入峰し、以後、五度峰入し、笙岩屋、那智山でも修行した。園城寺の常住院に住し、二四代熊野三山検校、新熊野山検校、四天王寺別当を務めた。大峰山中の釈迦ヶ岳の麓の深仙で深仙灌頂を開壇した。この灌頂の内容はその遺弟、良縁（?〜一四二二）の『大峰修行灌頂式』に記されたものと思われる。死後弟子の二七代道意、二八代満意の両熊野三山検校によって遺像が作られ、深仙の灌頂堂に安置された。

れ

【霊供作法】れいくさほう

死霊、祖霊を供養する作法。現行の『本山修験勤行常用集』（聖護院）には、「回向勤行式」を挙げている。また三宝院では夕べの「施餓鬼略法」を日課としている。なお近世期の『本山修験勤行要集』には、祖師壇法楽・霊壇法楽を挙げるが、前者は本覚讃・大日呪・宝号、後者は十如是・自我偈・宝篋印陀羅尼・光明真言を中心としている。

【霊山縁起】れいざんえんぎ

霊山の由来・沿革・霊験などを伝えることを目的

として記された文書。その内容は、霊山の歴史・祀られている神格（その本地、垂迹譚など）・開山伝承・霊地の説明などからなっている。このいずれかの部分のみを強調した縁起もある。中世初期のものには、中央の大峰・熊野・葛城・笠置の縁起をまとめた『諸山縁起』（鎌倉初期）、大峰を中心とした『大菩提山等縁起』（鎌倉）「熊野権現御垂迹縁起」（平安末）、『大和葛城宝山記』（鎌倉）などがある。地方霊山のものには『彦山流記』（鎌倉初期）、羽黒山の『拾塊集』（江戸初期）、白山の『泰澄和尚伝記』（天徳二年〈九五八〉成立）、日光山の『補陀落山建立修行日記』（鎌倉）、伯耆大山の『大山寺縁起』（室町）などがある。なお地方霊山の縁起では、役行者より古い渡来僧、猟師などを開山としたものもある。

【霊山曼荼羅】 れいざんまんだら

一般に社寺参詣曼荼羅と通称される、社寺の景観を俯瞰図で表し、その中に神格、参詣者や伝説などを描き込んで、絵解きに用いられたもののうち、修験霊山に関するものを霊山曼荼羅という。以下その特徴と主なものを挙げる。その大凡の構図は、上部に日・月を配し、上方に山（多くは三山）、下方に海を配し、川でつないでいる。そして画面全体を霞と雲で仕切ってそれぞれの中に社殿や神格を記している。さらに山中他界観に基づいて地獄や浄土が描かれている。また随所に修験者や参詣者を配し、開山やそれにまつわる伝承が描き込まれている。那智参詣曼荼羅、吉野曼荼羅の他、地獄や弥陀来迎の場景や布橋灌頂を描いた立山曼荼羅、富士参詣曼荼羅が広く知られている。この他、箕面山瀧安寺の、諸堂や滝などの場景と、役行者が本堂に座している姿と山上で雲に乗る様子を描いた「瀧安寺参詣曼荼羅」（瀧安寺蔵、紙本着色、桃山）などもある。

【霊神碑】 れいじんひ

木曽御嶽、越後八海山などの講中が講元や先達を霊神として崇め、石または木の碑を立てて祀ったもの。石製は一メートルから三メートルくらいの舟形光背形石碑の面を削って、霊神号を刻んだものだが、自然石にそのまま霊神号を刻んだものもある。木製は一五～二〇センチ角の三メートルくらいの角柱に霊神号を墨書したものである。最古のものは弘化二年（一八四五）の覚明の「大阿闍梨覚明霊神碑」である。特に明治一〇年代以降、木曽御嶽山内で多く作られた。各講では講祖、先達の霊神碑の前で、その託宣を聞く御座がなされている。

【蓮華会】れんげえ

吉野山の蔵王権現や山上ヶ岳の霊所、大峯山寺（旧山上蔵王堂）に、役行者の産湯の水に使ったとされる奈良県大和高田市奥田の弁才天社そばの蓮池の蓮華を供える七月七日・八日の蔵王堂の祭り。七日には蔵王堂で、蔵王権現に蓮華を供える修験懺法を中心とした法要の後、蔵王堂前の舞台で蛙とびがある。これは、蔵王権現を誹ったことから蛙にされた男を、一山の修験者が祈禱してもとの人にかえした故事に因んで、蛙のぬいぐるみを着た人のぬいぐるみを、祈禱のうえで取るものである。夏の峰入を終えた山伏が土地神の蛙を統御する力を誇示する験競べと考えられる。この後、蔵王堂の境内で採灯護摩が施行される。翌八日には山伏が吉野山から山上ヶ岳に至る峰中の祠堂、霊地、大峯山寺の蔵王権現に蓮華を供えると共に、表・裏の行場で修行をし、山上で採灯護摩を施行する蓮華会の峰入がある。

ろ

【良弁】ろうべん　六八九～七七三

東大寺の開基。出自は相模の漆部氏。義淵（?～七二八）に法相宗、新羅僧審祥に華厳を学んだ。奈良の奥山の金鷲寺で修行したことから金鷲行者と呼ばれた。同寺の法華堂に執金剛神を祀った。東大寺の大仏建立に尽力して東大寺初代別当となった。金峰山、比良山でも修行し、石山寺の開山でもある。

【六郷満山】ろくごうまんざん

大分県国東半島の武蔵・来縄・国東・田染・阿岐・伊美の六郷の、宇佐八幡の影響を受けた天台系の本山八、中山一〇、末山一〇の二八カ寺を中心とする山岳寺院の総称。その成立は一二世紀頃、宇佐神宮の神宮寺の弥勒領で中山、次いで一三世紀初期に宇佐神宮領の本山、その後、中山の影響のもとに国衙領などの末山の順序で成立した。これらの寺院では八幡神と六所権現が祀られた。そして主な寺院には、岩屋や磨崖仏、国東塔などがあった。一四世紀初期になる神吽《じんうん》の『八幡宇佐宮御託宣集』によると、六郷満山は八幡神の化身、仁聞が修行したところで、九世紀の初期、仁聞を崇めた能行が、阿弥陀の救済を求めて東六郷の峰道を巡る峰入と、観音の垂迹地とされる西六郷の海辺を巡る辺路修行をし、爾来この両峰入がなされたとしている。なお主な寺院は修正鬼会を行なった。現在もこの鬼会と、一〇年に一度くらいの峰道の抖擻がなされている。

【六大】 ろくだい

宇宙の万象を形づくるとされる、地・水・火・風・空・識（精神的要素）の六種の構成要素。「大」は法界に周遍して万物を形成することを意味する。修験道では生有、中有、死有の三有の六大をたてる。「生有」の六大は父母から授かった六大で、地は皮・肉・骨、水は血・涙、火は体温、風は息、空は鼻・口・耳の三穴、識は善悪分別などの想念。「中有」の六大は、現世と来世の中間すなわち中有における六大で法界に遍満する一気を受得した命息《めいそく》。「死有」の六大は、死滅後の法界に帰入した状態の六大とする。そしてこの三有の六大は本来の実在としての六大を離れてはあり得ないとしている。また究極的には、六大は阿字の息風《そくふう》に帰入するものとされている。

【六波羅蜜】 ろくはらみつ

菩薩に課せられた「1布施／2持戒／3忍辱（忍耐）／4精進／5禅定（瞑想）／6智恵（悟りの完成）」の六種の実践徳目。六度ともいう。修験道では結袈裟の前四つ、後ろ二つの房（ボンテン）は六波羅蜜を示すとしている。またこの具体的な六度と別に無相の六度を説いている。それでは六度は一切の衆生が六大（地・水・火・風・空・識）本具の自体であることを悟ることにあるとする。そして持戒を地、布施を水、精進を火、智慧を風、忍辱を空、禅定を識に充当する。峰中の十界修行では、第九の菩薩行でこのことを悟らせたうえで、最後の仏の正灌頂に導いている。

【六根清浄】 ろっこんしょうじょう

知覚器官である眼・耳・鼻・舌・身・意の六根は、生活によって色々な垢に染まっている。これを懺悔して六根を清浄にして祈念することにより、無限の力を得ることが出来るとの信仰。修験霊山の登拝では繰り返し「六根清浄」が唱和される。この前に「懺悔懺悔」とつけることもある。

わ

【和讃】 わさん

仏の功徳、仏教の教え、祖師・高僧の伝記や教えを和文で歌謡にした讃歌。それぞれ仏讃、法讃、僧讃と呼ばれた。形式は七五調の長歌形式。初出は千観（九一八～八四）の「極楽国阿弥陀和讃」とされる。その後、浄土思想の展開に伴い源信の「来迎和讃」や、時宗の和讃が作られた。中世末には葬式などの際に、念仏講の「無常和讃」が唱えられた。修験道では、近世期に「役行者和讃」「理源大師和讃」「蔵王権現和讃」、羽黒山の「開祖照見大菩薩和讃」などが作られた。

便覧編

修験道の基本

1　宗旨（修験道のめざすもの）

修験道は、霊山で修行を積み重ねて、その験徳を顕す道である。霊山は万物の根源（真如法性）の地とされ、山伏はここで修行することによって、無《む》明《みょう》や煩悩を滅するのである。山伏の「山」の文字の「山」は、報身（修行の報いとして功徳を得た身）・法身（真如の悟りを得た身）・応身（衆生を救済する身）の三身、下の「一」はこれらを備えていること（三身即一）、「伏」の字の左の「人」は法性・聖、右の「犬」は無明（煩悩）・俗を示し、両者が一体（不二）であることを意味している。そして修験道では、霊山での修行によって三身即一、無明法性不二・聖俗不二の境地に入り、さらにこれをもとに、自己のはからいを捨て、自然の摂理に身をまかせる（自然法爾《じねんほうに》）ことによって、自己の心を実のようにはっきり知る（如実知自身）ことを宗旨としている。なおこれによって得られる悟りの境地は、清浄心（何ごとにもとらわれないこと）であるとしている。

2　始祖と中興

修験道には教祖はいない。けれども成立時の中世初期には、七世紀末に大和の葛城山で修行し、鬼神を使役して汲水、採薪させ、呪力に秀でたとされたがゆえに讒言を受けて、伊豆に配流された役小角を理想的な行者として、役行者と崇めて始祖に仮託した。なお役行者は、寛政一一年（一七九九）の一一〇〇年忌に、朝廷から「神変大菩薩」の諡号を授けられ、以後そう呼ばれている。

中世後期には、近畿の修験者は、醍醐寺を開基した東大寺東南院の聖宝（八三二〜九〇九）を、役行者以来、跡絶えていた大峰山の峰入を再開した中興の祖として崇拝した。そして近世以降、醍醐三宝院を本寺とした当山派では、聖宝を派祖として、その諡号の「理源大師」の名のもとに崇拝している。

一方、中世末に熊野修験を包摂した聖護院を本寺とした本山派では、寛治四年（一〇九〇）に白河上皇の熊野御幸の先達を務めて、熊野三山検校に補され、聖護院を賜った園城寺の増誉（一〇三二〜一一一六）を派祖として崇めている。

もっとも各地の霊山では独自の開祖と中興の祖が崇められている。すなわち中央の大峰山や葛城山は役行者、熊野修験はインドからきた雅顗《がけん》を開山としている。羽黒山では、開山は六世紀の能除《のうじょ》（神社では崇峻天皇の皇子蜂子皇子《はちこのみこ》）、中興は近世初頭の天宥。彦山では、開山は八世紀初期の北魏の僧善正《ぜんしょう》、中興は九世紀初期の法蓮《ほうれん》としている。富士山は一二世紀中頃の末代、日光は勝道（七三五～八一七）、白山は泰澄（六八二～七六七）、立山は一〇世紀の佐伯有頼、伯耆大山は玉造の猟師依道《よりみち》、石鎚山は八世紀中頃の寂仙《じゃくせん》を開山としている。けれども中央で修験道が確立した中世後期には、役行者の諸国の霊山での修行伝説が作られた。

3　崇拝対象

修験道では、霊山の山の神が示現した権現を崇めている。その代表は、役行者が大峰山の山上ヶ岳の岩（現在、涌出《ようしゅつ》岩と呼ぶ）から涌出させた金剛蔵王権現である。主要な修験霊山では、熊野三所権現、出羽三山権現、彦山三所権現というように、山名に権現を付した神格が崇められている。

修験道は、密教と結びついて、根本道場の大峰山を金剛界・胎蔵界の曼荼羅の諸尊の住するところとしている。そして金・胎の曼荼羅の根源をなす大日如来、その教令輪身の不動明王が主尊として崇められた。また、この不動明王に降三世・軍荼利・大威徳・金剛夜叉を加えた五大明王、孔雀明王、倶利迦羅不動（龍王）、阿弥陀如来、十一面観音、千手観音、如意輪観音、地蔵菩薩、弁才天・毘沙門天などの諸天や、神道の諸神、荒神、水神、地神、道教の妙見や庚申、天狗や鬼なども崇められている。さらに金剛蔵王権現の八大金剛童子、不動明王の矜羯《こんが》羅《ら》・制吒迦《せいたか》などの三十六童子などの眷属、護法神も崇めている。

4　依経（所依の経典）

修験道の依経《いぎょう》は「法爾常恒の経」（自然の恒常的な摂理）である。具体的には山中の風にそよぐ木々の音、滝や清流が砂石を打つ波の音を、法界の音声（経）として見聞、覚知することを説いている。こうした自然の音声を経として、まずそれに接することによって自心を清浄化し、仏心をめざめさせることを求めている。そして、そのうえで諸経に接することを勧めているのである。

その際、重視されている経は、般若心経、大般若経、法華経、阿弥陀経、華厳経、大日経、金剛頂経などである。なかでも般若心経は必ずあげられ、大般若経は転読されている。法華経は修験者の主要な淵源が法華持経者だったことから重視され、特に「観世音菩薩普門品（観音経）第二五」の偈は屢々あげられている。また法華経を読誦して罪障を懺悔する儀式の法華懺法は、修験懺法とも呼ばれて広く用いられている。阿弥陀経と弥陀讃は天台系の修験や羽黒修験で用いられている。この他、修験独自ともいえるものに、華厳経に淵源がある錫杖経（「九条錫杖経」「三条錫杖経」）、不動明王の功徳を説いた「聖不動経」がある。このほか役行者（神変大菩薩）を讃嘆した「役行者（神変大菩薩）講式」「役行者（神変大菩薩）和讃」、聖宝（理源大師）の「理源大師講式」「理源大師和讃」、熊野権現の法楽のための「権現講式」（熊野）、「蔵王権現和讃」（金峰山）など独自に作られたものもある。

ここでは、これら諸経のうち特に広く用いられた修験独自ともいえる「九条錫杖経」「聖不動経」の訳を掲げる。

九条錫杖経

九条錫杖経は錫杖の功徳を説いた九条からなる経で、九条の各条の最後に錫杖が振られる（各条は三振、最後は六振）。そして最後に祈願文が付されている。この第一条は『華厳経』巻一四「浄行品」に出ているものである。なお最初の二条と最後の一条のみあげるものを「三条錫杖経」と呼んでいる。各条の内容は

1　衆生の願いに応えて、大施会を開いて、如実の道を示すために三宝（仏・法・僧）を供養する。

2　清浄心を持ち、それを発して、願いを込めて三宝を供養する。

3　天人師（道を極めた師）が衆生の限りない願いを満たし、その苦しみを救うために三宝を供養する。

そうすると衆生は諸仏に見《まみ》えて、速やかに悟りを開くことが出来る。
4　衆生は、真理の道（真諦）・世間の道理（俗諦）・一乗（法華）の教えを修めて、仏の広大無辺の慈悲を得るために、三宝を一体として供養する。
5　衆生は、檀（布施）・尸羅《しら》（持戒）・羼提《せんだい》（忍耐）・毘梨耶《びりや》（精進）・禅那《ぜんな》（瞑想）・般若（智恵）の六波羅蜜の修行をすることによって、仏の広大な慈悲を得る。
6　すべての衆生は錫杖の音を聞くと、怠け者は精進し、破戒者は戒を守り、不信者は信仰を得、けちで欲張りの人は施しをし、怒りっぽい人には慈悲を、愚かな人には知恵を、憍慢な人には慎しみを、わがままな人には恭敬の心を目ざめさせ、速やかに悟りを開くことが出来る。
7　錫杖の音を聞くと、いたる処にいる魔物・外道・化物・鬼・毒龍・毒蛇・毒虫も、その毒害をくじかれ、屈伏して、速やかに悟りを開くことが出来る。
8　地獄・餓鬼・畜生など、多くの難所で苦しみを受けている衆生も、錫杖の音を聞くと解脱しうる。また幻惑、愚痴の障りにあって百八煩悩を持っていても、菩提心を発して、数多くの行法をおさめれば、速やかに悟りを開くことが出来る。
9　過去・現在・未来の仏は、すべて手に錫杖を持つことによって成仏する。そこで私たちもこれに準えて、錫杖を持って三宝を供養する。
このように手に錫杖を持って、三宝ならびに霊鷲山の集会を恭敬するので、弟子や大衆を護持して大願を成就させてほしい。

聖不動経

不動明王の形像と功徳を説いた、次の内容の一一二字の小経。金剛手説、般若遮迦羅（偏智とも）訳と伝える「聖無不動尊大威怒王秘密陀羅尼経」全一巻をもとに修験者が作った偽経。

「大日如来の大々的な説法の集会に大明王（不動明王）が現れた。この明王は大きな威力を持っていた。その身体は慈悲の徳を示すために青黒の色をし、金剛石に座していた。また背中の火焔によって悟りの智恵を得ていることを示していた。そして手に持つ悟りの智恵を示す剣で、人々の貪《とん》（むさぼり）・瞋《じん》（いかり）・痴《ち》（おろかさ）の煩悩を切り、悟りに導く索で、救いがたい人を縛りつけるのである。

不動明王は、姿を現さない絶対の存在で、あらゆるところに存在する大日如来と同体である。それゆえ、特に住所はなく、衆生の心の中に住している。衆生の心や思いはそれぞれ異なっているが、不動明王はこうした人々の多様な願いに応じて利益をもたらし、願い事を円満に成就してくれる。

この集会で説かれた不動経の教えを聞いた人々は、皆感激してこの経を授かり、確信を持ってその教えを実行したのである」

この後に、不動明王の分身で、その徳を分かち持っている矜羯羅《こんがら》童子、制吒迦《せいたか》童子を始めとする三十六童子の名を挙げ、「千万億の悪鬼が修行者を悩ました時に、これらの童子の名をあげれば退散する。また苦難・災厄・恨みを受けた時、病気の時も、これらの童子の名を呼ぶと、たちまち吉祥を得ることが出来る。これらの童子は自分たちを恭敬、礼拝する者のそばを離れることなく、影が形に従うように守護してくれて、長寿を与えてくれる」との意味の偈を挙げている。なおこの偈は「勝軍不動明王四十八使者秘密成就儀軌（略称「勝軍軌」）」全一巻の「不動讃」とほぼ同一である。ただし「聖不動経」の読経では、多くは最初の一一二字の部分のみ唱えている。

5 勤行

修験道の各教派ではそれぞれ勤行集を定めている。そこで次頁に、中央の聖護院、三宝院、金峯山寺と羽黒山の勤行集の目次を挙げておきたい。

そしてここでは一般信者が仏壇でお勤めをする時、また修験の寺院や堂に参詣した時、峰中修行の拝所での簡単な勤行の次第、その出典と、文句、意味を掲げる。

仏壇でのお勤め

輪袈裟をかけ、左手首に念珠をわがねて座る。まず燭台のローソクに点し、香炉に三本の線香を立て、両掌を合わせて合掌をする。読経は三礼、開経の偈、

金峯山勤行式（金峯山寺）	羽黒山峰中勤行式（荒沢寺）
朝座	初夜勤行
法螺三唱	三礼
三礼	護身法
懺悔文	般若心経
祓	三宝荒神宝号・真言
発菩提心真言	懺法弥陀経
三昧耶戒真言	弥陀讃
祈願表白	如来呪
発願	三礼
開経偈	七仏通戒偈
九条錫杖	本覚讃
如来神力品	三条錫杖
世尊偈	普門品偈
般若心経	諸真言
本尊（蔵王権現）・高祖（神変大菩薩）・不動真言	諸宝号
	一字金輪
諸真言	祈念
宝号	護身法
祈願回向	三礼
本覚讃	後夜勤行
三礼	三礼
法螺	護身法
回向勤行式	般若心経
開経偈	三宝荒神宝号・真言
自我偈	釈迦讃
般若心経	如来呪
舎利礼文	七仏通戒偈
光明真言	舎利礼文
随求陀羅尼	九条錫杖
観経文	普門品偈
十念（南無阿弥陀仏　十遍）	諸真言
回向文	諸宝号
総回向	祈念
三礼	三礼

修験教団の勤行式一覧

本山修験勤行常用集(聖護院)	修験三時勤行式(三宝院)
祈願勤行式	朝と日中
三礼	商佉文
法螺	礼文
懺悔文	三礼
六根清浄大祓	閼伽文
表白	床堅文
九条錫杖	護身法
修験懺法	祈念
普門品偈	表白
般若心経	九条錫杖
諸真言	理智不二礼讃、或いは懺法
五大明王	般若心経、或いは秘鍵
祈	寿量無辺経、或いは不動経・普門品・孔雀経など
三部総呪	
諸天総呪	三陀羅尼(仏頂尊勝・宝篋印・阿弥陀)
一字金輪	諸真言(任意)
智証大師宝号	柱源文
高祖(神変大菩薩)宝号	五大願
円頓章	普供養真言
祈念	三力偈
本覚讃	法螺文
法螺	諸尊宝号
三礼	讃(四智・心略・不動など)
回向勤行式	諸讃等
帰敬文	五輪観文
開経偈	本覚讃
四奉請	大金剛輪陀羅尼
十如是、自我偈	一字金輪呪
弥陀讃	祈念(念珠を摺る)
光明真言	回向文
舎利礼文	三部被甲
回向	三礼
十念(南無阿弥陀仏　十遍)	法螺文
三礼	
付録	
不動経	
役行者神変大菩薩和讃	

般若心経、真言（不動・蔵王権現・役行者）、光明真言、回向文、三礼《さんらい》をあげる。

修験寺院や境内の堂などに参詣した時

三礼、開経の偈、般若心経の後、その寺院（堂）の本尊の真言をあげ、回向文、三礼で終える。

峰入修行の拝所

三礼、般若心経、その拝所の仏の真言、本覚讃、三礼をあげる。なお山中の歩行中は先達の音頭で「懺悔、懺悔、六根清浄」の掛念仏を唱える。

【上記の唱えごとと、その意味】

三礼

一心頂礼本尊諸尊一切三宝《いっしんちょうらいほんぞんしょそんいっさいさんぼう》

「心をこめて本尊・諸尊と一切の仏・法・僧（三宝）に拝礼します」

開経の偈

無上甚深微妙法《むじょうじんじんみみょうほう》　百千万劫難遭遇《ひゃくせんまんごうなんそうぐう》　我今見聞得《がこんけんもんとく》
受持《じゅじ》　願解如来真実義《がんげにょらいしんじつぎ》

『法華経』の「随喜功徳品」に基づいて作られた偈。

「最も奥深い仏の教えは、百千万劫に及ぶ長い年月をかけても、出会うことは困難なものです。幸いにして私は今、その教えを見聞する機会を得ました。そこでこの教えの真実を会得することを願います」

不動明王の真言

ナマクサンマンダバサラナン、センダマカロシヤナ、ソワタヤウンタラタカンマン

「恐怖をもたらす暴悪なものを、忿怒心を持って破壊する諸金剛（不動）に除いてくださいますようお願い申し上げます」

蔵王権現の真言

オン、バギリユウソワカ

役行者の真言

オン、ギヤクギヤク、エンノウバソクアランヤソワカ

光明真言

オン、アモキヤ、ビロシヤナ、マカモダラマニ、ハンドマジンバラハラバリタヤ、ウン

「不空大灌頂光明真言」の略。一切の仏菩薩の総称とされる大日如来の真言。先祖供養の際にあげる。

「効験いちじるしい不空遍照尊（大日如来）よ、大

印を有する尊よ、摩尼と蓮華の光明をさし伸べて、亡者を開悟させて、その罪障を消滅させて、解脱させてください」

本覚讃

帰命《きみょう》本覚《ほんがく》心法身《しんほっしん》　常住《じょうじゅう》妙法《みょうほう》心蓮台《しんれんだい》　本来《ほんらい》具足《ぐそく》三《さん》身徳《じんとく》　三十七尊《さんじゅうななそん》住《じゅう》心城《しんじょう》　普門《ふもん》塵数《じんじゅ》諸三昧《しょさんまい》　遠離《おんり》因果《いんが》法然具《ほうねんぐ》　無辺《むへん》徳海《とくかい》本円満《ほんえんまん》　還我《げんが》頂礼《ちょうらい》心諸仏《しんしょぶつ》

不空訳「妙法蓮華経三昧秘密三昧耶経」（「蓮華三昧経」「無障礙経」とも）の巻頭の偈頌《げじゅ》。一切衆生成仏の偈ともいう。修験者はこの偈を唱えることにより、金胎両部を一身に備えた大日如来になる。

「本来覚られている事を讃える」（表題）

「本来すでに覚っている、自己の中なる仏の法身を心から信仰します。いかなる時も仏法は私たちの心に蓮華である妙法として住して、仏の法身、報身、応身として説明されています。そして仏法のすべての理想は過去からこの身に具っています。それゆえ私たちの心身には金剛界の三七の諸尊がすでに宿っているのです。

　これらの諸尊の無限の覚り方は、仏法のままに具っていて、世間的な因果を超越しています。そしてこの諸尊の大海のような無量の仏徳がすべてのものに完全に浸透しているのです。このように私たちの心身にはすでに仏徳が具わっているのです。ですからここで私たちの心身に内在する諸尊に頭をたれて礼拝いたします」

回向文

願以此功徳《がんにしくどく》　普及於一切《ふきゅうおいっさい》　我等与衆生《がとうよしゅじょう》　皆共成《かいぐじょう》仏道《ぶつどう》

『法華経』の「化城喩品《けじょうゆほん》」第七の偈。

「この読経の功徳を、諸仏、諸神、精霊、人間を始めすべての生きものにさしあげ、皆が共に成仏出来るよう願っています」

6　衣体

　修験道には、山伏十二道具と通称される独自の衣《え》体《たい》があって『修験修要秘決集』などの代表的な教義書には「衣体分十二通」として、それぞれの教義上の意味が記されている。そこでそれぞれの特徴とその意味、全体としての意味、性格を挙げておきたい。

①頭襟

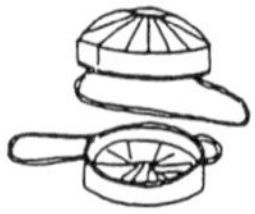

②斑蓋

③鈴懸

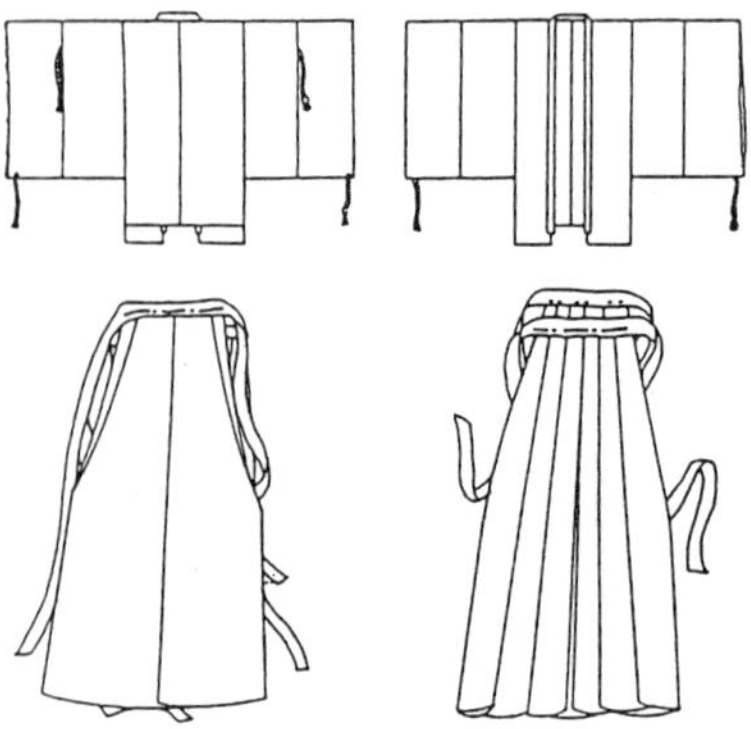

④結袈裟

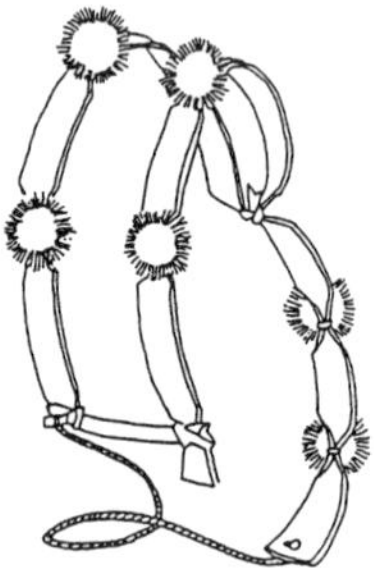

⑤最多角念珠

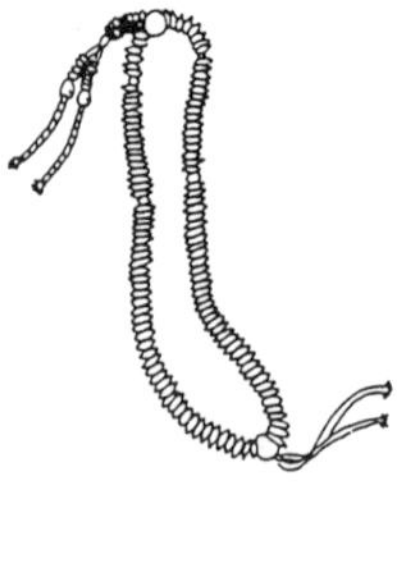

⑥法螺

⑦錫杖

⑧笈

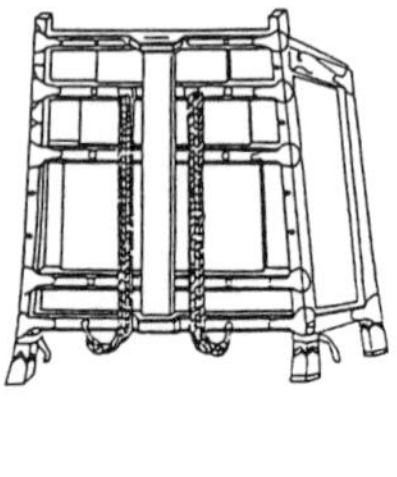

山伏十二道具と十六道具

⑩金剛杖

⑪引敷

⑨肩箱

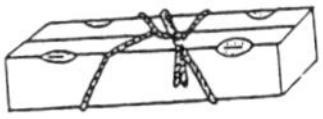

⑫脚半

⑬檜扇

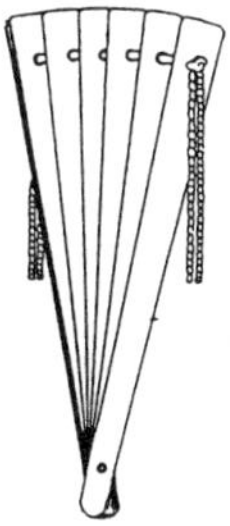

⑭法剣

⑮螺緒

⑯八目の草鞋

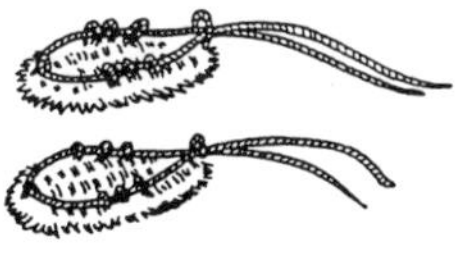

①**頭襟**《ときん》　行者が額にいただく頭巾。一般には、黒色の漆紗《しっさ》を、宝珠形（直径約一〇㌢）で一二の襞《ひだ》が中央に集まる形に固めたものを用いる。大日如来の五智の宝冠を示す。一二の襞は十二因縁、うち右の六襞は六道の衆生の悟りの世界、左の六襞は六道衆生の迷いの世界、両方で迷悟不二、凡聖不二を示す。他に長方形の長い布を頭に巻く巻頭巾や、袋物に紐をつけた折頭巾がある。

②**斑蓋**《はんがい》（檜笠）　檜の皮を薄く削ったものを網代《あじろ》形に組んだ円形の笠。外側の頂に八葉形の布がつけられている。円形はすべてが円満であること、八葉は蓮台、慈愛につつまれている形で、母胎の胞衣を示す。

③**鈴懸**《すずかけ》　山伏が着る衣。鈴をつけたことからこう呼ばれた。柿色の九布からなる直垂と同形の上衣と、八布の下衣（袴）からなる。なお上衣には背中に二本の貫《ぬき》があって、これをたぐりあげて縛って動きやすくしている。上衣九布は金剛界九会、下衣の八布は胎蔵界の中台八葉院を示し、これを着ると、行者が金胎不二となることを示す。その色の柿色は、行者が母胎内にあって無欲解脱、不苦不楽にあることを示す。他に、青黒色で石畳を描いた摺衣、白衣の背中に不動の種子を書いたカンマン着がある。

④**結袈裟**《ゆいげさ》（不動袈裟）　九条袈裟を折りたたみ、前二、後一と三股に分け、前二つは下部の威儀線で結ぶ。三股には各二計六の房をつけ、その房の色で位階を示した。これは九界の衆生を示す九条袈裟を、仏界にある行者が着することにより、不動明王と同様に十界一如、凡聖不二となることを示す。なお三股は三身即一、六房は六波羅蜜を表す。醍醐三宝院（当山派）では、左側の帯の代わりに線索を用い、背中に三個、右の帯に二個の金属製の五つの輪宝（打越《うちこし》）を付した磨紫金袈裟《ましこんげさ》を用いている。この五つの輪宝は五波羅蜜を示す。

⑤**最多角念珠**《いらたかねんじゅ》　ソロバンの珠状（剣形）の木の一〇八珠からなる。読経や祈念の際にこの念珠を揉むのは、剣で百八煩悩を摧破することを示す。

⑥**法螺**《ほら》　フジツガイ科の巻貝の先端を削って吹き口をつけたもの。読経、峰中の合図の際に吹く。その形は金剛界の鑁字《ばんじ》、音は大日如来の説法で聴者を悟りの世界に導くことを示す。法螺は、説法・駈相《かけあい》・

入宿・出宿・案内・返答などでそれぞれ吹き方が異なっている。

⑦**錫杖**《しゃくじょう》（菩薩錫杖）　木製の棒または杖の先に、両側に各三つの円環をはめた半円形の鉄輪、中央上端に一つ、円環内に三つの五輪塔を刻んだ金具をつける。全体で法界、六つの円環は六波羅蜜を表し、錫杖を振ることによって六道に輪廻する衆生を目ざめさせ、六波羅蜜の菩薩行を修行させることを示す。読経の際の、経頭の発頭や『錫杖経』の読誦の際に用いる。

⑧**笈**《おい》　木製の箱に四本の短い足をつけ、背に負い紐をつけた箱笈（横笈とも）と、板笈（縁笈とも）がある。箱笈の中には小本尊・法具・供物を入れる。峰中で祭壇として用いることもある。箱笈は万物を包蔵する胎蔵界大日、母胎を示す。行者がこれを背負うことによって母胎にいだかれていると観じさせる。板笈は、下に二本の足をつけた背負い梯子のようなものに、荷物を結びつけて蓑などかぶせて負い紐をつけたもの。

⑨**肩箱**《かたばこ》　箱笈の上に乗せる長方形の木箱。中に切紙・峰書・現参帳・座配帳・碑伝《ひで》などを入れる。金剛界大日・父を示す。胎蔵界を示す笈の上に肩箱を置くことにより、金胎一致、陰陽和合、男女和合を示す。現在はほとんど用いられていない。

⑩**金剛杖**《こんごうづえ》　山中の抖擻などに用いる杖。修行者の身長に合わせて、上端部を塔婆形、下部を円形にした木の杖。上端部は金剛界・上求《じょうぐ》菩提、下部は胎蔵界・下化《げか》衆生を示す。これを持つことにより、行者は金胎不二になるという。独鈷杵《とっこしょ》を変形したもので、悪魔降伏の利器ともされた。

⑪**引敷**《ひっしき》　鹿・熊・兎などの毛皮に紐をつけ、尻に当てて前で縛る。行者が獅子に乗ることを示す。獅子は凡・無明、行者は聖・法性を意味し、無明法性不二・凡聖不二を示す。

⑫**脚半**《きゃはん》　峰中で歩きやすくするために脛に巻く細長い布。上下を平たくして、それぞれに括《くく》り紐をつける。色は白で、法性不染、浄白輪円を示す。

以上の①～⑫を山伏十二道具という。

⑬**檜扇**《ひおうぎ》　檜の薄板を組み合わせて作った扇、採（柴）灯護摩の時に用いる。檜は智恵、三角の形は

不動の火焔を意味し、煩悩を示す小木を煽《あお》いで焼尽することを示す。

⑭法剣《ほうけん》　両刃または片刃の短剣。不動明王の利剣を示し、採（柴）灯護摩の時に、これを乳木（小木）にあて護摩壇に投じることにより、衆生の煩悩を断ち切ることを示す。

⑮螺緒《かいのお》　腰に巻く左右二本のより綱、左右二本は因果円満、理智不二。また全体で胎児の臍の緒を示す。緊急の時のザイルにもなる。

⑯八目《やつめ》**の草鞋**《わらじ》　周囲に八つの乳がある修験独自の草鞋。修行者が八葉の蓮華座にあることを示す。

以上①～⑯を山伏十六道具という。

簠簋扇《ほきせん》　蒲の穂を菱形に編んで、中央に孔雀の羽根を挿した扇。役行者が孔雀明王の呪を唱えて抖擻したことに因む。

以上のように、山伏十六道具は、全体として金胎不二・理智不二・凡聖不二・父母不二・陰陽不二というように不二の世界、不動明王の働き、煩悩を摧破して成仏すること、母胎にいだかれていることなどの象徴とされている。

この山伏十六道具は、これらを身体につけて峰入や祭典にあたる修験者に、このことを、身体感覚を通して意識させている。今一方でこれらの衣体は、頭襟は鉢巻きのように身体を引き締めさせ、鈴懸は「木の葉衣」「葛衣《ふじごろも》」と呼ばれるように、身にまとった木の葉や葛《ふじ》で織った衣に淵源があると考えられる。現在用いられる麻の鈴懸も、肌に風を感じさせるものである。襷《たすき》と関連するとも解される結袈裟、螺緒や脚半は身体を引き締め、草鞋は大地のぬくもりを感じさせるものである。それゆえこれらの衣体は、峰入する修験者に自然との共感、共生感覚を引き起こすと考えられる。

7　峰入

修験道の峰入では、中心道場の大峰山と葛城山、羽黒山のものが注目されるが、各地の霊山でもなされている。

大峰山（山上ヶ岳）では五月三日に大峯山寺の戸開式があり、九月二三日の戸閉式までの間、大峯山寺が開かれてこの間に山上詣がなされている。ただし女人禁制である。登拝路には吉野山からと天川村洞川からの二つがある。吉野からの登拝は、発心門（銅の鳥居）、金峰神社の修行門、ここから女人結界の五番が関を経て洞辻《どうつじ》に至る。次いで表行場に入って鐘掛、西の覗きの修行をし、等覚門・妙覚門を経て大峯山寺に達する。新客（初入峰者）は裏行場の修行をする。今一方の洞川からの登拝では、龍泉寺境内の池か小滝で水行をする。そして、山上川に沿って進んで、遥拝所手前の発菩提心門を経て、女人結界の登拝口の修行門をくぐって吉野道からの合流点の洞辻に至り、行場の修行をして大峯山寺に詣でている。現在はほとんどの登拝者は洞川道を利用している。なお女行者は、稲村ヶ岳や洞川の七尾山で修行する。この他、聖護院、醍醐三宝院、吉野山の大峯山寺護持院（東南院・喜蔵院・桜本坊・竹林院）では、山上ヶ岳から小笹、脇の宿、弥山、八経ヶ岳、釈迦ヶ岳、深仙などの霊地を経て、前鬼まで山中を抖擻して、後はバスで熊野三山に出る奥駈修行を行なっている。なお近世後期に、この吉野から熊野の奥駈道の間に、上記の霊地を含む七十五《ななじゆうご》靡《なびき》と通称される七五の霊地が設定された。

葛城山では、春に聖護院の友ヶ島から中津川行者堂までの経塚を拝する葛城入峰がある。また三宝院では、七月七日に大和葛城に登拝して山頂の転法輪寺で柴灯護摩を施行する花供入峰をしている。なお聖護院では、ほぼ一〇年おきに、大峰山中の前鬼で深仙灌頂、葛城山の中津川道場で葛城灌頂を開壇している。

羽黒山では、羽黒山修験本宗が荒沢寺で八月二五日から九月一日まで、近世来の秋の峰修行を、女性も含めて行なっている。出羽三山神社でも、ほぼ同時期に男性のみの秋の峰修行を実施する他、九月六日〜九日に、女性を対象とした神子修行を実施している。また神社では、九月二四日から大晦日まで、自坊と羽黒山上の斎館に籠って、かつての冬の峰修行をした二人の松聖《まつひじり》が、結願の一二月三一日の松例祭で験競べを行なっている。

このほか四国の石鎚山の七月一日から一〇日のお山市の登拝（一日のみ女人禁制）、木曽御嶽の木曽御嶽教による八月七日の神灯祭の登拝など、全国各地の修験霊山では、主として夏期に集団登拝がなされている。

なお本山修験宗では各地の主要霊山の登拝を、国峰修行として実施すると共に、これらの霊山の山麓寺院を着到所《ちゃくとうしょ》として、配下の修験の登拝を証明させている。

8　加持祈禱の基本——護身法と九字

加持は、仏の力と、行者がそれを受けとる力が相和して一体となることを示している。祈禱はそのうえで祈念を込めて除災をはかるものである。そこで修験の加持の基本をなす護身法と、降魔の祈禱に広く用いられる九字の修法を紹介しておきたい。

護身法は行者の三業（身・口・意）を清め、身を堅固に擁護する修法で、浄三業・仏部三昧耶・蓮華部三昧耶・金剛部三昧耶・被甲護身の五印明からなる。この五印明のうち浄三業では、行者が罪垢を除いて清浄身を得ること、仏部三昧耶では、如来が出現して行者の眼前にあること、蓮華部三昧耶では、行者が蓮華部の諸尊の相好を円満具足すること、金剛部三昧耶では、行者が金剛手菩薩の相好と威光を具足することを観想する。そして最後の被甲護身は、行者が諸仏諸菩薩の大慈悲をいただき、これを甲冑として諸魔の障碍を摧破することを意味している。この五印明は不動法（十八道）の荘厳行者法の最初の五つの印明である。

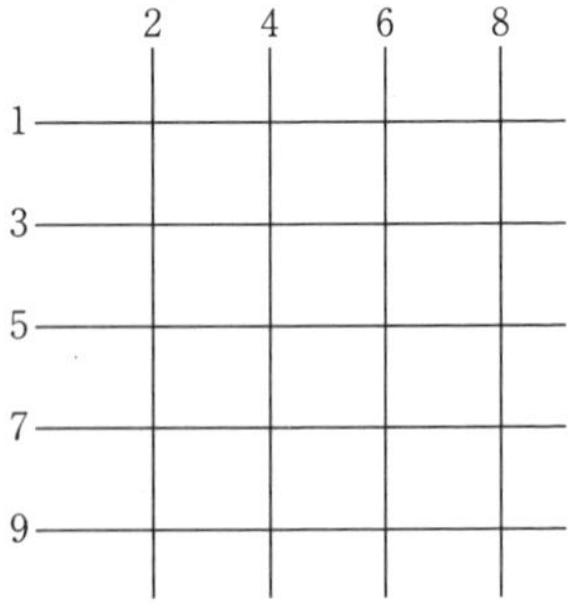

九字の図

九字は、臨（独鈷印）・兵（金剛輪印）・闘（外獅子印）・者（内獅子印）・皆（外縛印）・陳（内縛印）・列（智拳印）・在（日輪印）・前（宝瓶印）の九字の各字を、括弧内に記した印を結んで唱え、次いで、鞘印に息を吹きこんで、それに刀印をさしこんで抜き、図「九字の図」の順序で九字の一つ一つを唱えて、空中で四竪五横に切り、「ボロン　唵急如律令」と唱えながら、右回りに一転して「合」と斜めに切りおろす。そして最後に拍掌《はくしょう》と弾指《だんし》を行なうものである。この九字は「ヘイニノゾンデタタカウモノハ、ミナレツヲノベテマエニアリ」と読ませて、修法に先立って魔を切り、身固めをする修法とされている。

なお九字は中国の『抱朴子《ほうぼくし》』にあげる、道士が入山の時に用いる呪である。これを修験者が護身や降魔のために用いたものである。民間の山伏神楽や田楽の鎮めの作法にも用いられている。

9　採（柴）灯護摩

修験道では、屋外で採（柴）灯護摩を施行している。その修法について（1）道場と前作法、（2）次第を紹介し、あわせて（3）火生三昧《かしょう》（火渡り）の概要を、金峯山寺のものをもとに述べる。

(1) 道場と前作法

採灯護摩の道場と主要な先達衆の配置は、下図「採灯護摩道場図」の通りである。中央の護摩壇は、松の丸太（長さ約一六〇㌢、周囲約二〇㌢。場所により法量は変わる）一六本を井桁に組み、中に割り木を詰め、上と周囲に檜葉をかぶせたもの。乳木は、採灯師が修法中に法剣で加持して護摩壇に投じる割り木（長さ約五五㌢、幅四㌢）を、一二本ずつ九束に束ねたもの（計一〇八は百八煩悩を示す）。散杖

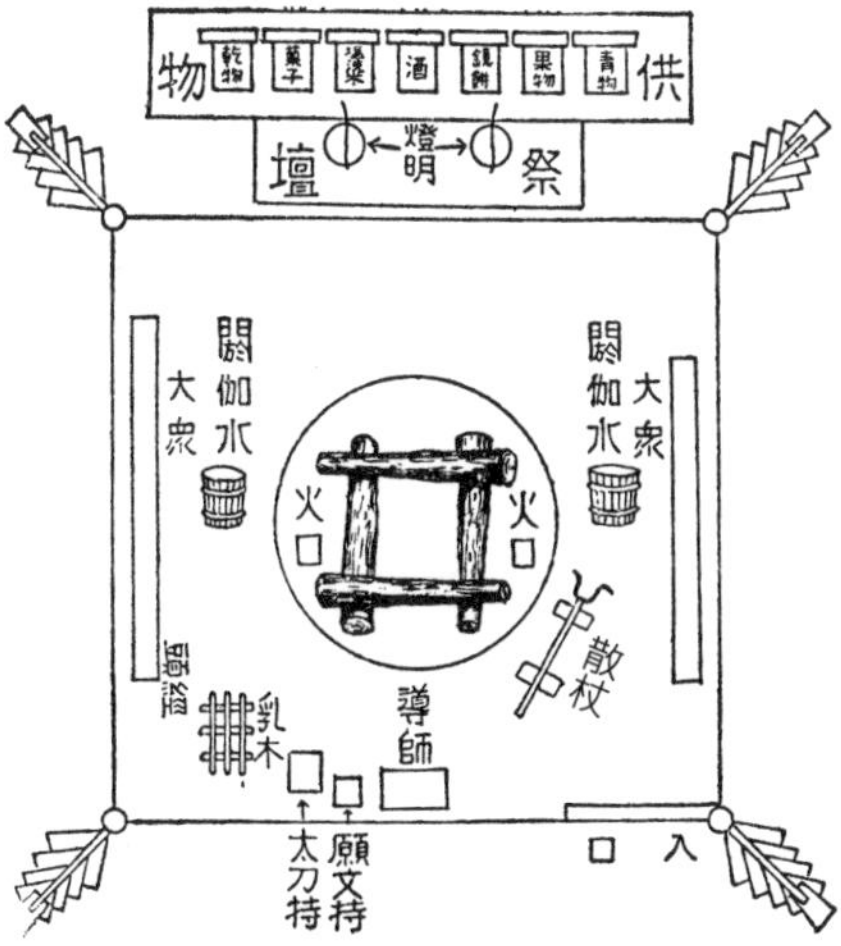

採灯護摩道場図

は二メートル五〇センチくらいの叉木で、中央に白紙を巻き、水引きを掛けたもの。松明《たいまつ》は一・五メートルくらいの青竹の先を、八つ割にして肥松《こえまつ》を詰めて針金で締めたもの。閼伽桶は水を入れた桶である。

　採灯護摩供に先立って採灯師、道場奉行などの行者や先達衆が、行列を組んで道場に到着し、右回りに回って、正面の祭壇を拝したうえで、道場に入り、「採灯護摩道場図」に示した所定の場に着く。しばらくすると、法螺を先頭に、数人の旅の先達が出入口に現れて、「案内申、案内申」と呼びかけ、「ここで採灯護摩供が行なわれると聞いたので推参した、ついては入場させてほしい」と申し出る。道場奉行が、これを受けて、「同門ならば修験の心得があるはずだ」といって、問答によって、先に記した山伏の字義・修験の宗旨・開祖・本尊・身につけた十二道具の意味をただしていく。そして最後に、「まことに同門の山伏とわかったので入壇を許す」として、入場させる。歌舞伎の勧進帳でおなじみの山伏問答である。

　続いて法弓・法剣・斧の作法によって道場を結界する。法弓は、弓矢を持った法弓師が、護摩壇正面で定慧《じょうえ》の徳を持つ法弓で悪魔を退散させるとの「法弓の文」を唱え、護摩壇を右回りに、東方青帝大神龍王（降三世明王の垂迹。以下同）・南方赤帝大神龍王（軍荼利）・西方白帝大神龍王（大威徳）・北方黒帝大神龍王（金剛夜叉）・中央黄帝大神龍王（不動）と、各八万四千の眷属に、それぞれの方角の悪魔の退散を求めて矢を放ち、最後に鬼門（東北）に向けて黄色の矢を放つ。なおこの各方位の龍王の色と、護摩道場の四隅の方位の御幣の色、矢の羽根の色は、それぞれ対応している。

　法剣の作法は、法剣師が、護摩壇に向かって剣を抜いてかまえ、不動明王の般若の利剣で衆生の煩悩を断絶して無漏《むろ》の覚城に導くとの「法剣の文」を唱えたうえで、法剣で光の字を右図の光字の順に従

光字の順

って、1で天諸童子《てんしょどうじ》、2で永為給仕《えいいきゅうじ》、3で刀杖不《とうじょうふ》可《か》、4で毒不能害《どくふのうがい》、5で若人悪罵《やくにんおうめ》、6で口即閉塞《こくそくへいそく》と一画ずつ唱えながら切る所作をする。この意味は、法剣師が天の諸童子の給仕を受けて、法剣で毒、悪罵の害を防ぐことを示すと考えられる。

斧の作法では、斧師《ふし》が護摩壇に向かって、当所の山神に、閼伽、壇木、小木一切を授与されんことを乞うたうえで、斧で薪を切り、その木を採灯護摩で焼くことによって、衆生の煩悩を断焼して、本有不生の阿字に帰入させるとの「斧の文」を唱える。そして正面・壇の右側・左側で、それぞれ三回「エイ、エイ、ア、バン」の掛け声で打ちおろすものである。

(2) 採灯護摩の次第

採灯護摩では、まず二人の承仕《しょうじ》が、それぞれの松明に祭壇の灯明の火を移し、護摩壇の手前正面で交叉させる。採灯師はその前で願文を読む。内容は、本尊に道場への降臨を願い、法味を受け、護摩の威力を示すように願うというものである。次いで、承仕が護摩壇に点火する。採灯師の作法は、火天壇・本尊壇・諸尊壇の三壇からなる。火天壇では、火天を招き、祈願後、散杖で汚穢を除いたうえで、乳木を法剣で加持し、汚穢を焼尽することを念じて、護摩壇に投じ、檜扇で煽《あお》ぐ扇火《せんか》によって光明を生じさせる。そして火天に、願い事の成就を祈ったうえで帰還させるというものである。

本尊壇ではまず本尊の大日如来・蔵王権現・不動明王を招いて祈念する。以下の修法は火天壇とほぼ同様の順序でなされる。ただここでは、散杖作法後、乳木を投じ、扇で煽いだ後、本尊の根本印明を修して、採灯師が本尊と一体となったと観じ、我々の煩悩の薪を大日如来の智火で焼尽して、大日如来と不二となったとの観想をしたうえで、祈念して帰還させている。

諸尊壇では、前の二壇と同様に、諸尊を招いて散杖作法後、乳木を投じ、扇火の後、諸尊に祈念し、そのあと帰還を願っている。以上の三壇を終えると、解界《げかい》の作法をする。続いて次の添護摩がなされる。まず採灯師が家内安全、当病平癒、五穀豊穣など具体的な願い事を述べた添護摩状をあげる。次いで道場内の修験者が依頼者の願い事を記した護摩木を護摩壇に投じて祈念する。そして、この祈願の証しとして、依頼主に授ける守札を加持する作法をして、採灯護摩を終える。なおこの間、周囲の修験者は、経頭の発声で開経偈、九条錫杖、不動経、修験懺法、普門品の偈、般若心経、諸真言、宝号、偈文、祈願、本覚讃の順序で読経を行なう。

(3) 火生三昧

火生三昧は、採灯護摩終了後、残り火を均《なら》して火《か》床《しょう》を作り、その火を鎮めて、修法者や信者が渡るもので、「火渡り」と通称されている。火生三昧の修法は、大日如来の浄火の中を、不動明王になったと観じた行者が渡ることによって、諸々の不浄・罪悪を消滅して利益を得ることを目的としている。この修法では、今一方で水天により火を鎮める修法をしている。自己が火焔を背負う不動に変じれば火上を歩むことは可能である。だが、今一方で、水で火を鎮める修法をしたうえで、立ち上がって、不動明王の秘印を結んで火を渡る。次いで護摩に携わった修験者、信者の順で渡り、その間、法楽の読経をする。全員が渡り終えると火床を壊して、最後に護身法を修する、というものである。

10　立螺の作法

修験道では、読経・峰入などに際して法螺が吹かれており、これを、「法螺を立てる（立螺《りゅうら》）」と呼んで、その作法・種類、それぞれの意味が定められている。

法螺を吹く時は、貝の吹き口を右にして、左手の掌に貝の背をのせて持ち、右手で吹き口近くを持つ。説法（読経）の時は、右掌で吹き口を三度叩いて、法螺の文、

「三昧法螺声《さんまいほらしょう》　一乗妙法説《いちじょうみょうほうせつ》　経耳滅煩悩《きょうにめつぼんのう》　当入《とうにゅう》阿字門《あじもん》（訳　悟りの境地を示す法螺の音は、最上の仏の教えである。それゆえこれを耳にすれば煩悩を滅して、大日如来の本源の世界に入ることが出来る）」

を唱える。次いで、貝の吹き口を上にして唇を右寄せにして、四音・四音・三音・半と一二音吹く。この吹き口を三度打つのは、三身即一、一二音は一二因縁を示す。

主な立螺を挙げると、駈相《かけあい》（峰中を歩いている時）は二音・二音・二音、計六音で六波羅蜜。入宿は三音・三音・三音・半、計一〇音で十界。出宿は三音・半・二音・半・一音、計八音で八正道を示す。なお案内を乞う時は、五音・三音。これに対する返答は三音・五音である。

11 祭り（行事）・芸能

修験霊山の行事、教派修験の行事、修験者が関与した各地の祭りや芸能がある。修験霊山の祭りでは、山開き、山閉まいや、主に夏期になされる峰入行事が中心をなしている。なお古来、霊山では、山中で採った花や樒《しきみ》などを祠堂に供える当行《とうぎょう》がなされていたが、これに関わるものには、吉野山蔵王堂の、四月一一日から一二日にかけての花供懺法会、七月七日・八日の蓮華会がある。また峰中の滝行をもとにした立山日石寺（七月一日）、犬鳴山七宝滝寺のお滝祭り（八月二九日）も注目される。この他、峰中の修行で得た験力を競う験競べを主体とした羽黒山の松例祭（一二月三一日）、吉野の蓮華会の蛙とび（七月七日）、峰入の御供の飯を人々に与えたことに淵源がある日光輪王寺の強飯式（四月二日）など、独自の祭りがある。

特に注目されるのは、かつて峰入の成満を寿いで演じられた延年である。現在は、平泉の毛越寺（一月二〇日、一一月三日）、日光輪王寺（五月一七日）、白山美濃馬場の長滝白山神社（一月六日）でなされている。延年は里に広まって、神楽・田楽に展開したとして注目されている。

教派修験の祭り（行事）には、聖護院の始祖の増誉（二月一九日）、高祖役行者（六月七日）、智証大師（一一月二九日）の報恩忌、三宝院の聖宝会（一月六日）と、験競べとも関わると思われる五大力仁王会（二月二三日）の五大力餅上げがある。また金峯山修験本宗では高祖会（六月七日）、後醍醐天皇聖忌（十月一五日）、初代管長が体得した脳天大神の初護摩供（一月一日）などがある。この他、各教派では適宜に伝法会や灌頂会が開かれている。なお修験道（五流尊瀧院）では、旧暦一月二三日のお日待祭（追善供養と採灯護摩）、秋の熊野権現祭（蟻峰山入峰と採灯護摩）を行なう。

各地の祭りや芸能では、まず修験者が憑りましに神霊を憑依させる憑祈禱《よりぎとう》を思わせる木曽御嶽講の御座《おざ》、岡山県久米郡の両山寺の護法祭、福島市金沢などの葉山籠り（旧一一月一五日〜一八日）がある。修験者が演じる神楽には、早池峰山麓の大償《おおつぐない》（八月一日、一二月一五日）と岳（八月一日、一月二日）の山伏神楽、宮城県東北部の法印神楽、鳥海山（秋田県由利本荘市鳥海町）の番楽がある。特に山伏神楽の権現舞では、山伏が権現となって祈禱を行なっている。また岡山県北部の荒神神楽、島根県西部の大元神楽などでは託宣がなされている。これらの神楽では、天蓋の下で、山伏に似た服装をした演者が印を結んで真言を誦し、錫杖・剣・弓矢などを持って荒々しく舞っている。また奥三河の花祭（一二月〜一月）、秋田県保呂羽山の霜月神楽（一一月七日）、岩手県宮古市の黒森神楽（一月三日・四日）などの湯立神事も、修験と関わるものである。また憑祈禱が芸能化した神楽には、中国地方の荒神神楽、死霊の託宣を得る浄土神楽がある。

中央の修正会や修二会の延年が広がったものとされる、豊作を予祝する修験系の田楽には、那智山（七月一三日）、英彦山（三月五日）や求菩提山の松会、奥三河の鳳来寺（一月三日）、静岡県水窪の西浦田楽（旧一月十八日）がある。このほか岩手や宮城の念仏踊りの剣舞、妙高山の棒つかい、白山山麓の白峰のかんこ踊りも修験系のものである。なお修験では鬼や天狗を崇めているが、国東の修正鬼会（成仏寺・旧一月五日・六日、天念寺・旧一月七日・八日）では鬼が主役であり、秋葉山の火祭り（一二月一五・一六日）では、天狗（三尺坊）が祀られている。

12　美術・工芸

建築では、岩窟に籠って修行した初期の修験道の面影を残す投入堂（鳥取県三徳山）、修験道場の長床《ながとこ》（福島県喜多方市）がある。熊野三山では、社殿の前の礼殿はかつて長床と呼ばれていた。出羽三山神社本殿、英彦山神宮本殿は、かつての修験者の修行道場の講堂である。この他では、内部に長床がある日光輪王寺の常行堂も注目される。

彫刻には、修験独自の崇拝対象の蔵王権現像、前鬼後鬼を従えた役行者像、開山像（羽黒山の能除《のうじょ》太子、箱根の満願の像など）がある。なお修験道で崇められた不動明王、十一面観音などの他、倶利迦羅不動（龍王）などの修験独自の仏像も伝わっている。これらの仏像には、笈などに入れて山中に携行し祀られたことから、銅製で小型のものが見られる。また熊野や吉野山では神像が作られている。なお近世期には、円空や木喰行道などが、素材を生かした素朴な木像を数多く残している。

修験道独自ともいえるものに鏡像や懸仏がある。このほか立木をそのまま用いた立木観音（日光中禅寺）、岩面に仏像を刻んだ磨崖仏（国東、臼杵、立山日石寺ほか）など、崇拝対象とされた自然物を生かした彫刻が注目される。

絵画には、金剛蔵王権現・役行者像の他、日光三所権現、白山三所権現を描いたものもある。

熊野権現に関しては、「熊野権現影向《ようごう》図」、御神体の那智の滝を描いた国宝の「那智滝図」（根津美術館蔵）が注目される。数多くの仏菩薩を一面に描いた曼荼羅には、当山派の恵印灌頂に用いる種子を配した六壇曼荼羅と総曼荼羅、霊山の崇拝対象と場景を描いた熊野曼荼羅、吉野曼荼羅がある。

このほか熊野の那智山を始め、白山、立山、富士山などの修験霊山では、山内の場景や参詣風景を描いて唱導に用いた参詣曼荼羅が伝わっている。また熊野では、人生の階梯と十界の場景を描いて生活倫理を教え、先祖供養を勧めた観心十界曼荼羅が作られている。

同様に唱導に用いられたものに、縁起絵巻や祭礼絵巻がある。この他、紙・布・木片に、呪文・崇拝対象などを描いた種々の符がある。特に紙に版木で摺った護符には、熊野三山の牛王《ごおう》宝印など多様なものがある。近世期には修験霊山では、案内のための絵図が作られている。

工芸には笈（箱笈・板笈）、錫杖、三鈷剣、入峰斧、釜、仏餉《ぶっしょう》鉢、碑伝《ひで》などがある。特に峰入の目印として山中に残された碑伝は修験独自のものである。

13 遺跡・遺物

修験道の遺跡には山頂遺跡、峰入道の遺跡、山腹の僧坊遺跡、里の遺跡がある。山頂遺跡では、大峰山山上ヶ岳、日光などで祭場を思わせる岩盤周辺から、仏具などの仏教色の強い遺物が出土している。

峰入道の遺跡では、大峰山の奥駈道の行者還り・弥山・釈迦ヶ岳など、水のある宿近くで仏具・陶片などの遺物が発見されている。山腹では英彦山の般若窟（かわらけ）、求菩提山の普賢窟（銅板経）、大峰山の笙岩屋（仏像、錫杖）、前鬼の金剛界窟（碑伝）、立山室堂の虚空蔵窟（鉄製鐘鈴）など、籠山修行の場とされた修行窟から遺物が発見されている。僧坊遺跡には、白山の平泉寺跡、吉野山の安禅寺、羽黒山の院坊遺跡、戸隠山奥院、阿蘇山の古坊中《ふるぼうちゅう》遺跡などがある。里の遺跡には、十三塚、行人塚、近世の富士塚や山伏の墳墓の類いがある。

遺物には仏像・経・法具・塔婆・碑伝などがある。このうち仏像では、小金銅仏、鏡像や懸仏の類が多い。種別では、金剛蔵王権現など、各山岳社寺の主尊の類いが注目される。経のほとんどは経塚の経筒や経箱に納められていたものの断簡で、法華経・弥勒経・阿弥陀経などである。法具には錫杖頭・独鈷杵・容器など多様なものがあり、これらが経塚遺跡や修法遺跡から出土している。また塔には、宝塔・宝篋印塔・五輪塔などがある。この他、修験道で特に注目されるものに、板碑とその先駆をなすともいわれた峰入修行の証しとして峰中に立てられる碑伝がある。

14 文学

修験道に関係した文学には、大きく、修験者自身の手になるものと、山伏や修験のことを記したものに分けることが出来る。このうち前者に属するものとしては、まず崇拝対象を讃嘆し、祀るために作られた講式・和讃・祭文や、近世の修験霊山や寺社の縁起、さらに、人々に修験霊山へ関心を持たせ、そこに導くために作られた説話、絵解き、説経などの唱導文学がある。この他、修験者が自己の信仰や心情を吐露した歌、随筆、紀行などがある。具体的には、西行や行尊などの峰中歌、円空や木喰行道などの和歌、聖護院門跡道興や近世後期の当山派修験泉光院の紀行などがこれである。

ところで、他界とこの世との仲介的役割をはたす山伏は、神々や霊の世界のおそろしさを説く文学に種々の形で登場する。これらの中には、説話や『太平記』などの軍記、「御伽草子」のように、修験者あるいはそれに類する者の活動や霊異を記したものがある。これがさらに展開すると、修験者の霊異などを演じる能や歌舞伎へとなっていく。もっとも中世末期になると、験力を失った山伏を揶揄する「柿山伏」のような狂言が出現する。また民間では、修験者を鬼や天狗と関係づけた昔話や伝説が作られている。

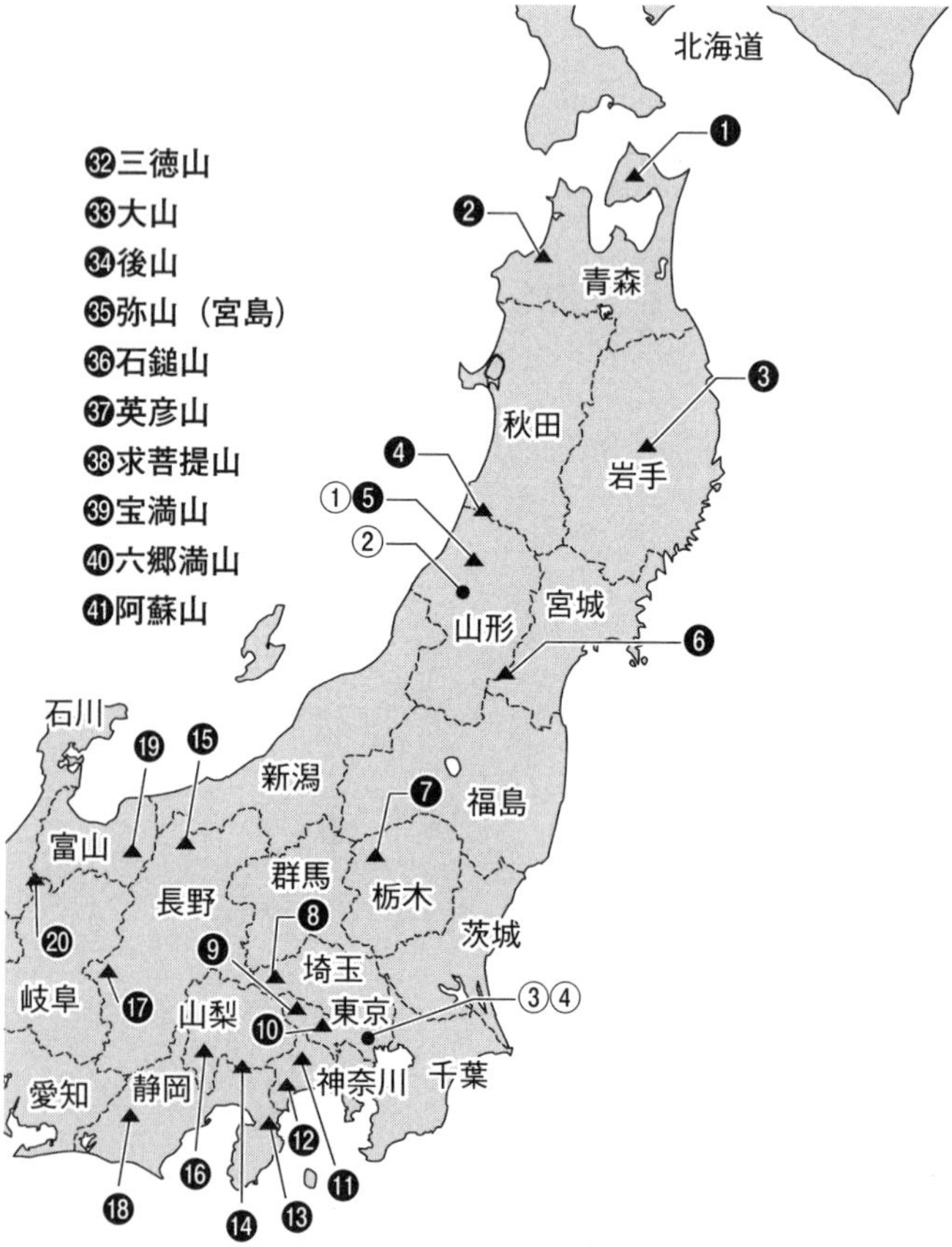

社寺

①荒沢寺
②注連寺
③氷川大乗院
④扶桑教
⑤世義寺
⑥飯道寺
⑦葛川明王院
⑧園城寺
⑨聖護院
⑩醍醐三宝院
⑪正暦寺
⑫御嶽教
⑬松尾寺
⑭吉祥草寺
⑮金峯山寺
⑯天河弁財天社
⑰洞川龍泉寺
⑱鳥栖鳳閣寺
⑲前鬼小仲坊
⑳七宝滝寺
㉑伽耶院
㉒五流尊瀧院

修験霊山と社寺の地図

霊山

❶恐山
❷岩木山
❸早池峰山
❹鳥海山
❺出羽三山
（羽黒山・月山・湯殿山）
❻蔵王
❼二荒山（日光）
❽三峰山
❾武州御嶽山
❿高尾山
⓫相模大山
⓬箱根山
⓭伊豆山
⓮富士山
⓯戸隠山
⓰七面山（身延）
⓱木曽御嶽山
⓲秋葉山
⓳立山
⓴白山
㉑伊吹山
㉒比叡山
㉓愛宕山
㉔生駒山
㉕高野山
㉖三輪山
㉗葛城山
㉘吉野山
㉙大峰山
（山上ヶ岳）
㉚熊野三山
㉛箕面山

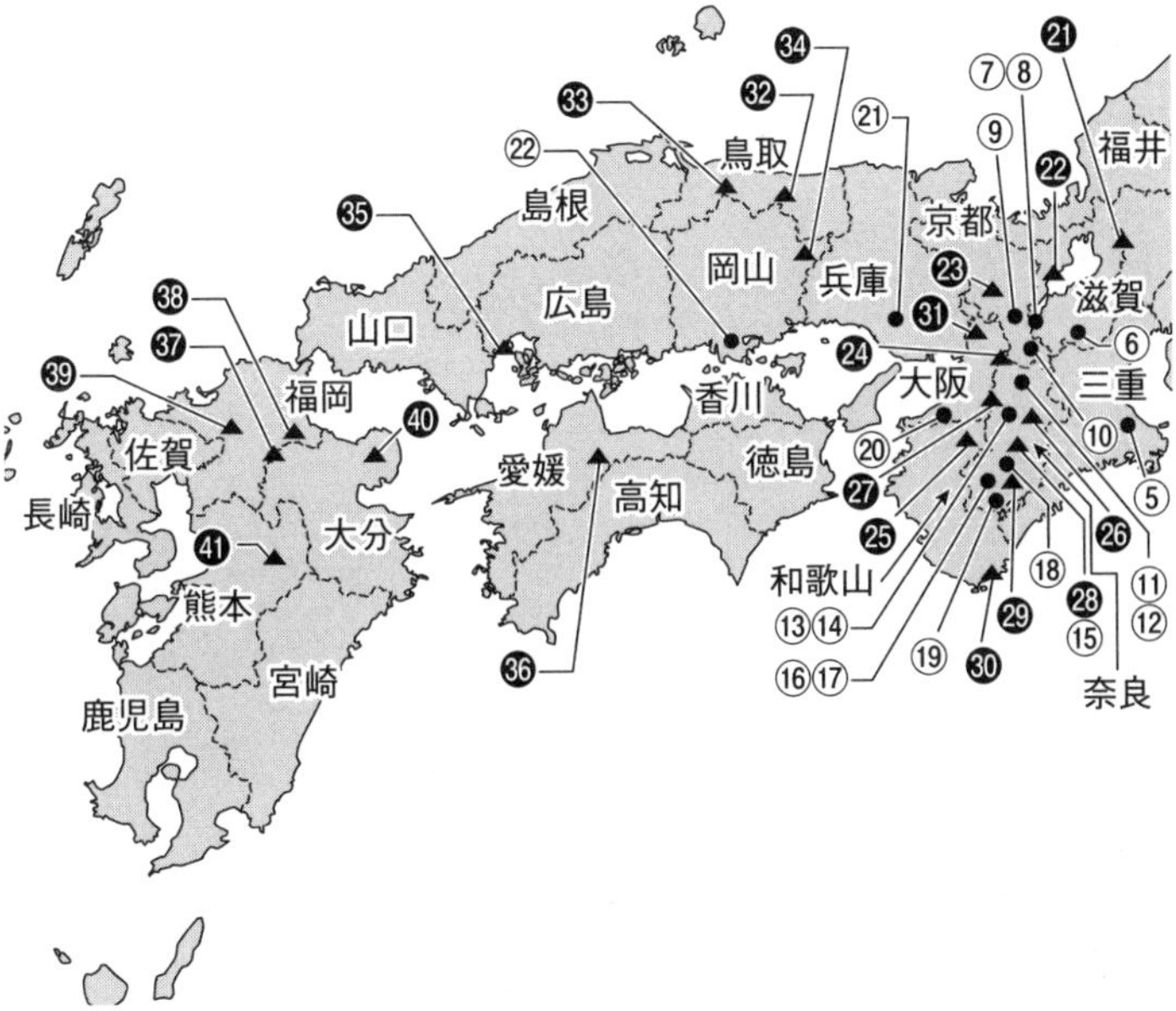

修験道史年表

西暦（和暦）	修験道関係事項	仏教・一般
六九九（文武天皇三）	役小角妖惑の罪で伊豆に配流される	六世紀　仏教公伝
七〇二（大宝二）	山岳修行の官僧に届け出を命じる	六一五　聖徳太子「三経義疏」を完成とされる
七一七（養老元）	泰澄、白山開山と伝える	七一〇　平城京遷都
七二一（養老五）	法蓮（彦山中興とされる）の禅行と巫術が賞でられ、三親等以上の親族に宇佐君姓を賜る	七四九　東大寺大仏なる
七二九（天平元）	山林で修行することを禁じる	七九四　平安京遷都
七五七（天平宝字元）	万巻上人、箱根山で修行と伝える	八一六　空海、高野山に道場を開く
七五八（天平宝字二）	山林で一〇年以上修行した者の得度を許す	八一八　最澄、『山家学生式』を撰述
七七〇（宝亀元）	山林修行を許す	
七八二（延暦元）	勝道、日光二荒山初登頂と伝える	
八三六（承和三）	金峰・葛城・比叡・比良・伊吹・愛宕・神峰の諸山を七高山に指定し、阿闍梨に四九日の薬師悔過を修させる	
八六五（貞観七）	相応、比叡山に無動寺を建立し、廻峰行を始めるという	
八六八（貞観一〇）	吉野山の道珠、修験の聞こえがあるとして布米を賜る（「修験」の語の初見）	
八七四（貞観一六）	聖宝、醍醐寺を創建。大峰に峰入とも伝える	

九〇〇（昌泰三）	宇多法皇、金峰山に御幸。助憲を金峰山検校に任じる
九三四（承平四）	道賢、金峰山の他界に赴いて道真の霊にあい、六道を遍歴する
一〇〇七（寛弘四）	藤原道長、金峰山に詣で経塚を造る
一〇二八（万寿五）	この頃、比叡山に客人神として白山権現が勧請される
一〇八八（寛治二）	藤原師通、金峰山に参詣
一〇九〇（寛治四）	白河上皇、熊野御幸し、先達の増誉を熊野三山検校に補し、聖護院を賜う
一〇九四（嘉保元）	大宰大弐藤原長房、彦山衆徒の強訴を避け、京都に帰る
一一〇九（天仁二）	藤原宗忠、熊野詣にあたって新宮師房を御師とする（「御師」の語の初見）
一一六〇（永暦元）	後白河上皇、東山に新熊野神社を勧請
一二〇九（承元三）	羽黒山衆徒、地頭大泉二郎の押領を訴える
一二一九（承久元）	那智山長済、檀那を譲渡（檀那文書の初見）
一二三二（貞永元）	熊野修験弁覚、大峰笙岩屋に不動明王像を安置
一三〇八（徳治三）	内山永久寺上乗院が近畿の修験と大峰入峰
一三三三（正慶二）	助有法親王彦山座主となる
一三三七（建武四）	文観『金峰山秘密伝』を著す
一三五四（文和三）	常住院の良瑜、大峰山で深仙灌頂開壇
一四八六（文明一八）	聖護院門跡道興、北陸・関東・東北を廻国
一五二五（大永五）	この頃即伝『修験修要秘決集』を著す

九八五	源信『往生要集』を著す
一一七五	法然、浄土宗開教
一一八五	源頼朝、鎌倉幕府を開く
一一九八	後鳥羽上皇、熊野御幸
一二二一	承久の乱
一三三六	後醍醐天皇、吉野に移る
一三九二	南北朝合
一	

一五五四（天文二三）	当山正大先達衆、峰中のことにつき申し合わせをして署名	
一六〇二（慶長七）	三宝院門跡義演、佐渡大行院に金襴地結袈裟を許す（以後、本山派・当山派の争い激化）	一六〇三　徳川家康、江戸幕府を開く
一六一三（慶長一八）	幕府、修験道法度を定める（本山・当山各別とし、本山派の当山方への入峰役銭徴収禁止）	
一六一六（元和二）	高野山行人応其、吉野山蔵王堂再興	
一六二五（寛永二）	三宝院門跡、当山派正大先達衆に三宝院の修験道正統を告げる	一六二五　東叡山寛永寺創建
一六四一（寛永一八）	天宥、羽黒一山を東叡山末とする	
一六四六（正保三）	長谷川角行（富士講の始祖）、富士山麓の人穴で入定	一六四〇　幕府、宗門改役を置く
一六七六（延宝四）	羽黒山御条目制定	
一七〇〇（元禄一三）	三宝院門跡高賢峰入。高賢江戸戒定院を鳳閣寺と改称し、当山派諸国総袈裟頭とする	
一七〇七（宝永四）	聖宝に理源大師の諡号が授けられる	
一七三三（享保一八）	食行身禄、富士山烏帽子岩で入定	
一七九九（寛政一一）	役行者一一〇〇年御遠忌。役行者に神変大菩薩の諡号が授けられる	
一七八二（天明二）	覚明、軽精進で木曽の御嶽山に登る	
一七九二（寛政四）	普寛、木曽の御嶽山の王滝口を開く	
一八三二（天保三）	当山派総学頭行智、『木葉衣』を著す	
一八四二（天保一三）	俗人が山伏・修験になること、山伏の町屋の居住を禁じる	

一八六八（明治元）	聖護院門跡還俗。熊野三山、英彦山が神社となる	一八六八　神仏分離令
一八七〇（明治三）	神祇官、修験者を仏徒となす旨の通達	
一八七一（明治四）	三宝院門跡還俗（閑院宮となる）	
一八七二（明治五）	修験宗廃止令（本山派・当山派は本寺所轄のまま天台・真言へ帰入）	一八七〇　大教宣布の詔
一八七四（明治七）	吉野山蔵王堂、金峰神社となる。	一八七一　日光山が二荒山神社、東照宮、輪王寺に分離
一八八六（明治一九）	吉野山蔵王堂、仏堂に復帰。聖護院深仙灌頂開壇	
一九〇三（明治三六）	真言宗醍醐派、恵印部（修験）を設立	
一九一〇（明治四三）	洞川の龍泉寺、三宝院末となる	
一九一九（大正八）	『修験道章疏』Ⅰ、Ⅱ、Ⅲ巻完成	
一九二八（昭和三）	三宝院、京阪醍醐講社をつくる	一九三九　宗教団体法公布
一九三四（昭和九）	聖護院、平安聯合会を組織。神変大菩薩降誕一三〇〇年記念入峰	
一九四六（昭和二一）	聖護院、天台宗から独立し修験宗（現本山修験宗）設立	一九四五　敗戦。神道指令。宗教法人令公布
	真言宗醍醐派（旧当山派）、真言宗から独立	
一九四八（昭和二三）	金峯山寺、大峯修験宗設立（一九五二年に金峯山修験本宗と改称）	
一九八五（昭和六〇）	大峯山寺解体修理。金の仏像発掘	一九五一　宗教法人法公布
二〇〇〇（平成一二）	役行者一三〇〇年御遠忌	

＊南北朝期は北朝年号で示す

東南院
〒639-3115　奈良県吉野郡吉野町吉野山2416　TEL：07463-2-3005

喜蔵院
〒639-3115　奈良県吉野郡吉野町吉野山1254　TEL：0746-32-3014

桜本坊
〒639-3115　奈良県吉野郡吉野町吉野山1269　TEL：0746-32-5011

竹林院
〒639-3115　奈良県吉野郡吉野町吉野山2142　TEL：0746-32-8081

吉祥草寺（本山修験宗　役行者誕生の寺）
〒639-2241　奈良県御所市茅原279　TEL：0745-62-3472

箕面山瀧安寺（本山修験宗　役行者受法の寺）
〒562-0002　大阪府箕面市箕面公園2-23　TEL：072-721-3003

那智山青岸渡寺（天台宗熊野修験）
〒649-5301　和歌山県東牟婁郡那智勝浦町那智山8　TEL：0735-55-0404

旧当山正大先達

菩提山真言宗（正暦寺）
〒630-8413　奈良県奈良市菩提山町157　TEL：0742-62-9569

霊山寺真言宗（霊山寺）
〒631-0052　奈良県奈良市中町3879　TEL：0742-45-0081

松尾寺（真言宗醍醐派）
〒639-1057　奈良県大和郡山市山田町683　松尾山　TEL：0743-53-5023

世義寺（真言宗醍醐派）
〒516-0036　三重県伊勢市岡本2-10-80　TEL：0596-28-5372

大神神社（三輪山）
〒633-8538　奈良県桜井市三輪1422　TEL：0744-42-6633

飯道寺（天台宗）
〒528-0046　滋賀県甲賀市水口町三大寺1019　TEL：なし

修験道関係主要教団・由緒寺社・機関一覧

本山修験宗（聖護院門跡）
〒606-8324　京都市左京区聖護院中町15　TEL：075-771-1880

院家

住心院
〒606-0034　京都市左京区岩倉村松町208-1　TEL：075-711-3603

積善院
〒606-8324　京都市左京区聖護院中町14　TEL：075-761-0541

伽耶院
〒673-0513　兵庫県三木市志染町大谷410　TEL：0794-87-3906

天台寺門宗（園城寺）
〒520-0036　滋賀県大津市園城寺町246　TEL：077-522-2238

真言宗醍醐派（三宝院門跡）
〒601-1325　京都市伏見区醍醐東大路町22　TEL：075-571-0002

真言宗鳳閣寺派（鳳閣寺）
〒638-0203　奈良県吉野郡黒滝村大字鳥住90　TEL：0747-62-2622

金峯山修験本宗（金峯山寺）
〒639-3115　奈良県吉野郡吉野町吉野山　TEL：0746-32-8371

修験道（五流尊瀧院）
〒710-0142　岡山県倉敷市林952　TEL：0864-65-0027

真言宗犬鳴派（七宝瀧寺）
〒598-0023　大阪府泉佐野市大木8　TEL：0724-59-7101

大峯山寺
〒638-0431　奈良県吉野郡天川村大字洞川字大峯山山上ヶ岳頂上　TEL：なし

護持院

龍泉寺（真言宗醍醐派）
〒638-0431　奈良県吉野郡天川村大字洞川494　TEL：0747-64-0001

比叡山
延暦寺（天台宗）
〒520-0116　滋賀県大津市坂本本町4220　TEL：077-578-0001

高野山
金剛峯寺（高野山真言宗）
〒648-0294　和歌山県伊都郡高野町高野山132　TEL：0736-56-2011

伯耆大山
大神山神社奥宮
〒689-3318　鳥取県西伯郡大山町大山　TEL：0859-52-2507
（本社：0859-27-2345）

三徳山
三佛寺（天台宗）
〒682-0132　鳥取県東伯郡三朝町三徳1010　TEL：0858-43-2666

石鎚山
石鎚本教（石鎚神社）
〒793-0062　愛媛県西条市西田甲797　TEL：0897-55-4044

真言宗石鉄派（前神寺）
〒793-0053　愛媛県西条市洲之内甲1426　TEL：0897-56-6995

英彦山神宮
〒824-0721　福岡県田川郡添田町大字英彦山1　TEL：0947-85-0001

求菩提資料館
〒828-0085　福岡県豊前市大字鳥井畑247　TEL：0979-88-3203

六郷満山
両子寺（天台宗）
〒873-0356　大分県国東市安岐町両子1548　TEL：0978-65-0253

日本山岳修験学会
〒154-8525　東京都世田谷区駒沢1-23-1
駒澤大学仏教学部長谷部八朗研究室内　TEL：03-3418-9274

出羽三山神社
〒997-0292　山形県鶴岡市羽黒町手向字手向7　TEL：0235-62-2355

羽黒山修験本宗(荒沢寺・正善院)
〒997-0211　山形県鶴岡市羽黒町手向字手向232　TEL：0235-62-2380

日光山輪王寺（天台宗)
〒321-1494　栃木県日光市山内2300　TEL：0288-54-0531

三峯神社
〒369-1902　埼玉県秩父市三峰298-1　TEL：0494-55-0241

高尾山薬王院（新義真言宗)
〒193-8686　東京都八王子市高尾町2177　TEL：042-661-1115

富士山

扶桑教
〒156-0043　東京都世田谷区松原1-7-20　TEL：03-3321-0238

実行教
〒331-0805　さいたま市北区盆栽町377　TEL：048-663-7928

丸山教
〒214-0014　神奈川県川崎市多摩区登戸1274　TEL：044-911-2004

立山
富山県［立山博物館］
〒930-1406　富山県中新川郡立山町芦峅寺93-1　TEL：076-481-1216

白山
白山比咩神社
〒920-2114　石川県白山市三宮町ニ105-1　TEL：076-272-0680

木曽御嶽山
御嶽教
〒631-0005　奈良市大渕町3775　TEL：0742-45-4581

参考文献

淺田正博『仏教からみた修験の世界――『修験三十三通記』を読む――修験道教義入門』、国書刊行会、二〇〇〇年
五来重『修験道入門』、角川書店、二〇〇八年
五来重『修験道の修行と宗教民俗』（五来重著作集五）、法藏館、二〇〇八年
五来重『修験道霊山の歴史と信仰』（五来重著作集六）、法藏館、二〇〇八年
修験道修行大系編纂委員会編『修験道修行大系』、国書刊行会、一九九四年
首藤善樹『修験道聖護院史辞典』、岩田書院、二〇一四年
鈴木昭英『修験教団の形成と展開』（修験道歴史民俗論集一）、法藏館、二〇〇三年
関口真規子『修験道教団成立史――当山派を通して――』、勉誠出版、二〇〇九年
時枝務『山岳考古学　山岳遺跡研究の動向と課題』（考古調査ハンドブック六）、ニューサイエンス社、二〇一一年
日本大蔵経編纂会編『修験道章疏』全三巻（同編纂会、一九一九年）、国書刊行会、二〇〇〇年
宮家準編『山の祭りと芸能』上・下、平河出版社、一九八四年
宮家準編『修験道辞典』、東京堂出版、一九八六年
宮家準『修験道と日本宗教』、春秋社、一九九六年
宮家準『修験道儀礼の研究　増補決定版』、春秋社、一九九九年
宮家準『修験道思想の研究　増補決定版』、春秋社、一九九九年

宮家準『修験道組織の研究』、春秋社、一九九九年
宮家準編『修験道章疏　別巻（解題）』、国書刊行会、二〇〇〇年
宮家準『修験道――その歴史と修行――』、講談社学術文庫、二〇〇一年
宮家準『修験道の地域的展開』、春秋社、二〇一二年
宮家準『修験道――その伝播と定着――』、法藏館、二〇一二年
宮家準『修験道と児島五流――その背景と研究――』、岩田書院、二〇一三年
村山修一『山伏の歴史』、塙書房、一九七〇年
和歌森太郎『修験道史研究』（河出書房、一九四二年）、平凡社東洋文庫、一九七二年

索　引

1　「小事典」の見出し項目、及び「修験道とは」「修験道の基本」「小事典」の中で説明がなされている事項について、所掲頁を挙げた。

2　小事典の見出し項目とその頁は**太字**で示した。

3　同一名で内容を異にする事項、特定霊山の地名、教派などの用字、その他、項目名のみではわかりにくいものについては、カッコ内に簡単な説明を付した。

4　参照事項は所掲頁のあとに→を付して、参照すべき項目名を挙げた。

宮家　準（みやけ　ひとし）

1933年、東京生まれ。東京大学大学院人文科学研究科博士課程修了。文学博士。元日本宗教学会会長。元日本学術会議会員。修験道研究で日本宗教学会賞、福沢賞、秩父宮記念学術賞（学術振興会）、徳川記念財団特別功労賞などを受賞。現在、慶應義塾大学名誉教授、日本山岳修験学会名誉会長、「修験道」管長・法首。

著書 『宗教民俗学』（東京大学出版会）、『日本の民俗宗教』『修験道——その歴史と修行——』（ともに講談社学術文庫）、『修験道——その伝播と定着——』（法藏館）ほか多数。

修験道小事典

2015年１月20日　第１刷発行

著　者　宮家　準
発行者　西村明高
発行所　株式会社　法藏館
〒600-8153京都市下京区正面通烏丸東入
075（343）0030（編集）　075（343）5656（営業）

装幀＝上田晃郷／印刷＝中村印刷／製本＝吉田製本

ISBN 978-4-8318-7069-8 C0515　*Printed in Japan*